危险化学品从业人员安全培训系列教材

危险化学品法规标准

方文林　主　编

中国石化出版社

内 容 提 要

本书全面介绍了我国危险化学品相关法律法规标准的发展历史和体系架构，力求以最新的解读帮助读者了解和掌握相关法律法规标准的精髓，从危险化学品的生产、储存、使用、经营、运输和废弃等全生命周期，告诉读者法律法规要求做什么，怎么做，做成什么样，做到什么程度。同时本书还介绍了法律法规标准的收集、识别、符合性评审的方法，特别介绍了危险化学品从业单位危险化学品管理制度和操作规程的编制程序和要点。

本书可供从事化学工业的工程技术人员、环保和安全管理人员，危险化学品生产经营单位的管理人员、技术人员及政府安全监督部门的工作人员等培训和参考使用，也可作为高等院校化工类专业和安全工程专业的教学参考用书。

图书在版编目（CIP）数据

危险化学品法规标准／方文林主编．—北京：中国石化出版社，2015.9(2024.5重印)
危险化学品从业人员安全培训系列教材
ISBN 978-7-5114-3628-3

Ⅰ.①危… Ⅱ.①方… Ⅲ.①化工产品-危险物品管理-法规-汇编-中国-安全培训-教材 Ⅳ.①D922.149

中国版本图书馆 CIP 数据核字（2015）第 218334 号

中国石化出版社出版发行
地址：北京市东城区安定门外大街 58 号
邮编：100011　电话：(010)57512500
发行部电话：(010)57512575
http://www.sinopec-press.com
E-mail：press@sinopec.com
北京富泰印刷有限责任公司印刷
全国各地新华书店经销
*
787毫米×1092毫米 16 开本 13.25 印张 328 千字
2016 年 1 月第 1 版　2024 年 5 月第 3 次印刷
定价：45.00 元

《危险化学品法规标准》

编　委　会

主　　编　方文林

编写人员　綦长茂　鲜爱国　程　军

　　　　　马洪金　张鲁涛　陈凤棉

审稿专家　李东洲　杜红岩　李福阳

前　言

新中国成立以来，全国人大常委会、国务院在制定并发布施行安全生产、劳动保护法律法规，有关部委在制定并发布施行有关的部门规章、技术标准方面，均取得很大成绩。尤其是20世纪90年代以来，这些法律、法规及标准的制定、修订与不断完善，对安全生产法制建设起到了积极的推动作用。党的十八届四中全会提出全面推进依法治国，确定了“建设中国特色社会主义法治体系，建设社会主义法治国家”总目标。“依法治安、安全发展”成为当前危险化学品安全生产的总方向。

目前，以《安全生产法》为依据，以《危险化学品安全管理条例》为主线，以相关配套规章、标准和地方性法规、规章、标准等为辅助的危险化学品安全管理法规标准体系，已经基本形成并逐步完善。《安全生产法》是为加强安全生产监督管理，防止和减少生产安全事故，保障人民群众生命和财产安全的一部法律，适用于从事生产经营活动的单位。鉴于危险化学品的特殊性质，《安全生产法》在对所有从事生产经营活动单位普遍要求的基础上，对从事危险化学品生产、经营、储存、运输、使用的单位还有一些特殊要求。《危险化学品安全管理条例》是专门针对危险化学品管理的行政法规，制定该条例的目的正是为了预防和减少危险化学品事故，保障人民群众生命财产安全和保护人类赖以生存的生态环境，适用于危险化学品生产、储存、使用、经营和运输的一切自然人、法人和其他组织。安全管理技术标准是生产经营单位搞好安全生产工作的重要技术管理规范，是保障安全设施、设备、仪器、仪表、器材有效可靠的手段，是政府开展依法行政和履行安全生产监管监察职责的技术依据，是防止和减少生产安全事故，促进安全生产稳定好转的保证。

危险化学品的从业单位和个人，必须严格遵守法规识别标准，注重法律法规标准的收集和识别，进行符合性评审和解读，并及时宣贯执行，据此制定和完善本单位的危险化学品安全管理制度和操作规程，这是确保生产经营单位安全生产的关键。

鉴于此，作者联合了危险化学品领域的相关专家，对我国的危险化学品安全管理法规标准体系进行了全面的归类梳理，对生产经营单位如何辨识法规标准、如何制定完善本单位的规章制度和操作规程进行了归纳整理。

由于水平有限和时间仓促，书中不妥之处请各位提出宝贵意见和建议，以便再版时修正。

目　录

第 1 章　危险化学品安全管理法规标准体系

1.1　概　　述

1.1.1　危险化学品安全生产法律法规体系

我国安全生产法制的进程经历了两个阶段，即煤炭工业法制建设的起步发展阶段和安全生产法制建设的全面发展阶段。1994~2004 年的 10 年，在党中央、国务院的正确领导下和各方面的大力支持下，国务院煤炭工业主管部门和安全生产监督管理部门坚决贯彻依法治国的基本方略，重视并致力于安全生产法制建设，逐步填补了我国煤炭工业法制的空白，初步建立了安全生产法律体系的框架，在我国社会主义法制史上写下了重要的一页。

安全生产法制建设的全面发展是以煤炭工业法制建设为重点和先导的。1994 年 12 月 20 日，国务院发布《煤炭生产许可证管理办法》和《乡镇煤矿管理条例》。这是我国第一部专门的煤炭工业行政法规，实现了煤炭工业法制建设的历史性突破。为了对合理开发利用煤炭资源进行全面的法律规范，1996 年 8 月 29 日，第八届全国人大常委会第二十一次会议审议通过了《中华人民共和国煤炭法》，这是迄今为止我国唯一的单矿种法律，也是煤炭工业法律体系的主体法律。为了适应煤矿安全监督管理体制改革的需要，保证煤矿安全监察依法实施，2000 年 11 月 7 日，国务院发布了《煤矿安全监察条例》。此后，原煤炭工业部、国家煤炭工业局制定了数十部与上述法律、行政法规配套的部门规章。虽然我国煤炭工业法制建设起步较晚，但是发展很快，7 年间初步形成了煤炭工业法律体系框架。我国煤炭工业立法确立和实施了煤矿办矿审查、煤炭生产许可、煤矿安全管理、煤矿安全监察、煤炭经营资格审查、煤炭行业管理 6 项法律制度。

2001 年至今是我国安全生产法制建设的全面发展阶段。21 世纪我国进入了全面建设小康社会的新的历史时期，我国安全生产立法进入了系统化建设的新阶段。全国人大常委会审议通过了《安全生产法》；国务院制定了《国务院关于特大安全事故行政责任追究的规定》和《安全生产许可证条例》，修订了《危险化学品安全管理条例》和《石油天然气管道保护条例》。全国人大常委会和国务院还制定了《矿山安全法》《消防法》《道路交通安全法》《建筑法》《职业病防治法》《煤炭法》和《建筑工程安全生产管理条例》《特种设备安全监察条例》《工伤保险条例》《石油天然气管道保护法》《生产安全事故应急预案管理办法》《生产安全事故和调查处理条例》等安全生产法律和行政法规。目前，我国涉及危险化学品安全生产的法律法规如表 1-1 所示。

从法的不同层级上，可以分为上位法与下位法。法的层级不同，其法律地位和效力也不同。上位法是指法律地位、效力高于其他相关法的立法。下位法相对上位法而言，是指法律地位、法律效力低于相关上位法的立法。不同的安全生产立法对同一类或者同一个安全生产行为做出不同法律规定的，以上位法规定为准，适用上位法的规定。上位法没有规定的，可以适用下位法。下位法的数量一般多于上位法。

表 1–1 我国涉及危险化学品安全生产的法律法规

法律法规层次	法律法规
国家根本法	宪法
国家基本法	宪法、民法
劳动综合法	劳动法
安全生产基本法	安全生产法、职业病防治法
安全生产专门法	消防法、交通安全法、矿山法、煤炭法
安全行政法规	危险化学品安全管理条例、易制毒化学品管理条例、使用有毒物品作业场所劳动保护条例、安全生产许可证条例、特种设备安全监察条例、工伤保险条例等
地方性法规	北京市安全生产条例等
部门规章	危险化学品生产企业安全生产许可证实施办法、危险化学品经营许可证管理办法、危险化学品登记管理办法、危险化学品重大危险源监督管理暂行规定、危险化学品输送管道管理规定、危险化学品建设项目安全监督管理办法等
标准	建筑设计防火规范、石油化工企业设计防火规范、危险化学品目录、危险化学品重大危险源辨识、石油库设计规范、汽车加油加气站设计与施工规范、化工建设项目安全设计管理导则等

(1) 法律

法律是安全生产法律体系的上位法，居于整个体系的最高层级，其法律地位和效力高于行政法规、地方性法规、部门规章、地方政府规章等下位法。国家现行的有关安全生产的专门法律有《安全生产法》《职业病防治法》《消防法》《道路交通安全法》《海上交通安全法》《矿山安全法》，与安全生产相关的法律主要有《劳动法》《工会法》《矿山资源法》《铁路法》《公路法》《民用航空法》《港口法》《建筑法》《煤炭法》等。

(2) 法规

安全生产法规分为行政法规和地方性法规。

行政法规的法律地位和法律效力低于有关安全生产的法律，高于地方性安全生产法规、地方政府安全生产规章等下位法。行政法规一般以条例为行文载体，以国务院令的形式发布，如《危险化学品安全管理条例》(国务院令第 591 号)。

地方性安全生产法规的法律地位和法律效力低于有关安全生产的法律、行政法规，高于地方政府安全生产规章。如《北京市安全生产条例》(北京市人大常委会 2011 年 5 月 27 日修订通过)。

(3) 规章

安全生产行政规章分为部门规章和地方政府规章。

部门规章是国务院有关部门依照安全生产法律、行政法规的规定或者国务院的授权制定发布的，安全生产规章的法律地位和法律效力低于法律、行政法规，高于地方政府规章。

地方政府规章是地方政府安全生产规章是最低层级的安全生产立法，其法律地位和法律效力低于其他上位法，不得与上位法相抵触。

(4) 法定安全生产标准

安全生产标准是生产经营单位搞好安全生产工作的重要技术管理规范，是保障安全设施、设备、仪器、仪表、器材有效可靠的手段，是政府开展依法行政和履行安全生产监管监察职责的技术依据，是防止和减少生产安全事故、促进安全生产稳定好转的保证。

1.1.2 危险化学品安全生产技术标准

1.1.2.1 国际标准化组织(International Organization for Standardization，简称ISO)

ISO是世界上最大的非政府性标准化专门机构，是国际标准化领域中一个十分重要的组织。ISO的任务是促进全球范围内的标准化及其有关活动，以利于国际间产品与服务的交流，以及在知识、科学、技术和经济活动中发展国际间的相互合作。

1946年10月，25个国家标准化机构的代表在伦敦召开大会，决定成立新的国际标准化机构，定名为ISO。大会起草了ISO的第一个章程和议事规则，并认可通过了该章程草案。

1947年2月23日，国际标准化组织正式成立。

ISO是一个国际标准化组织，其成员由来自世界上100多个国家的国家标准化团体组成，代表中国参加ISO的国家机构是国家质量监督检验检疫总局。ISO与国际电工委员会(IEC)有密切的联系，中国参加IEC的国家机构也是国家质量监督检验检疫总局。

ISO已经发布了17000多个国际标准，如质量管理系列标准，包括ISO 9000、ISO 9001、ISO 9004。ISO 9000标准明确了质量管理和质量保证体系，适用于生产型及服务型企业。ISO 9001标准为从事和审核质量管理和质量保证体系提供了指导方针，如ISO 11014-1：1994《化学品安全技术说明书》。

1.1.2.2 《中华人民共和国标准化法》相关知识

中华人民共和国第七届全国人民代表大会常务委员会第五次会议于1988年12月29日通过了《中华人民共和国标准化法》，1988年12月29日公布，自1989年4月1日起施行。

本法共分5章26条，主要内容包括：

(1) 制定标准化工作范围

对下列需要统一的技术要求，应当制定标准：

① 工业产品的品种、规格、质量、等级或者安全、卫生要求。

② 工业产品的设计、生产、检验、包装、储存、运输、使用的方法或者生产、储存、运输过程中的安全、卫生要求。

③ 有关环境保护的各项技术要求和检验方法。

④ 建设工程的设计、施工方法和安全要求。

⑤ 有关工业生产、工程建设和环境保护的技术术语、符号、代号和制图方法。

重要农产品和其他需要制定标准的项目，由国务院规定。

(2) 统一政府部门分工

国务院标准化行政主管部门统一管理全国标准化工作。国务院有关行政主管部门分工管理本部门、本行业的标准化工作。

省、自治区、直辖市标准化行政主管部门统一管理本行政区域的标准化工作。省、自治区、直辖市政府有关行政主管部门分工管理本行政区域内本部门、本行业的标准化工作。

市、县标准化行政主管部门和有关行政主管部门，按照省、自治区、直辖市政府规定的各自的职责，管理本行政区域内的标准化工作。

县级以上政府标准化行政主管部门负责对标准的实施进行监督检查。县级以上政府标准化行政主管部门，可以根据需要设置检验机构，或者授权其他单位的检验机构，对产品是否符合标准进行检验。法律、行政法规对检验机构另有规定的，依照法律、行政法规的规定执行。

(3) 标准的制定

对需要在全国范围内统一的技术要求，应当制定国家标准。国家标准由国务院标准化行政主管部门制定。对没有国家标准而又需要在全国某个行业范围内统一的技术要求，可以制定行业标准。行业标准由国务院有关行政主管部门制定，并报国务院标准化行政主管部门备案，在公布国家标准之后，该项行业标准即行废止。对没有国家标准和行业标准而又需要在省、自治区、直辖市范围内统一的工业产品的安全、卫生要求，可以制定地方标准。地方标准由省、自治区、直辖市标准化行政主管部门制定，并报国务院标准化行政主管部门和国务院有关行政主管部门备案，在公布国家标准或者行业标准之后，该项地方标准即行废止。

企业生产的产品没有国家标准和行业标准的，应当制定企业标准，作为组织生产的依据。企业的产品标准须报当地政府标准化行政主管部门和有关行政主管部门备案。已有国家标准或者行业标准的，国家鼓励企业制定严于国家标准或者行业标准的企业标准，在企业内部适用。

国家标准、行业标准分为强制性标准和推荐性标准。保障人体健康，人身、财产安全的标准和法律、行政法规规定强制执行的标准是强制性标准，其他标准是推荐性标准。

省、自治区、直辖市标准化行政主管部门制定的工业产品的安全、卫生要求的地方标准，在本行政区域内是强制性标准。

制定标准应当有利于保障安全和人民的身体健康，保护消费者的利益，保护环境；应当有利于合理利用国家资源，推广科学技术成果，提高经济效益，并符合使用要求，有利于产品的通用互换，做到技术上先进，经济上合理。应当做到有关标准的协调配套；应当有利于促进对外经济技术合作和对外贸易；应当发挥行业协会、科学研究机构和学术团体的作用；制定标准的部门应当组织由专家组成的标准化技术委员会，负责标准的草拟，参加标准草案的审查工作。标准实施后，制定标准的部门应当根据科学技术的发展和经济建设的需要适时进行复审，以确认现行标准继续有效或者予以修订、废止。

(4) 标准的实施

强制性标准，必须执行。不符合强制性标准的产品，禁止生产、销售和进口。推荐性标准，国家鼓励企业自愿采用。

企业对有国家标准或者行业标准的产品，可以向国务院标准化行政主管部门或者国务院标准化行政主管部门授权的部门申请产品质量认证。认证合格的，由认证部门授予认证证书，准许在产品或者其包装上使用规定的认证标志。已经取得认证证书的产品不符合国家标准或者行业标准的，以及产品未经认证或者认证不合格的，不得使用认证标志出厂销售。企业研制新产品、改进产品，进行技术改造，应当符合标准化要求。

(5) 违者罚则

生产、销售、进口不符合强制性标准的产品的，由法律、行政法规规定的行政主管部门依法处理，法律、行政法规未作规定的，由工商行政管理部门没收产品和违法所得，并处罚款；造成严重后果构成犯罪的，对直接责任人员依法追究刑事责任。

已经授予认证证书的产品不符合国家标准或者行业标准而使用认证标志出厂销售的，由标准化行政主管部门责令停止销售，并处罚款；情节严重的，由认证部门撤销其认证证书。

产品未经认证或者认证不合格而擅自使用认证标志出厂销售的，由标准化行政主管部门责令停止销售，并处罚款。

当事人对没收产品、没收违法所得和罚款的处罚不服的，可以在接到处罚通知之日起十五日内，向作出处罚决定的机关的上一级机关申请复议；对复议决定不服的，可以在接到复议决定之日起十五日内，向人民法院起诉。当事人也可以在接到处罚通知之日起十五日内，直接向人民法院起诉。当事人逾期不申请复议或者不向人民法院起诉又不履行处罚决定的，由作出处罚决定的机关申请人民法院强制执行。

标准化工作的监督、检验、管理人员违法失职、徇私舞弊的，给予行政处分；构成犯罪的，依法追究刑事责任。

1.1.2.3 《中华人民共和国标准化法实施条例》相关知识

1990 年 4 月 6 日，国务院发布了《中华人民共和国标准化法实施条例》，1990 年 4 月 6 日生效。共分 6 章 44 条，对标准制定的范围、标准化工作的管理、标准的制定、标准的实施与监督、法律责任进行了细化和明确。

国家标准由国务院标准化行政主管部门编制计划，组织草拟，统一审批、编号、发布。

行业标准由国务院有关行政主管部门编制计划、组织草拟，统一审批、编号、发布，并报国务院标准化行政主管部门备案。

对没有国家标准和行业标准而又需要在省、自治区、直辖市范围内统一的工业产品的安全、卫生要求，可以制定地方标准。制定地方标准的项目，由省、自治区、直辖市人民政府标准化行政主管部门确定。

地方标准由省、自治区、直辖市人民政府标准化行政主管部门编制计划，组织草拟，统一审批、编号、发布，并报国务院标准化行政主管部门和国务院有关行政主管部门备案。

企业标准由企业组织制定(农业企业标准制定办法另定)，并按省、自治区、直辖市人民政府的规定备案。

下列标准属于强制性标准：产品及产品生产、储运和使用中的安全、卫生标准，劳动安全、卫生标准，运输安全标准。

1.2 法定安全生产标准

1.2.1 标准的主要内容

(1) 标准目次

目次为可选要素。如果需要，可设置目次。目次所列的内容和顺序如下：

——前言；

——引言；

——章；

——带有标题的条(需要时列出)；

——附录，应有圆括号中标明其性质，即“(规范性附录)”或“(资料性附录)”；

——附录的章和带有标题的条(需要时列出)；

——参考文献；

——索引；

——图(需要时列出)；

——表(需要时列出)。

在目次中应列出完整的标题，“术语和定义”一章中的术语不应在目次中列出。在电子文件中，目次应自动生成，不需手工编排。

（2）标准、规范中用词说明

① 表示很严格，非这样做不可的用词：

正面词采用“必须”，反面词采用“严禁”。

② 表示严格，在正常情况下均应这样做的用词：

正面词采用“应”，反面词采用“不应”或“不得”。

③ 表示允许稍有选择，在条件许可时，首先应这样做的用词：

正面词采用“宜”或“可”，反面词采用“不宜”。

④ 表示有选择，在一定条件下可以这样做的，采用“可”。

应就是必须，强制性的，是要严格执行；

宜是推荐性的，尽量执行，最好这么做，不强制，是有余地的，实在不行，可以有选择的余地。

1.2.2 安全生产标准分类

国家制定的许多安全生产立法将安全生产标准作为生产经营单位必须执行的技术规范而载入法律，安全生产标准的法律化是我国安全生产立法的重要趋势。法定安全生产标准分为国家标准和行业标准，两者对生产经营单位的安全生产具有同样的约束力。法定安全生产标准主要是指强制性安全生产标准。

法定安全标准是我国安全生产法律体系的重要组成部分。我国目前已有近1500项安全生产国家标准和近3000项安全生产行业标准。

安全系统工程理论认为事故是由人、物、环境、管理四要素引起的，而安全标准是用于预防事故和职业伤害的，因此它必须包含人、物、环境、管理四方面的标准。安全生产标准具体分为基础标准、管理标准、技术标准、方法标准和产品标准五大类。

（1）基础标准

基础标准是指在安全生产领域的不同范围内，对普遍的、广泛通用的共性认识所作的统一规定，是在一定范围内作为制定其他安全标准的依据和共同遵守的准则。其内容包括制定安全标准所必须遵循的基本原则、要求、术语、符号；各项应用标准、综合标准赖以制定的技术规定；物质的危险性和有害性的基本规定；材料的安全基本性质及基本检测方法等。

（2）管理标准

管理标准是指通过计划、组织、控制、监督、检查、评价与考核等管理活动的内容、程序、方式，使生产过程中人、物、环境各个因素处于安全受控状态，直接服务于生产经营管理的准则和规定。如安全教育、培训、考核标准，重大事故隐患评价方法及分级标准，事故统计、分析标准等。

（3）技术标准

技术标准是指对于生产过程中的设计、施工、操作、安装等具体技术要求及实施程序中设立的必须符合一定安全要求以及能达到此要求的实施技术和规范的总称。如《金属非金属矿山安全规程》《石油化工企业设计防火规范》《建筑设计防火规范》等。

（4）方法标准

方法标准指对各项生产过程中技术活动的方法所作出的规定。包括两类：一类以试验、检查、分析、抽样、统计、计算、测定、作业等方法为对象制定的标准，如试验方法、检查方法、分析方法、测定方法、抽样方法、设计规范、工艺规程、作业指导书、生产方法、操作方法等；另一类为生产优质产品，并在生产、作业、试验、业务处理等方面为提高效率而制定的标准，如《安全检查帽测试方法》《防护服装机械性能材料抗刺穿性及动态撕裂性的试验方法》《安全评价通则》《安全预评价导则》《安全验收评价导则》等。

（5）产品标准

产品标准是对某一具体安全设备、装置的防护用品及其试验方法、检测检验规则、标志、运输、储存等方面所作的技术规定。是产品生产、检验、验收、使用、维护和洽谈贸易的重要技术依据，对于保障安全、提高生产和使用效益具有重要意义。如煤矿安全监控系统、煤矿用隔离式自救器等产品的规定。

1.2.3 安全生产标准的范围

我国的安全生产标准由煤矿安全、非煤矿山安全、电气安全、危险化学品安全、石油化工安全、民爆物品安全、烟花爆竹安全、涂装作业安全、交通运输安全、机械安全、消防安全、建筑安全、个体防护装备、特种设备安全、通用生产安全等多个子系统组成。现就石化行业涉及的主要安全生产标准系统进行介绍。

（1）危险化学品安全生产标准

包括通用基础安全生产标准、安全技术标准和安全管理标准。通用基础安全生产标准主要包括危险化学品分类、标识等；安全技术标准主要包括安全设计和建设标准、生产企业安全距离标准、生产安全标准、运输安全标准、储存和包装安全标准、作业与检修标准、使用安全标准等；安全管理标准主要包括生产企业安全管理、应急救援预案管理、重大危险源安全监控、职业危害防护配备管理等。

（2）职业卫生与健康安全标准

包括作业环境安全标准、个体防护标准、职业病鉴定标准三个领域。在作业环境方面可进一步划分为粉尘、噪声、振动、放射性辐射、高低温等。在职业危害和卫生方面有关的国家标准有：《工业企业卫生设计标准》《体力劳动强度分级》《作业场所呼吸性粉尘卫生标准》《职业性接触毒物危害程度分级》等。

（3）个体防护装备安全生产标准

主要包括头部防护装备、听力防护装备、眼面部防护装备、呼吸防护装备、手部防护装备、足部防护装备、躯干防护装备等，每个部分由基础标准、管理标准、技术标准、方法标准和产品标准组成。

另外从内容上来分，法分为特殊法和普通法，在同一层级的安全生产立法对同一类问题的法律适用上，应当适用特殊法优于普通法的原则。

目前，以《安全生产法》为依据，以《危险化学品安全管理条例》为主线，以相关配套规章、标准和地方性法规、规章、标准等为辅助的本市危险化学品安全管理法规标准体系，已经基本形成，并逐步完善。

危险化学品的安全管理是全方位、全过程的管理，包括危险化学品生产、储存、使用、经营、运输等各个环节，涉及安全生产监督管理部门、公安机关、质量监督检验检疫部门、环境保护主管部门、交通运输主管部门（包括道路、水路、铁路、航空等运输部门）、卫生主管部门、工商行政管理部门、邮政管理部门，有关危险化学品生产、储存的行业规划和布局，还涉及工业和信息化主管部门。

1.3 安全生产法制的转变

我国安全生产法制从起步到全面发展，具有鲜明的时代特点，实现了“8 个转变”。

(1) 管理理念上由人治向法治的转变

认识是行动的先导。从几千年封建专制到社会主义市场经济体制，历史跨度极大。要适应新情况、新形势，必须实现从人治到法治的思想变革。我们对安全生产监督管理的认识和理念是在法制建设的进程中得以深化和形成的。观念转变的关键在于各级政府、各级领导的治国行政观念的转变。党和国家关于安全生产的主张、方针、政策不仅要依靠行政手段加以贯彻，更要通过既定的法律规范加以固定和推行。只有依法设定公民和社会组织的安全生产的权利、义务和责任，通过政府和社会的力量去推动法律的实施，才能逐步建立良好的安全生产秩序。

(2) 管理方式上由直接管理向间接管理的转变

国家行政管理体制进行了多次改革，政府部门不再直接管理企业的安全生产，主要依靠政策、法律法规去规范生产经营活动的安全。国家对安全生产的监督管理方式，一是制定规则规范，二是实施监督执法。政府部门依法实施监督管理，对安全生产违法行为实施法律制裁，这是一种更超脱、更高层次的间接管理方式。

(3) 管理体制上由专项监管向综合监管的转变

《安全生产法》将综合监管部门的地位、职责和监管手段法律化，依法确立了综合监管与专项监管相结合的安全生产监督管理体制，体现了政府各部门齐抓共管的原则。国家建立了自上而下的安全生产综合监管体系，强化了对地方人民政府及其有关部门的安全生产监督管理工作的协调、指导和监督。

(4) 管理机制上由短期机制向长效机制的转变

如果说 20 世纪 90 年代国家的安全生产立法主要是解决当时安全生产的突出矛盾，不得不采取一些临时的、应急的管理措施，那么新世纪以来则以构建法律制度为基础，以完善长效机制为重点。在贯彻实施《安全生产法》的过程中，各级人民政府十分重视探索、建立安全生产长效机制，已经建立了企业自我约束机制、事故隐患防范机制、事故应急处理机制、安全监督检查机制、联合督察执法机制、重大事项协调机制、社会舆论监督机制等等。

(5) 管理重点上由国有企业向非公企业的转变

20 世纪 90 年代以后，非公有制经济成分的比重越来越大。由于多数私营、民营企业处于资本原始积累阶段，业主为了追求利润最大化，在企业安全生产方面的投入很少，有的甚至不投入，因而安全生产条件差、管理水平低、事故高发。过去安全生产是法制的薄弱环节。国家安全生产立法与时俱进，将安全生产条件差、事故高发的非公有制企业作为监管重点，加大了法律规范的力度。

(6) 管理手段上由行政手段向法律手段的转变

随着整个社会主义法制建设不断完善，各级政府和安全生产监管部门依法行政的观念逐渐增强，对实施安全生产监督管理的主要手段，由不认识到认识、由不习惯到习惯、由不自觉到自觉，法律手段已经成为安全生产监督管理的主要手段，这是社会进步的重要标志。

(7) 管理环节上由事后处理向事前预防的转变

以往政府抓安全比较注重事后处理，忽视了事前、事中监管，安全生产监管工作处于被动状态，治标不治本。现在重视预防为主、事前防范，强调安全生产监管工作重心下移、关口前移，注重抓基层、抓基础，从源头上解决问题。积极的、主动的、预防性的安全生产监管贯穿于安全生产的各个环节，使被动应付的局面正在逐步改变。

（8）管理规范上由法律规范向技术规范的转变

实现安全生产，不仅要规范人的不安全行为，也要运用先进的科学技术改善安全装备，创造安全的工作环境。既要有严格的法律规范，又要有科学的技术规范，两者相辅相成。安全技术规范逐步法律化，既是我国安全生产法制的一个显著特点，又是未来发展的必然趋势。法律将技术规范作为法律规范的内容加以规定，这就赋予技术规范以法律上的约束力和强制力，必将进一步提升我国生产安全管理的科技含量。

1.4 安全生产法制化的基本经验

安全生产法制化旨在建立和谐、协调的安全生产法律关系，保证人民群众生活和社会经济的长治久安。历史的经验值得注意。概括安全生产法制建设的基本经验，集中体现在对“8个关系”的认识深化和法律调整上，具体如下：

（1）处理好发展与人本的关系

发展是硬道理，发展是执政兴国的第一要务。发展要依靠人民群众，发展的目的是为了满足人民群众的物质文化需要。科学发展观的核心是以人为本，而以人为本首先是以人的安全为本。安全生产是保障发展、保护人民群众生命和财产安全的基础。离开了以人为本，发展就失去了方向和目标。在任何时候和任何情况下，我们都要将经济发展与以人为本、经济发展与安全生产紧密结合起来，在保障安全的前提下求得较快的发展。

（2）处理好效益与安全的关系

凡是安全生产状况不好的，往往是把经济效益与安全生产对立起来，以牺牲安全为代价追求经济效益。我们必须走出这个误区，不能因小失大，不能以短代长。只有把安全与效益统一起来，增加安全投入，保证安全生产，才能取得长远的发展和更大的效益，求效益必须保安全。

（3）处理好法制与安全的关系

抓好安全生产，必须依靠法制。安全生产涉及人民群众生命和财产安全的基本权利，这种权利只能依法确认和保护。企业从事生产经营活动也要履行法定义务并承担法律责任。否则必将陷入无序状态，造成人民群众生命财产和社会财富的重大损失。政府履行社会管理和公共服务的职能，必须依法行政。法制是安全生产的保障，没有法制则没有秩序，没有秩序则没有安全。

（4）处理好政策与法律的关系

政策是制定法律的依据和基础，安全生产法律法规本身就是国家安全生产大政方针的法律表现。然而，法律又不能替代政策，必须专门制定相关的经济技术政策和措施，解决法律难以解决的问题。政策与法律是互为依存的关系，必须两手抓、两手硬，充分发挥政策引导和法律规范的双重作用。

（5）处理好立法与执法的关系

法治是立法与执法的统一。在我国安全生产立法相对滞后的时期，解决有法可依问题是第一位的。但是立法的目的是为了实施，有法必依、违法必究和执法必严才是最重要的。在安全生产法制建设过程中，应当坚持立法与执法并重，克服重立法、轻执法的倾向，在执法上狠下功夫。

(6) 处理好监管与自律的关系

《安全生产法》明确了政府监管与企业自律的关系，以外促内，内外结合。监管与自律是外因与内因的关系，政府监管是促进企业安全管理的外部条件，安全生产归根结底在于企业内部，企业是安全生产的主体。我们不能因为强调外部监管而忽视企业内部管理，否定企业自律的决定性作用。检验政府监管实效的主要标志之一，就是看企业的安全条件是否改善，安全管理是否到位，生产安全事故是否减少。

(7) 处理好人与自然的关系

生产安全的“人、机、环境”三要素中，来自机器设备、设施和职业危害的威胁远大于人的自身伤害。法律规范不仅要对从业人员进行约束，也要对企业的安全设施、设备、器材、物品的安全条件、安全状态、安全性能提出要求，还要对作业场所的不安全因素、灾害威胁、隐患防治、劳动防护和职业危害等管理措施作出强制性的规定，以求在生产经营活动中保障人身安全。

(8) 处理好治标与治本的关系

标本兼治是安全生产的根本大计。重大、特大生产安全事故往往具有突发性和多发性，我们不仅要重点加以处理和防范，采取一些集中整治措施，而且要善于透过现象看到本质，从中找到其普遍性、规律性、根本性的原因，充分认识安全生产的艰巨性、长期性、复杂性，从源头上采取对策，多管齐下，综合治理。另外，对于因历史原因形成的深层次、错综复杂的安全问题，必须立足当前，循序渐进，积极稳妥地加以解决。

当前，我国安全生产法制建设已经步入正轨，今后的任务艰巨繁重。只要坚定不移、坚持不懈地努力工作，致力于安全生产法律制度和机制的健全，致力于安全生产法律体系的完善，致力于安全生产监督管理体制的顺畅，致力于全民安全生产法制观念和法律意识的培养，致力于安全生产法治秩序的建立，就一定能够遏制重大、特大生产安全事故的发生，保障人民群众生命和财产安全，为建立小康社会提供安全和谐的外部环境，促进经济和社会的全面、协调、可持续发展，从根本上实现安全生产。

第 2 章　危险化学品安全管理法律

法律是全国人大或全国人大常委会制定的，法律高于法规，法规高于规章。

2.1　《宪法》相关知识

宪法是国家的根本法，是治国安邦的总章程，具有最高的法律地位、法律权威、法律效力。

“加强劳动保护，改善劳动条件”，是国家对安全生产方面做出的具有最高法律效力的规定。相关条款如：

第四十二条　中华人民共和国公民有劳动的权利和义务。

国家通过各种途径，创造劳动就业条件，加强劳动保护，改善劳动条件，并在发展生产的基础上，提高劳动报酬和福利待遇。

国家对就业前的公民进行必要的劳动就业训练。

第四十三条　中华人民共和国劳动者有休息的权利。

国家发展劳动者休息和休养的设施，规定职工的工作时间和休假制度。

第四十六条　中华人民共和国公民有受教育的权利和义务。

第四十七条　中华人民共和国公民有进行科学研究、文学艺术创作和其他文化活动的自由。国家对于从事教育、科学、技术、文学、艺术和其他文化事业的公民的有益于人民的创造性工作，给以鼓励和帮助。

2.2　《劳动法》相关知识

2007 年 6 月 29 日中华人民共和国主席公布了已由中华人民共和国第十届全国人民代表大会常务委员会第二十八次会议于 2007 年 6 月 29 日通过的《中华人民共和国劳动合同法》，自 2008 年 1 月 1 日起施行。相关条款如：

第三十二条　劳动者拒绝用人单位管理人员违章指挥、强令冒险作业的，不视为违反劳动合同。

劳动者对危害生命安全和身体健康的劳动条件，有权对用人单位提出批评、检举和控告。

第三十八条　用人单位有下列情形之一的，劳动者可以解除劳动合同：

（一）未按照劳动合同约定提供劳动保护或者劳动条件的；

（二）未及时足额支付劳动报酬的；

（三）未依法为劳动者缴纳社会保险费的；

（四）用人单位的规章制度违反法律、法规的规定，损害劳动者权益的；

（五）因本法第二十六条第一款规定的情形致使劳动合同无效的；

（六）法律、行政法规规定劳动者可以解除劳动合同的其他情形。

用人单位以暴力、威胁或者非法限制人身自由的手段强迫劳动者劳动的，或者用人单位违章指挥、强令冒险作业危及劳动者人身安全的，劳动者可以立即解除劳动合同，不需事先告知用人单位。

第四十二条 劳动者有下列情形之一的，用人单位不得依照本法第四十条、第四十一条的规定解除劳动合同：

（一）从事接触职业病危害作业的劳动者未进行离岗前职业健康检查，或者疑似职业病病人在诊断或者医学观察期间的；

（二）在本单位患职业病或者因工负伤并被确认丧失或者部分丧失劳动能力的；

（三）患病或者非因工负伤，在规定的医疗期内的；

（四）女职工在孕期、产期、哺乳期的；

（五）在本单位连续工作满十五年，且距法定退休年龄不足五年的；

（六）法律、行政法规规定的其他情形。

2.3 《安全生产法》相关知识

2014年8月31日第十二届全国人民代表大会常务委员会第十次会议通过了全国人民代表大会常务委员会关于修改《中华人民共和国安全生产法》的决定。新的《中华人民共和国安全生产法》由2002版的7章97条变为7章114条，是我国安全生产法制建设的又一重要里程碑。

《安全生产法》是为加强安全生产监督管理，防止和减少生产安全事故，保障人民群众生命和财产安全的一部法律。适用于从事生产经营活动的单位。鉴于危险化学品的特殊性质，《安全生产法》在对所有从事生产经营活动单位普遍要求的基础上，对从事危险化学品生产、经营、储存、运输、使用的单位还有一些特殊要求。这是安全生产监督管理部门监督检查人员在实施监督检查时要特别加以注意。

《安全生产法》中对加强危险化学品安全管理的规定主要有：

(1) 从事危险物品生产、经营、储存单位，应当设置安全生产管理机构或者配备专职安全生产管理人员。

(2) 从事危险物品生产、经营、储存的单位的主要负责人和安全生产管理人员应当由有关主管部门对其安全生产知识和管理能力考核合格后方可任职。考核不得收费。

(3) 生产、储存危险物品的建设项目应当分别按照国家有关规定进行安全条件论证和安全评价。

(4) 生产、储存危险物品的建设项目的安全设施设计应当按照国家有关规定报经有关部门审查，审查部门及其负责审查的人员对审查结果负责。

(5) 生产、储存危险化学品的建设项目的施工单位必须按照批准的安全设施设计施工，并对安全设施的工程质量负责。

生产、储存危险化学品的建设项目竣工投入生产或者使用前，必须依照有关法律、行政法规的规定对安全设施进行验收；验收合格后，方可投入生产和使用。验收部门及其验收人员对验收结果负责。

(6) 危险化学品的容器、运输工具，必须按照国家有关规定，由专业生产单位生产，并经取得专业资质的检测、检验机构检测、检验合格，取得安全使用证或者安全标志，方可投入使用。检测、检验机构对检测、检验结果负责。

(7) 生产、经营、运输、储存、使用危险化学品或者处置废弃危险化学品的，由有关主管部门依照有关法律、法规的规定和国家标准或者行业标准审批并实施监督管理。

生产经营单位生产、经营、运输、储存、使用危险化学品或者处置废弃危险化学品，必须执行有关法律、法规和国家标准或者行业标准，建立专门的安全管理制度，采取可靠的安全措施，接受有关主管部门依法实施的监督管理。

(8) 生产经营单位对重大危险源应当登记建档，进行定期检测、评估、监控，并制定应急预案，告知从业人员和相关人员在紧急情况下应当采取的应急措施。

生产经营单位应当按照国家有关规定将本单位重大危险源及有关安全措施、应急措施报有关地方人民政府负责安全生产监督管理的部门和有关部门备案。

(9) 生产、经营、储存、使用危险化学品的车间、商店、仓库不得与员工宿舍在同一座建筑物内，并应当与员工宿舍保持安全距离。

生产经营场所和员工宿舍应当设有符合紧急疏散要求、标志明显、保持畅通的出口。禁止封闭、堵塞生产经营场所或者员工宿舍的出口。

(10) 危险化学品的生产、经营、储存单位应当建立应急救援组织；规模较小可以不建立应急救援组织的，应当制定兼职的应急救援人员。

危险化学品生产、经营、储存单位应当配备必要的应急救援器材、设备，并进行经常性维护、保养，保证正常运转。

2005 年，全国生产安全事故死亡人数是 12 万多人，到 2008 年降到 10 万人，2009 年降到 9 万人以下，2010 年又降到 8 万人以下，2013 年降到 6.9 万多人。逐年下降的数字说明，随着安全生产工作各项制度不断完善、各方面的重视，事故伤亡在逐渐减少。2014 年 8 月 31 日公布的安全生产法就“生产经营单位、从业人员”此重点作出明确的细化和规定，要求生产经营单位必须设安全生产管理机构、配管理人员、提取安全生产费用等。同时，对危机管理不仅作出了危机防范的要求、也对危机主体、监管机构、责任肇事人的惩处提供了法律依据。它从另外一个角度也说明了，仅领导有危机管理意识而员工没有危机意识是不行的。危机管理意识应是整个国家、全民的意识!

2014 年 8 月 31 日公布的新《安全生产法》修改之处大概有 67 处。但是比较重要、比较关键的体现在四个方面：

第一，进一步确立了安全生产的重要地位。在总则里面，写进了“坚持以人为本、安全发展”，写进了“安全第一、预防为主、综合治理”的方针。这对于提升安全生产重要性的认识提供了法律依据，所以站在贯彻党的安全生产方针这个高度来抓好安全生产工作。

第二，进一步明确了企业安全生产的主体责任。有 20 多条都是针对企业来说的。比如进一步明确了企业安全管理机构的职责。另外，对企业安全监管机构的建设标准也提高了。原来规定是具备 300 人以上可以设立安全监管机构，现在降到 100 人，100 人以上都要设立安全监管机构。另外，高危企业必须要聘用注册安全工程师从事安全管理工作，这样对注册安全工程师的作用法律上予以规定，同时企业必须要用注册安全工程师这些专业人员进行安全管理。还有就是鼓励企业投入安全生产责任保险，运用保险机制，建立安保互动。这些对于企业安全生产的主体责任如何落实，新法都作出了明确规定。包括企业隐患排查治理，要建立隐患排查治理体系。

第三，对于安全监管部门的执法地位也作出了明确规定，明确负有安全生产监督管理的部门是执法部门，而且赋予安全监管部门综合监督管理行业安全管理的职责。另外，对拒不执行安监部门下达执法指令的，安监部门有权采取停电和停止供应爆炸品这些强制措施。这样有利于加大执法力度。

第四，对于违反安全法的行为加大处罚力度。包括对行政罚款，由过去最高的 500 万元提高到 2000 万元。而且对于事故单位主要责任人的处罚也作出了规定，可以罚上一年年收入的 30%、40%、60%、80%，如果出现瞒报，罚 100%。同时对重大以上事故单位的负责人要终生取消职业资格，这些处罚非常严厉。

新《安全生产法》(以下简称新法)，认真贯彻落实习近平总书记关于安全生产工作一系列重要指示精神，从强化安全生产工作的摆位、进一步落实生产经营单位主体责任，政府安全监管定位和加强基层执法力量、强化安全生产责任追究等四个方面入手，着眼于安全生产现实问题和发展要求，补充完善了相关法律制度规定，主要有十大亮点。

(1) 坚持以人为本，推进安全发展

新法提出安全生产工作应当以人为本，充分体现了习近平总书记等中央领导同志近一年来关于安全生产工作一系列重要指示精神，对于坚守发展决不能以牺牲人的生命为代价这条红线，牢固树立以人为本、生命至上的理念，正确处理重大险情和事故应急救援中“保财产”还是“保人命”问题，具有重大意义。为强化安全生产工作的重要地位，明确安全生产在国民经济和社会发展中的重要地位，推进安全生产形势持续稳定好转，新法将坚持安全发展写入了总则。

(2) 建立完善安全生产方针和工作机制

新法确立了“安全第一、预防为主、综合治理”的安全生产工作“十二字方针”，明确了安全生产的重要地位、主体任务和实现安全生产的根本途径。“安全第一”要求从事生产经营活动必须把安全放在首位，不能以牺牲人的生命、健康为代价换取发展和效益。“预防为主”要求把安全生产工作的重心放在预防上，强化隐患排查治理，打非治违，从源头上控制、预防和减少生产安全事故。“综合治理”要求运用行政、经济、法治、科技等多种手段，充分发挥社会、职工、舆论监督各个方面的作用，抓好安全生产工作。坚持“十二字方针”，总结实践经验，新法明确要求建立生产经营单位负责、职工参与、政府监管、行业自律、社会监督的机制，进一步明确各方安全生产职责。做好安全生产工作，落实生产经营单位主体责任是根本，职工参与是基础，政府监管是关键，行业自律是发展方向，社会监督是实现预防和减少生产安全事故目标的保障。

(3) 落实“三个必须”，明确安全监管部门执法地位

按照“三个必须”(管业务必须管安全、管行业必须管安全、管生产经营必须管安全)的要求，新法一是规定国务院和县级以上地方人民政府应当建立健全安全生产工作协调机制，及时协调、解决安全生产监督管理中存在的重大问题。二是明确国务院和县级以上地方人民政府安全生产监督管理部门实施综合监督管理，有关部门在各自职责范围内对有关行业、领域的安全生产工作实施监督管理。并将其统称负有安全生产监督管理职责的部门。三是明确各级安全生产监督管理部门和其他负有安全生产监督管理职责的部门作为执法部门，依法开展安全生产行政执法工作，对生产经营单位执行法律、法规、国家标准或者行业标准的情况进行监督检查。

(4) 明确乡镇人民政府以及街道办事处、开发区管理机构安全生产职责

乡镇街道是安全生产工作的重要基础，有必要在立法层面明确其安全生产职责，同时，

针对各地经济技术开发区、工业园区的安全监管体制不顺、监管人员配备不足、事故隐患集中、事故多发等突出问题，新法明确：乡、镇人民政府以及街道办事处、开发区管理机构等地方人民政府的派出机关应当按照职责，加强对本行政区域内生产经营单位安全生产状况的监督检查，协助上级人民政府有关部门依法履行安全生产监督管理职责。

（5）进一步强化生产经营单位的安全生产主体责任

做好安全生产工作，落实生产经营单位主体责任是根本。新法把明确安全责任、发挥生产经营单位安全生产管理机构和安全生产管理人员作用作为一项重要内容，作出四个方面的重要规定：一是明确委托规定的机构提供安全生产技术、管理服务的，保证安全生产的责任仍然由本单位负责；二是明确生产经营单位的安全生产责任制的内容，规定生产经营单位应当建立相应的机制，加强对安全生产责任制落实情况的监督考核；三是明确生产经营单位的安全生产管理机构以及安全生产管理人员履行的七项职责；四是规定矿山、金属冶炼建设项目和用于生产、储存危险物品的建设项目竣工投入生产或者使用前，由建设单位负责组织对安全设施进行验收。

（6）建立事故预防和应急救援的制度

新法把加强事前预防和事故应急救援作为一项重要内容：一是生产经营单位必须建立生产安全事故隐患排查治理制度，采取技术、管理措施及时发现并消除事故隐患，并向从业人员通报隐患排查治理情况的制度；二是政府有关部门要建立健全重大事故隐患治理督办制度，督促生产经营单位消除重大事故隐患；三是对未建立隐患排查治理制度、未采取有效措施消除事故隐患的行为，设定了严格的行政处罚；四是赋予负有安全监管职责的部门对拒不执行执法决定、有发生生产安全事故现实危险的生产经营单位依法采取停电、停供民用爆炸物品等措施，强制生产经营单位履行决定；五是国家建立应急救援基地和应急救援队伍，建立全国统一的应急救援信息系统。生产经营单位应当依法制定应急预案并定期演练。参与事故抢救的部门和单位要服从统一指挥，根据事故救援的需要组织采取告知、警戒、疏散等措施。

（7）建立安全生产标准化制度

安全生产标准化是在传统的安全质量标准化基础上，根据当前安全生产工作的要求、企业生产工艺特点，借鉴国外现代先进安全管理思想，形成的一套系统的、规范的、科学的安全管理体系。2010 年《国务院关于进一步加强企业安全生产工作的通知》（国发〔2010〕23 号）、2011 年《国务院关于坚持科学发展安全发展促进安全生产形势持续稳定好转的意见》（国发〔2011〕40 号）均对安全生产标准化工作提出了明确的要求。近年来矿山、危险化学品等高危行业企业安全生产标准化取得了显著成效，工贸行业领域的标准化工作正在全面推进，企业本质安全生产水平明显提高。结合多年的实践经验，新法在总则部分明确提出推进安全生产标准化工作，这必将对强化安全生产基础建设，促进企业安全生产水平持续提升产生重大而深远的影响。

（8）推行注册安全工程师制度

为解决中小企业安全生产“无人管、不会管”问题，促进安全生产管理人员队伍朝着专业化、职业化方向发展，国家自 2004 年以来连续 10 年实施了全国注册安全工程师执业资格统一考试，21.8 万人取得了资格证书。截至 2013 年 12 月，已有近 15 万人注册并在生产经营单位和安全生产中介服务机构执业。新法确立了注册安全工程师制度，并从两个方面加以推进：一是危险物品的生产、储存单位以及矿山、金属冶炼单位应当有注册安全工程师从事安全生产管理工作，鼓励其他生产经营单位聘用注册安全工程师从事安全生产管理工作。二是建立注册安全工程师按专业分类管理制度，授权国务院有关部门制定具体实施办法。

(9) 推进安全生产责任保险制度

新法总结近年来的试点经验，通过引入保险机制，促进安全生产，规定国家鼓励生产经营单位投保安全生产责任保险。安全生产责任保险具有其他保险所不具备的特殊功能和优势，一是增加事故救援费用和第三人(事故单位从业人员以外的事故受害人)赔付的资金来源，有助于减轻政府负担，维护社会稳定。目前有的地区还提供了一部分资金作为对事故死亡人员家属的补偿。二是有利于现行安全生产经济政策的完善和发展。2005 年起实施的高危行业风险抵押金制度存在缴存标准高、占用资金大、缺乏激励作用等不足，目前湖南、上海等省市已经通过地方立法允许企业自愿选择责任保险或者风险抵押金，受到企业的广泛欢迎。三是通过保险费率浮动、引进保险公司参与企业安全管理，可以有效促进企业加强安全生产工作。

(10) 加大对安全生产违法行为的责任追究力度

一是规定了事故行政处罚和终身行业禁入。第一，将行政法规的规定上升为法律条文，按照两个责任主体、四个事故等级，设立了对生产经营单位及其主要负责人的八项罚款处罚明文。第二，大幅提高对事故责任单位的罚款金额：一般事故罚款 20~50 万元，较大事故 50~100 万元，重大事故 100~500 万元，特别重大事故 500~1000 万元；特别重大事故的情节特别严重的，罚款 1000~2000 万元。第三，进一步明确主要负责人对重大、特别重大事故负有责任的，终身不得担任本行业生产经营单位的主要负责人。

二是加大罚款处罚力度。结合各地区经济发展水平、企业规模等实际，新法维持罚款下限基本不变、将罚款上限提高了 2~5 倍，并且大多数罚则不再将限期整改作为前置条件。反映了“打非治违”、“重典治乱”的现实需要，强化了对安全生产违法行为的震慑力，也有利于降低执法成本、提高执法效能。

三是建立了严重违法行为公告和通报制度。要求负有安全生产监督管理部门建立安全生产违法行为信息库，如实记录生产经营单位的违法行为信息；对违法行为情节严重的生产经营单位，应当向社会公告，并通报行业主管部门、投资主管部门、国土资源主管部门、证券监督管理部门和有关金融机构。

2.4 安全生产专门法相关知识

2.4.1 《突发事件应对法》相关知识

《突发事件应对法》于 2007 年 8 月 30 日由中华人民共和国第十届全国人民代表大会常务委员会第二十九次会议通过，国家主席令第六十九号公布，自 2007 年 11 月 1 日起施行。

(1) 适用范围

适用于突发事件的预防与应急准备、监测与预警、应急处置与救援、事后恢复与重建等应对活动，还适用于危险化学品的突发事故及由于自然灾害、公共卫生事件和社会安全事件所引发的突发事故。

突发事件是指突然发生，造成或者可能造成严重社会危害，需要采取应急处置措施予以应对的自然灾害、事故灾难、公共卫生事件和社会安全事件。危险化学品的突发事故属于事故灾难。按照社会危害程度、影响范围等因素，自然灾害、事故灾难、公共卫生事件分为特别重大、重大、较大和一般四级。

（2）政府部门分工

国家建立统一领导、综合协调、分类管理、分级负责、属地管理为主的应急管理体制。突发事件应对工作实行预防为主、预防与应急相结合的原则。国家建立重大突发事件风险评估体系，对可能发生的突发事件进行综合性评估，减少重大突发事件的发生，最大限度地减轻重大突发事件的影响。

国家建立有效的社会动员机制，增强全民的公共安全和防范风险的意识，提高全社会的避险救助能力。国务院在总理领导下研究、决定和部署特别重大突发事件的应对工作；根据实际需要，设立国家突发事件应急指挥机构，负责突发事件应对工作；必要时，国务院可以派出工作组指导有关工作。国务院和县级以上地方各级人民政府是突发事件应对工作的行政领导机关，其办事机构及具体职责由国务院规定。

县级人民政府对本行政区域内突发事件的应对工作负责；涉及两个以上行政区域的，由有关行政区域共同的上一级人民政府负责，或者由各有关行政区域的上一级人民政府共同负责。突发事件发生后，发生地县级人民政府应当立即采取措施控制事态发展，组织开展应急救援和处置工作，并立即向上一级人民政府报告，必要时可以越级上报。突发事件发生地县级人民政府不能消除或者不能有效控制突发事件引起的严重社会危害的，应当及时向上级人民政府报告。上级人民政府应当及时采取措施，统一领导应急处置工作。

县级以上地方各级人民政府设立由本级人民政府主要负责人、相关部门负责人、驻当地中国人民解放军和中国人民武装警察部队有关负责人组成的突发事件应急指挥机构，统一领导、协调本级人民政府各有关部门和下级人民政府开展突发事件应对工作；根据实际需要，设立相关类别突发事件应急指挥机构，组织、协调、指挥突发事件应对工作。

上级人民政府主管部门应当在各自职责范围内，指导、协助下级人民政府及其相应部门做好有关突发事件的应对工作。

有关人民政府及其部门作出的应对突发事件的决定、命令，应当及时公布。有关人民政府及其部门采取的应对突发事件的措施，应当与突发事件可能造成的社会危害的性质、程度和范围相适应；有多种措施可供选择的，应当选择有利于最大程度地保护公民、法人和其他组织权益的措施。公民、法人和其他组织有义务参与突发事件应对工作。

有关人民政府及其部门为应对突发事件，可以征用单位和个人的财产。被征用的财产在使用完毕或者突发事件应急处置工作结束后，应当及时返还。财产被征用或者征用后毁损、灭失的，应当给予补偿。

因采取突发事件应对措施，诉讼、行政复议、仲裁活动不能正常进行的，适用有关时效中止和程序中止的规定，但法律另有规定的除外。

中国人民解放军、中国人民武装警察部队和民兵组织依照本法和其他有关法律、行政法规、军事法规的规定以及国务院、中央军事委员会的命令，参加突发事件的应急救援和处置工作。

中华人民共和国政府在突发事件的预防、监测与预警、应急处置与救援、事后恢复与重建等方面，同外国政府和有关国际组织开展合作与交流。

县级以上人民政府作出应对突发事件的决定、命令，应当报本级人民代表大会常务委员会备案；突发事件应急处置工作结束后，应当向本级人民代表大会常务委员会作出专项工作报告。

(3) 预防与应急准备

国家建立健全突发事件应急预案体系。国务院制定国家突发事件总体应急预案，组织制定国家突发事件专项应急预案；国务院有关部门根据各自的职责和国务院相关应急预案，制定国家突发事件部门应急预案。地方各级人民政府和县级以上地方各级人民政府有关部门根据有关法律、法规、规章、上级人民政府及其有关部门的应急预案以及本地区的实际情况，制定相应的突发事件应急预案。应急预案制定机关应当根据实际需要和情势变化，适时修订应急预案。应急预案的制定、修订程序由国务院规定。应急预案应当根据本法和其他有关法律、法规的规定，针对突发事件的性质、特点和可能造成的社会危害，具体规定突发事件应急管理工作的组织指挥体系与职责和突发事件的预防与预警机制、处置程序、应急保障措施以及事后恢复与重建措施等内容。

城乡规划应当符合预防、处置突发事件的需要，统筹安排应对突发事件所必需的设备和基础设施建设，合理确定应急避难场所。

县级人民政府应当对本行政区域内容易引发自然灾害、事故灾难和公共卫生事件的危险源、危险区域进行调查、登记、风险评估，定期进行检查、监控，并责令有关单位采取安全防范措施。

省级和设区的市级人民政府应当对本行政区域内容易引发特别重大、重大突发事件的危险源、危险区域进行调查、登记、风险评估，组织进行检查、监控，并责令有关单位采取安全防范措施。

县级以上地方各级人民政府按照本法规定登记的危险源、危险区域，应当按照国家规定及时向社会公布。

县级人民政府及其有关部门、乡级人民政府、街道办事处、居民委员会、村民委员会应当及时调解处理可能引发社会安全事件的矛盾纠纷。

所有单位应当建立健全安全管理制度，定期检查本单位各项安全防范措施的落实情况，及时消除事故隐患；掌握并及时处理本单位存在的可能引发社会安全事件的问题，防止矛盾激化和事态扩大；对本单位可能发生的突发事件和采取安全防范措施的情况，应当按照规定及时向所在地人民政府或者人民政府有关部门报告。

矿山、建筑施工单位和易燃易爆物品、危险化学品、放射性物品等危险物品的生产、经营、储运、使用单位，应当制定具体应急预案，并对生产经营场所、有危险物品的建筑物、构筑物及周边环境开展隐患排查，及时采取措施消除隐患，防止发生突发事件。

公共交通工具、公共场所和其他人员密集场所的经营单位或者管理单位应当制定具体应急预案，为交通工具和有关场所配备报警装置和必要的应急救援设备、设施，注明其使用方法，并显著标明安全撤离的通道、路线，保证安全通道、出口的畅通。

有关单位应当定期检测、维护其报警装置和应急救援设备、设施，使其处于良好状态，确保正常使用。

县级以上人民政府应当建立健全突发事件应急管理培训制度，对人民政府及其有关部门负有处置突发事件职责的工作人员定期进行培训。县级以上人民政府应当整合应急资源，建立或者确定综合性应急救援队伍。人民政府有关部门可以根据实际需要设立专业应急救援队伍。县级以上人民政府及其有关部门可以建立由成年志愿者组成的应急救援队伍。单位应当建立由本单位职工组成的专职或者兼职应急救援队伍。县级以上人民政府应当加强专业应急救援队伍与非专业应急救援队伍的合作，联合培训、联合演练，提高合成应急、协同应急的能力。

国务院有关部门、县级以上地方各级人民政府及其有关部门、有关单位应当为专业应急救援人员购买人身意外伤害保险，配备必要的防护装备和器材，减少应急救援人员的人身风险。中国人民解放军、中国人民武装警察部队和民兵组织应当有计划地组织开展应急救援的专门训练。

县级人民政府及其有关部门、乡级人民政府、街道办事处应当组织开展应急知识的宣传普及活动和必要的应急演练。居民委员会、村民委员会、企业事业单位应当根据所在地人民政府的要求，结合各自的实际情况，开展有关突发事件应急知识的宣传普及活动和必要的应急演练。新闻媒体应当无偿开展突发事件预防与应急、自救与互救知识的公益宣传。

各级各类学校应当把应急知识教育纳入教学内容，对学生进行应急知识教育，培养学生的安全意识和自救与互救能力。教育主管部门应当对学校开展应急知识教育进行指导和监督。

国务院和县级以上地方各级人民政府应当采取财政措施，保障突发事件应对工作所需经费。国家建立健全应急物资储备保障制度，完善重要应急物资的监管、生产、储备、调拨和紧急配送体系。国家建立健全应急通信保障体系，完善公用通信网，建立有线与无线相结合、基础电信网络与机动通信系统相配套的应急通信系统，确保突发事件应对工作的通信畅通。

设区的市级以上人民政府和突发事件易发、多发地区的县级人民政府应当建立应急救援物资、生活必需品和应急处置装备的储备制度。县级以上地方各级人民政府应当根据本地区的实际情况，与有关企业签订协议，保障应急救援物资、生活必需品和应急处置装备的生产、供给。

国家鼓励公民、法人和其他组织为人民政府应对突发事件工作提供物资、资金、技术支持和捐赠。国家发展保险事业，建立国家财政支持的巨灾风险保险体系，并鼓励单位和公民参加保险。国家鼓励、扶持具备相应条件的教学科研机构培养应急管理专门人才，鼓励、扶持教学科研机构和有关企业研究开发用于突发事件预防、监测、预警、应急处置与救援的新技术、新设备和新工具。

（4）监测与预警

国务院建立全国统一的突发事件信息系统：县级以上地方各级人民政府应当建立或者确定本地区统一的突发事件信息系统，汇集、储存、分析、传输有关突发事件的信息，并与上级人民政府及其有关部门、下级人民政府及其有关部门、专业机构和监测网点的突发事件信息系统实现互联互通，加强跨部门、跨地区的信息交流与情报合作。县级以上人民政府及其有关部门、专业机构应当通过多种途径收集突发事件信息。县级人民政府应当在居民委员会、村民委员会和有关单位建立专职或者兼职信息报告员制度。

获悉突发事件信息的公民、法人或者其他组织，应当立即向所在地人民政府、有关主管部门或者指定的专业机构报告。有关单位和人员报送、报告突发事件信息，应当做到及时、客观、真实，不得迟报、谎报、瞒报、漏报。

地方各级人民政府应当按照国家有关规定向上级人民政府报送突发事件信息。县级以上人民政府有关主管部门应当向本级人民政府相关部门通报突发事件信息。专业机构、监测网点和信息报告员应当及时向所在地人民政府及其有关主管部门报告突发事件信息。

县级以上地方各级人民政府应当及时汇总分析突发事件隐患和预警信息，必要时组织相关部门、专业技术人员、专家学者进行会商，对发生突发事件的可能性及其可能造成的影响进行评估；认为可能发生重大或者特别重大突发事件的，应当立即向上级人民政府报告，并向上级人民政府有关部门、当地驻军和可能受到危害的毗邻或者相关地区的人民政府通报。

国家建立健全突发事件监测制度：县级以上人民政府及其有关部门应当根据自然灾害、事故灾难和公共卫生事件的种类和特点，建立健全基础信息数据库，完善监测网络，划分监测区域，确定监测点，明确监测项目，提供必要的设备、设施，配备专职或者兼职人员，对可能发生的突发事件进行监测。

国家建立健全突发事件预警制度：可以预警的自然灾害、事故灾难和公共卫生事件的预警级别，按照突发事件发生的紧急程度、发展势态和可能造成的危害程度分为一级、二级、三级和四级，分别用红色、橙色、黄色和蓝色标示，一级为最高级别。预警级别的划分标准由国务院或者国务院确定的部门制定。

可以预警的自然灾害、事故灾难或者公共卫生事件即将发生或者发生的可能性增大时，县级以上地方各级人民政府应当根据有关法律、行政法规和国务院规定的权限和程序，发布相应级别的警报，决定并宣布有关地区进入预警期，同时向上一级人民政府报告，必要时可以越级上报，并向当地驻军和可能受到危害的毗邻或者相关地区的人民政府通报。

发布三级、四级警报，宣布进入预警期后，县级以上地方各级人民政府应当根据即将发生的突发事件的特点和可能造成的危害，采取下列措施：

① 启动应急预案；

② 责令有关部门、专业机构、监测网点和负有特定职责的人员及时收集、报告有关信息，向社会公布反映突发事件信息的渠道，加强对突发事件发生、发展情况的监测、预报和预警工作；

③ 组织有关部门和机构、专业技术人员、有关专家学者，随时对突发事件信息进行分析评估，预测发生突发事件可能性的大小、影响范围和强度以及可能发生的突发事件的级别；

④ 定时向社会发布与公众有关的突发事件预测信息和分析评估结果，并对相关信息的报道工作进行管理；

⑤ 及时按照有关规定向社会发布可能受到突发事件危害的警告，宣传避免、减轻危害的常识，公布咨询电话。

发布一级、二级警报，宣布进入预警期后，县级以上地方各级人民政府除采取《突发事件应对法》第四十四条规定的措施外，还应当针对即将发生的突发事件的特点和可能造成的危害，采取下列一项或者多项措施：

① 责令应急救援队伍、负有特定职责的人员进入待命状态，并动员后备人员做好参加应急救援和处置工作的准备；

② 调集应急救援所需物资、设备、工具，准备应急设施和避难场所，并确保其处于良好状态、随时可以投入正常使用；

③ 加强对重点单位、重要部位和重要基础设施的安全保卫，维护社会治安秩序；

④ 采取必要措施，确保交通、通信、供水、排水、供电、供气、供热等公共设施的安全和正常运行；

⑤ 及时向社会发布有关采取特定措施避免或者减轻危害的建议、劝告；

⑥ 转移、疏散或者撤离易受突发事件危害的人员并予以妥善安置，转移重要财产；

⑦ 关闭或者限制使用易受突发事件危害的场所，控制或者限制容易导致危害扩大的公

共场所的活动；

⑧ 法律、法规、规章规定的其他必要的防范性、保护性措施。

对即将发生或者已经发生的社会安全事件，县级以上地方各级人民政府及其有关主管部门应当按照规定向上一级人民政府及其有关主管部门报告，必要时可以越级上报。发布突发事件警报的人民政府应当根据事态的发展，按照有关规定适时调整预警级别并重新发布。有事实证明不可能发生突发事件或者危险已经解除的，发布警报的人民政府应当立即宣布解除警报，终止预警期，并解除已经采取的有关措施。

（5）应急处置与救援

突发事件发生后，履行统一领导职责或者组织处置突发事件的人民政府应当针对其性质、特点和危害程度，立即组织有关部门，调动应急救援队伍和社会力量，依照本章的规定和有关法律、法规、规章的规定采取应急处置措施。自然灾害、事故灾难或者公共卫生事件发生后，履行统一领导职责的人民政府可以采取下列一项或者多项应急处置措施：

① 组织营救和救治受害人员，疏散、撤离并妥善安置受到威胁的人员以及采取其他救助措施；

② 迅速控制危险源，标明危险区域，封锁危险场所，划定警戒区，实行交通管制以及其他控制措施；

③ 立即抢修被损坏的交通、通信、供水、排水、供电、供气、供热等公共设施，向受到危害的人员提供避难场所和生活必需品，实施医疗救护和卫生防疫以及其他保障措施；

④ 禁止或者限制使用有关设备、设施，关闭或者限制使用有关场所，中止人员密集的活动或者可能导致危害扩大的生产经营活动以及采取其他保护措施；

⑤ 启用本级人民政府设置的财政预备费和储备的应急救援物资，必要时调用其他急需物资、设备、设施、工具；

⑥ 组织公民参加应急救援和处置工作，要求具有特定专长的人员提供服务；

⑦ 保障食品、饮用水、燃料等基本生活必需品的供应；

⑧ 依法从严惩处囤积居奇、哄抬物价、制假售假等扰乱市场秩序的行为，稳定市场价格，维护市场秩序；

⑨ 依法从严惩处哄抢财物、干扰破坏应急处置工作等扰乱社会秩序的行为，维护社会治安；

⑩ 采取防止发生次生、衍生事件的必要措施。

发生突发事件，严重影响国民经济正常运行时，国务院或者国务院授权的有关主管部门可以采取保障、控制等必要的应急措施，保障人民群众的基本生活需要，最大限度地减轻突发事件的影响。履行统一领导职责或者组织处置突发事件的人民政府，必要时可以向单位和个人征用应急救援所需设备、设施、场地、交通工具和其他物资，请求其他地方人民政府提供人力、物力、财力或者技术支援，要求生产、供应生活必需品和应急救援物资的企业组织生产、保证供给，要求提供医疗、交通等公共服务的组织提供相应的服务。履行统一领导职责或者组织处置突发事件的人民政府，应当组织协调运输经营单位，优先运送处置突发事件所需物资、设备、工具、应急救援人员和受到突发事件危害的人员。履行统一领导职责或者组织处置突发事件的人民政府，应当按照有关规定统一、准确、及时发布有关突发事件事态发展和应急处置工作的信息。

任何单位和个人不得编造、传播有关突发事件事态发展或者应急处置工作的虚假信息。

突发事件发生地的居民委员会、村民委员会和其他组织应当按照当地人民政府的决定、命令，进行宣传动员，组织群众开展自救和互救，协助维护社会秩序。

受到自然灾害危害或者发生事故灾难、公共卫生事件的单位，应当立即组织本单位应急救援队伍和工作人员营救受害人员，疏散、撤离、安置受到威胁的人员，控制危险源，标明危险区域，封锁危险场所，并采取其他防止危害扩大的必要措施，同时向所在地县级人民政府报告；对因本单位的问题引发的或者主体是本单位人员的社会安全事件，有关单位应当按照规定上报情况，并迅速派出负责人赶赴现场开展劝解、疏导工作。

突发事件发生地的其他单位应当服从人民政府发布的决定、命令，配合人民政府采取的应急处置措施，做好本单位的应急救援工作，并积极组织人员参加所在地的应急救援和处置工作。

突发事件发生地的公民应当服从人民政府、居民委员会、村民委员会或者所属单位的指挥和安排，配合人民政府采取的应急处置措施，积极参加应急救援工作，协助维护社会秩序。

(6) 事后恢复与重建

突发事件的威胁和危害得到控制或者消除后，履行统一领导职责或者组织处置突发事件的人民政府应当停止执行依照本法规定采取的应急处置措施，同时采取或者继续实施必要措施，防止发生自然灾害、事故灾难、公共卫生事件的次生、衍生事件或者重新引发社会安全事件。

突发事件应急处置工作结束后，履行统一领导职责的人民政府应当立即组织对突发事件造成的损失进行评估，组织受影响地区尽快恢复生产、生活、工作和社会秩序，制定恢复重建计划，并向上一级人民政府报告。

受突发事件影响地区的人民政府应当及时组织和协调公安、交通、铁路、民航、邮电、建设等有关部门恢复社会治安秩序，尽快修复被损坏的交通、通信、供水、排水、供电、供气、供热等公共设施。

受突发事件影响地区的人民政府开展恢复重建工作需要上一级人民政府支持的，可以向上一级人民政府提出请求。上一级人民政府应当根据受影响地区遭受的损失和实际情况，提供资金、物资支持和技术指导，组织其他地区提供资金、物资和人力支援。

国务院根据受突发事件影响地区遭受损失的情况，制定扶持该地区有关行业发展的优惠政策。受突发事件影响地区的人民政府应当根据本地区遭受损失的情况，制定救助、补偿、抚慰、抚恤、安置等善后工作计划并组织实施，妥善解决因处置突发事件引发的矛盾和纠纷。

公民参加应急救援工作或者协助维护社会秩序期间，其在本单位的工资待遇和福利不变；表现突出、成绩显著的，由县级以上人民政府给予表彰或者奖励。

县级以上人民政府对在应急救援工作中伤亡的人员依法给予抚恤。

履行统一领导职责的人民政府应当及时查明突发事件的发生经过和原因，总结突发事件应急处置工作的经验教训，制定改进措施，并向上一级人民政府提出报告。

(7) 违者罚则

地方各级人民政府和县级以上各级人民政府有关部门违反本法规定，不履行法定职责的，由其上级行政机关或者监察机关责令改正；有下列情形之一的，根据情节对直接负责的主管人员和其他直接责任人员依法给予处分：

① 未按规定采取预防措施，导致发生突发事件，或者未采取必要的防范措施，导致发生次生、衍生事件的；

② 迟报、谎报、瞒报、漏报有关突发事件的信息，或者通报、报送、公布虚假信息，造成后果的；

③ 未按规定及时发布突发事件警报、采取预警期的措施，导致损害发生的；

④ 未按规定及时采取措施处置突发事件或者处置不当，造成后果的；

⑤ 不服从上级人民政府对突发事件应急处置工作的统一领导、指挥和协调的；

⑥ 未及时组织开展生产自救、恢复重建等善后工作的；

⑦ 截留、挪用、私分或者变相私分应急救援资金、物资的；

⑧ 不及时归还征用的单位和个人的财产，或者对被征用财产的单位和个人不按规定给予补偿的。

有关单位有下列情形之一的，由所在地履行统一领导职责的人民政府责令停产停业，暂扣或者吊销许可证或者营业执照，并处五万元以上二十万元以下的罚款；构成违反治安管理行为的，由公安机关依法给予处罚：

① 未按规定采取预防措施，导致发生严重突发事件的；

② 未及时消除已发现的可能引发突发事件的隐患，导致发生严重突发事件的；

③ 未做好应急设备、设施日常维护、检测工作，导致发生严重突发事件或者突发事件危害扩大的；

④ 突发事件发生后，不及时组织开展应急救援工作，造成严重后果的。

违反《突发事件应对法》规定，编造并传播有关突发事件事态发展或者应急处置工作的虚假信息，或者明知是有关突发事件事态发展或者应急处置工作的虚假信息而进行传播的，责令改正，给予警告；造成严重后果的，依法暂停其业务活动或者吊销其执业许可证；负有直接责任的人员是国家工作人员的，还应当对其依法给予处分；构成违反治安管理行为的，由公安机关依法给予处罚。

单位或者个人违反本法规定，不服从所在地人民政府及其有关部门发布的决定、命令或者不配合其依法采取的措施，构成违反治安管理行为的，由公安机关依法给予处罚。单位或者个人违反本法规定，导致突发事件发生或者危害扩大，给他人人身、财产造成损害的，应当依法承担民事责任。违反本法规定，构成犯罪的，依法追究刑事责任。

2.4.2 《劳动合同法》相关知识

《劳动合同法》于2007年6月29日经第十届全国人大常委会第二十八次会议表决通过，自2008年1月1日起施行。该法在强调保护劳动者合法权益的同时，加大了对试用期劳动者保护力度，加重了用人单位违法不订立书面劳动合同的法律责任，并明确政府机关人员不作为给劳动者造成危害应承担的赔偿责任。对员工工作地点、工作时间和休息休假、社会保险、职业危害防护等做了法律规定。

2.4.3 《消防法》相关知识

《消防法》于2008年10月28日第十一届人大常委会第五次会议通过，自2009年5月1日起施行。《消防法》的立法目的是为了预防火灾和减少火灾危害，保护公民人身、公共财产和公民财产的安全，维护公共安全。对消防规划、安全设置、建设工程的消防安全、公共聚集场所和群众性活动的消防安全、消防安全职责、消防安全重点单位的安全管理、消防产品电气产品及燃气用具的管理、消防安全的监督检查等做了具体规定。

《消防法》明确规定企业位应当履行下列消防安全职责：落实消防安全责任制，制定本单位的消防安全制度、消防安全操作规程，制定灭火和应急疏散预案；按照国家标准、行业标准配置消防设施、器材，设置消防安全标志，并定期组织检验、维修，确保完好有效；对建筑消防设施每年至少进行一次全面检测，确保完好有效，检测记录应当完整准确，存档备查；保障疏散通道、安全出口、消防车通道畅通，保证防火防烟分区、防火间距符合消防技术标准；组织防火检查，及时消除火灾隐患；组织进行有针对性的消防演练；法律、法规规定的其他消防安全职责。

2.4.4 《职业病防治法》相关知识

《职业病防治法》于2001年10月27日第九届全国人民代表大会常务委员会第二十四次会议通过，根据2011年12月31日第十一届全国人民代表大会常务委员会第二十四次会议《关于修改〈中华人民共和国职业病防治法〉的决定》进行了修正。此法是为了预防、控制和消除职业病危害，防治职业病，保护劳动者健康及其相关权益，促进经济发展，根据宪法而制定的法律。对用人单位在职业病防治方面的职责、职业病的前期预防、生产过程中职业病的防护与管理、职业病诊断与职业病人保障等做了具体规定。

企业应当采取如下的职业病防治管理措施：

（1）设置或者指定职业卫生管理机构或者组织，配备专职或者兼职的职业卫生管理人员，负责本单位的职业病防治工作；

（2）制定职业病防治计划和实施方案；

（3）建立、健全职业卫生管理制度和操作规程；

（4）建立、健全职业卫生档案和劳动者健康监护档案；

（5）建立、健全工作场所职业病危害因素监测及评价制度；

（6）建立、健全职业病危害事故应急救援预案。

职业病防治的监督管理工作由地方人民政府安全生产监督管理部门、卫生行政部门、劳动保障行政部门负责。

2.4.5 《防震减灾法》相关知识

《防震减灾法》于1997年12月29日第八届全国人民代表大会常务委员会第二十九次会议通过，2008年12月27日第十一届全国人民代表大会常务委员会第六次会议修订。其主要内容为地震监测预报、地震灾害预防、地震应急救援、地震灾后过渡性安置和恢复重建等。

新建、扩建、改建建设工程，应当达到抗震设防要求。重大建设工程和可能发生严重次生灾害的建设工程，应当按照国务院有关规定进行地震安全性评价，并按照经审定的地震安全性评价报告所确定的抗震设防要求进行抗震设防。

2.4.6 《防洪法》相关知识

《防洪法》于1998年1月1日起施行。其目的是防治洪水，防御、减轻洪涝灾害，维护人民的生命和财产安全，任何单位和个人都有保护防洪工程设施和依法参加防汛抗洪的义务。

在洪泛区、蓄滞洪区内建设非防洪建设项目，应当就洪水对建设项目可能产生的影响和建设项目对防洪可能产生的影响作出评价，编制洪水影响评价报告，提出防御措施。建设项目可行性研究报告按照国家规定的基本建设程序报请批准时，应当附具有关水行政主管部门审查批准的洪水影响评价报告。

第 3 章　危险化学品安全管理法规

法规是国务院制定的，以国务院令的形式发布，法律高于法规，法规高于规章。

3.1　《危险化学品安全管理条例》相关知识

3.1.1　出台背景及立法目的

人类社会发展到今天，化学品的使用已广泛渗入到日常生活的各个方面。目前世界上已有近 1000 万种化学品，每年新的化学品还在不断问世。人们在享受化学品带来便利的同时，正日益感受到它的危害。特别是对于一些危险性较大的化学品，如不加强管理，将直接威胁到公众生命、财产和生态环境的安全，甚至造成难以挽回的巨大损害和影响。如 1984 年 12 月 3 日，美国联合碳化物公司设在印度博帕尔的一家农药厂发生的异氰酸甲酯泄漏事故，短短几天之内，造成 2500 多人死亡，近 20 万人受到不同程度的伤害。几十年过去了，这次世界工业发展史上空前大惨案所造成的创伤至今难平。据有关组织统计，因事故后遗症而在事后陆续死去的人员达到 2.2~2.5 万人。目前仍有数万人在化学泄漏导致的病痛折磨中苟延残喘，幸免于难者几乎都有呼吸系统疾病，无法从事重体力劳动，有 12~15 万人患上了肺结核和癌症等慢性病，更多人亲眼看着亲人在灾难中痛苦死去而出现心理方面的问题。此次事故对环境的破坏也是灾难性的。据环保人士说，工厂内仍遗留有高达 8000t 的有毒物质，绿色和平组织依据事故发生前工厂储存原料的相关资料判断，有毒物质数量接近 2.5×10^4t。博帕尔大量居民仍依靠受污染的地下水生存。已废弃的这座化学工厂仍然是危害环境的“毒瘤”。为避免此类事故再次发生世界各国都需十分重视危险化学品的安全管理。

1990 年，国际劳工组织专门制定了《作业场所安全使用化学品公约》(第 170 号公约)和《作业场所安全使用化学品建议书》(第 177 号建议书)，旨在保护工人免受化学品的有害影响，同时有助于保护公众健康和生态环境。

1992 年，联合国环境和发展大会通过《21 世纪议程》，建议到 2000 年制定全球化学品统一分类和配套的标签制度，包括化学品安全数据说明书和易理解的图形符号。

为此，联合国专门成立了危险货物运输和全球化学品统一分类及标签制度专家委员会，在首次大会上通过了全球化学品统一分类和标签制度(简称 GHS)。2002 年，联合国在南非约翰内斯堡召开的可持续发展全球首脑会议上通过了《行动计划》，“鼓励各国尽早推行新的全球化学品统一分类和标签制度，以期使该制度到 2008 年能够全面运转”。

改革开放以来，我国在工业化进程中化学品生产规模快速增大，使用化学品的范围和数量也日益增多，在生产、储存、运输、经营和使用过程中的事故也时有发生。在我国加入 WTO 后，国际贸易规则对危险化学品安全管理也提出了一些新的要求。通过立法加强对危险化学品的安全管理已势在必行。

1987 年 2 月 17 日国务院发布了《化学危险物品安全管理条例》，这是我国第一部专门针对危险化学品管理的行政法规，这一版本基于计划经济体制，因而，整部法规充满了计划经济体制的特征。

《条例》所定义的化学危险物品，是旧版《危险货物分类与品名编号》(GB 6944—86)中规定的爆炸品、压缩气体和液化气体、易燃液体、易燃固体、自燃物品和遇湿易燃物品、氧化剂和有机过氧化物、毒害品和腐蚀品七大类，但未明确具体的品种，爆炸品也未纳入《条例》的管理范围。这一版本的《条例》一个显著的特征就是仅设置了两条罚则，并且不涉及对企业的经济处罚。

2002 年 1 月 26 日，国务院公布了《危险化学品安全管理条例》，从国务院第 344 号令的措词来看，《危险化学品安全管理条例》并非 1987 年发布的《化学危险物品安全管理条例》的修订版，其中的关键性名词也由“化学危险物品”变为“危险化学品”。这一版本的《条例》充分展现了市场经济体制的特征，同时也留有计划经济体制的痕迹。这一版本的《条例》所定义的危险化学品，包括爆炸品、压缩气体和液化气体、易燃液体、易燃固体、自燃物品和遇湿易燃物品、氧化剂和有机过氧化物、有毒品和腐蚀品，共八大类，并明确“危险化学品”列入以国家标准公布的《危险货物品名表》(GB 12268—1990)，剧毒化学品目录和未列入《危险货物品名表》的其他危险化学品由国务院经济贸易综合管理部门会同公安、环境保护、卫生、质检、交通部门确定并公布，就总体而言，《条例》所指的“危险化学品”仍基于 GB 6944—86，不同之处在于以《危险货物品名表》的形式规定了品种范围。与《化学危险物品安全管理条例》相比，这一版本将处置废弃危险化学品纳入了监管范围。

为进一步完善危险化学品安全管理工作，2011 年 3 月又对这个条例进行了修订。2011 年 3 月 2 日，国务院令 591 号公布了经修订的《危险化学品安全管理条例》。从《条例》第三条的内容来看，应当基于《化学品分类和危险性公示　通则》(GB 13690—2009)，即源于 GHS，而具体的范围也将以《危险化学品名录》的形式公布；对农药的安全管理给出了更为科学的限定，即属于危险化学品的农药的安全管理才适用本《条例》，从《条例》第三条的内容来看，属于危险化学品的农药将由农业部门确认。新的《危险化学品安全管理条例》自 2011 年 12 月 1 日起施行。

制定《危险化学品安全管理条例》的目的，正是为了预防和减少危险化学品事故，保障人民群众生命财产安全和保护人类赖以生存的生态环境。

2013 年《国务院关于修改部分行政法规的决定》(国务院令第 645 号)进行修正。2013 年 12 月 4 日国务院第 32 次常务会议通过，2013 年 12 月 7 日发布施行。其中将《危险化学品安全管理条例》第六条第五项中的“铁路主管部门负责危险化学品铁路运输的安全管理，负责危险化学品铁路运输承运人、托运人的资质审批及其运输工具的安全管理”修改为“铁路监管部门负责危险化学品铁路运输及其运输工具的安全管理”。第五十三条第二款中的“应当经国家海事管理机构认定的机构进行评估”修改为“货物所有人或者代理人应当委托相关技术机构进行评估”。

3.1.2 《危险化学品安全管理条例》适用范围

一般来讲，一部法律的适用范围包括适用的时间、空间和对象。

(1) 时间的适用范围

即法律发生效力的日期。通常在一部法律的最后一条都要明确写上本法自某年某月某日起施行，这个日期就是这部法律在时间上的适用范围。《危险化学品安全管理条例》第 102 条规定：“本条例自 2011 年 12 月 1 日起施行”。

（2）空间的适用范围

即法律发生效力的地域。一般来讲，法律制定机关的行政管理地域即为这部法律在空间上的适用范围，除非法律另有规定。《危险化学品安全管理条例》适用于除香港、澳门两个特别行政区以外的中华人民共和国中央人民政府所管辖的全部地域。

（3）适用的对象

《危险化学品安全管理条例》的适用对象在第二条作了明确规定，即：危险化学品生产、储存、使用、经营和运输的安全管理，适用本条例。废弃危险化学品的处置，依照有关环境保护的法律、行政法规和国家有关规定执行。

按照上述规定，必须明确：

① 凡从事危险化学品生产、储存、使用、经营和运输的一切自然人、法人和其他组织均适用这个条例，包括各种所有制形式的企业、事业单位，不论其经济性质和规模大小，只要从事生产、储存、使用、经营、运输危险化学品的活动，都必须遵守本条例的各项规定。实行这种全方位、全过程的安全管理，符合危险化学品安全管理的客观要求。

② 鉴于废弃危险化学品同样具有危险性，处置废弃危险化学品也是一项危险性高且十分重要的工作，处置不当很可能造成火灾、爆炸、中毒和环境污染等事故。在这一方面，我国出台了一系列法律、行政法规，如《环境保护法》《海洋环境保护法》《环境防治法》《大气污染防治法》《固体废物污染环境防治法》《防治海岸工程建设项目污染损害海洋环境管理条例》《医疗废物管理条例》《海洋倾废管理条例》《防止船舶污染海域管理条例》《海洋石油勘探开发环境保护管理条例》《危险废物经营许可证管理办法》等。这些法律、行政法规对废弃危险化学品的处置作出了相应的规定，处置废弃危险化学品应当遵守这些规定。此外，国家有关规定中关于废弃危险化学品处置的内容，也应当遵守。这里的“国家有关规定”，包括国务院、国务院办公厅的相关文件和国务院环境保护主管部门等有关部门发布的有关文件和规章等。

③ 需要注意的是，由于危险化学品种类繁多，性质各异，各类危险化学品的具体安全措施和管理方法各不相同，不可能在一个条例中对危险化学品安全管理的所有问题都作出规定。因此，危险化学品的安全管理还需要遵守相关法律法规的有关规定。

3.1.3 危险化学品定义及其目录的确定和调整机制

《危险化学品安全管理条例》第 3 条对危险化学品定义及其目录的确定和调整机制作了规定。

（1）危险化学品的定义：本条例的调整对象是危险化学品，因此，首先需要确定什么是危险化学品。条例第 3 条对危险化学品从定性的角度下了一个定义，即危险化学品是指具有毒害、腐蚀、爆炸、燃烧、助燃等性质，对人体、设施、环境具有危害的剧毒化学品和其他化学品。从这一定义可以看出，确定一种化学品是否属于危险化学品，主要看两方面：一是这种化学品是否具有毒害、腐蚀、爆炸、燃烧、助燃等性质；二是是否对人体、设施、环境具有危害，二者具有一定的关联性。这一定义还表明，凡剧毒化学品都属于危险化学品。

（2）危险化学品目录的确定：上述定义虽从概念上对危险化学品作了规定，但在实际工作中监管部门、企业和其他相关单位以及社会公众都需要明确地了解和掌握到底哪些化学品属于危险化学品，以便于操作和执行。因此，还需要按照上述定义确定一个具体的目录，具体列出危险化学品的范围和种类。这就是说，凡列入目录的，就属于危险化学品，按照危险化学品实施安全管理；未列入危险化学品目录的，就不是危险化学品，按一般化学品进行安全管理。这是一项基础性工作，是整个危险化学品安全管理工作的基础，具有非常重要的意义。

化学品种类繁多，如何确定危险化学品目录是一项非常复杂的工作，专业性、技术性很强。过去因涉及管理问题，政出多门，没有统一的目录。这次在条例修订过程中，有关方面提出，为了加强对危险化学品管理，应当建立统一的危险化学品目录，这也是国际上的通行作法。根据各方面意见，这次修改条例时对危险化学品目录的确定机制作了较大调整，明确规定实行统一的危险化学品目录，并确立了危险化学品目的的确定机制，即危险化学品目录由国务院安全生产监督管理部门会同国务院工业和信息化、公安、环境保护、卫生、质量监督检验检疫、交通运输、铁路、民用航空、农业主管部门，根据化学品危险特性、鉴别和分类标准确定、公布。

关于化学品危险特性的鉴别、分类标准，目前我国已经制定出台了部分标准。如卫生部颁布了《危险品毒性鉴定管理规范》、《化学品毒性鉴定技术规范》及相关配套文件，对从事化学品毒性鉴定进行规范。环境保护部为加强新化学物质的环境管理，颁布了《新化学物质环境管理办法》，规定新化学物质的生态毒理学数据必须包括在中国境内用中国的供试生物完成的测试数据。国家安全生产监督管理总局正在制定《化学品危险性鉴别与分类管理办法》和其他有关化学品危险性鉴别(鉴定)标准。这些标准和规范的制定，为完善危险化学品目录管理提供了良好基础。

确定危险化学品目录应当充分发挥专业技术机构和专家的作用，并考虑国际有关化学品分类标准，根据全球化学品统一分类与标签制度(GHS)的要求，对化学品应按其健康、环境和物理危险性进行统一分类，并对每种化学品统一公示危险要素，包括标签和安全数据单。《全球化学品统一分类与标签制度(第三修订版)》将危险化学品分为：爆炸物、易燃气体、易燃气溶胶、氧化性气体、压力下气体、易燃液体、易燃固体、自反应物质、自燃液体、自燃固体、自热物质、遇水放出易燃气体的物质、氧化性液体、氧化性固体、有机过氧化物、金属腐蚀物、急性毒性、皮肤腐蚀/刺激、严重眼睛损伤/眼睛刺激性、呼吸或皮肤过敏、生殖细胞突变性、致癌性、生殖毒性、特异性靶器官系统毒性一次接触、特异性靶器官系统毒性反复接触、吸入危险、对水环境危害类别、臭氧层危害物等 28 类。我国根据《全球化学品统一分类与标签制度(GHS)》也制定了 GB 30000. 1~29—2013 等化学品分类、警示标签和警示性说明安全规范等 29 项国家标准，基本解决了危险化学品的分类问题。

(3) 危险化学品目录的调整：鉴于化学品种类繁多，新的化学品不断涌现，这次条例修订时还规定了对危险化学品目录要适时进行调整、公布。危险化学品目录的调整机制同于危险化学品目录的确定。

3.1.4 有关监管部门的职责

按照《危险化学品安全管理条例》第 6 条的规定，对危险化学品的生产、储存、使用、经营、运输实施安全监督管理的有关部门，依照下列规定履行职责：

(1) 安全生产监督管理部门负责危险化学品安全监督管理综合工作，组织确定、公布、调整危险化学品目录，对新建、改建、扩建生产、储存危险化学品(包括使用长输管道输送危险化学品)的建设项目进行安全条件审查，核发危险化学品安全生产许可证、危险化学品安全使用许可证和危险化学品经营许可证，并负责危险化学品登记工作。

（2）公安机关负责危险化学品的公共安全管理，核发剧毒化学品购买许可证、剧毒化学品道路运输通行证，并负责危险化学品运输车辆的道路交通安全管理。

（3）质量监督检验检疫部门负责核发危险化学品及其包装物、容器（不包括储存危险化学品的固定式大型储罐）生产企业的工业产品生产许可证，并依法对其产品质量实施监督，负责对进出口危险化学品及其包装实施检验。

（4）环境保护主管部门负责废弃危险化学品处置的监督管理，组织危险化学品的环境危害性鉴定和环境风险程度评估，确定实施重点环境管理的危险化学品，负责危险化学品环境管理登记和新化学物质环境管理登记；依照职责分工调查相关危险化学品环境污染事故和生态破坏事件，负责危险化学品事故现场的应急环境监测。

（5）交通运输主管部门负责危险化学品道路运输、水路运输的许可以及运输工具的安全管理，对危险化学品水路运输安全实施监督，负责危险化学品道路运输企业、水路运输企业驾驶人员、船员、装卸管理人员、押运人员、申报人员、集装箱装箱现场检查员的资格认定。铁路主管部门负责危险化学品铁路运输的安全管理，负责危险化学品铁路运输承运人、托运人的资质审批及其运输工具的安全管理。民用航空主管部门负责危险化学品航空运输以及航空运输企业及其运输工具的安全管理。

（6）卫生主管部门负责危险化学品毒性鉴定的管理，负责组织、协调危险化学品事故受伤人员的医疗卫生救援工作。

（7）工商行政管理部门依据有关部门的许可证件，核发危险化学品生产、储存、经营、运输企业营业执照，查处危险化学品经营企业违法采购危险化学品的行为。

（8）邮政管理部门负责依法查处寄递危险化学品的行为。

此外，《危险化学品安全管理条例》第11条规定，国家对危险化学品的生产、储存实行统筹规划、合理布局。国务院工业和信息化主管部门以及国务院其他有关部门依据各自职责，负责危险化学品生产、储存的行业规划和布局。

地方人民政府组织编制城乡规划，应当根据本地区的实际情况，按照确保安全的原则，规划适当区域专门用于危险化学品的生产、储存。

《危险化学品安全管理条例》第8条规定，县级以上人民政府应当建立危险化学品安全监督管理工作协调机制，支持、督促负有危险化学品安全监督管理职责的部门依法履行职责，协调、解决危险化学品安全监督管理工作中的重大问题。

负有危险化学品安全监督管理职责的部门应当相互配合、密切协作，依法加强对危险化学品的安全监督管理。

下面重点介绍安全生产监督管理部门履行的职责：

（1）负责危险化学品安全监督管理综合工作。综合监管工作，是相对于专业监管工作或者相关领域监管工作而言的，包括组织危险化学品专项安全整治和检查；做好有关协调工作；对其他负责危险化学品安全监督管理工作的部门进行指导协调和督促检查；会同有关部门根据本地区实际情况制定危险化学品事故应急预案，报本级人民政府批准。

（2）组织有关部门确定、调整并公布危险化学品目录。该项工作由国家安全监管总局负责，前面已有介绍。不再重复。

（3）负责新建、改建、扩建生产、储存危险化学品（包括使用长输管道输送危险化学品）的建设项目的安全条件审查。根据条例的规定，新建、改建、扩建生产、储存危险化学品的建设项目应当进行安全条件论证，并由具备国家规定的资质条件的机构进行安全评价。

安全条件论证报告和安全评价报告应当经设区的市级以上人民政府安全生产监督管理部门审查。安全生产监督管理部门应当自收到报告之日起 45 日内作出审查决定，并书面通知建设单位。未经审查或者经审查不同意的，不得开工建设。

（4）负责核发危险化学品安全生产许可证。根据《安全生产许可证条例》的规定，危险化学品生产企业应当依法取得危险化学品安全生产许可证，未取得危险化学品安全生产许可证的，不得投入生产。危险化学品生产企业的安全生产许可证由安全生产监督管理部门负责核发。安全生产监督管理部门应将其颁发许可证的情况及时向同级工业和信息化主管部门、环境保护主管部门和公安机关通报。

（5）负责核发危险化学品安全使用许可证。依照条例的规定，使用危险化学品从事生产并且使用量达到规定数量的化工企业，应当依照规定向所在地设区的市级人民政府安全生产监督管理部门提出申请，并提交符合条例第 30 条规定条件的证明材料。设区的市级人民政府安全生产监督管理部门应当依法进行审查，自收到证明材料之日起 45 日内作出批准或者不予批准的决定。予以批准的，颁发危险化学品安全使用许可证；不予批准的，书名通知申请人并说明理由。安全生产监督管理部门应当将其颁发危险化学品安全使用许可证的情况及时向同级环境保护主管部门和公安机关通报。

（6）负责核发危险化学品经营许可证。依照条例的规定，国家对危险化学品经营（包括仓储经营）实行许可制度。未经许可，任何单位和个人不得经营危险化学品。但是，依法设立的危险化学品生产企业在本厂区范围内销售本企业生产的危险化学品除外。

从事剧毒化学品、易制爆危险化学品经营的企业，应当向所在地设区的市级人民政府安全生产监督管理部门提出申请，从事其他危险化学品经营的企业，应当向所在地县级人民政府安全生产监督管理部门提出申请（有储存设施的，应当向所在地设区的市级人民政府安全生产监督管理部门提出申请）。申请人应当提交其符合条例第 34 条规定条件的证明材料。设区的市级人民政府安全生产监督管理部门或者县级人民政府安全生产监督管理部门应当依法进行审查，并对申请人的经营场所、储存设施进行现场核查，自收到证明材料之日起 30 日内作出批准或者不予批准的决定。予以批准的，颁发危险化学品经营许可证；不予批准的，书面通知申请人并说明理由。

设区的市级人民政府安全生产监督管理部门和县级人民政府安全生产监督管理部门应当将其颁发危险化学品经营许可证的情况及时向同级环境保护主管部门和公安机关通报。

（7）负责危险化学品登记。依照条例规定，国家实行危险化学品登记制度。国务院安全生产监督管理部门设立专门的危险化学品登记机构。危险化学品生产企业、进口企业，应当向国务院安全生产监督管理部门负责危险化学品登记的机构办理危险化学品登记。

危险化学品登记包括下列内容：分类和标签信息；物理、化学性质；主要用途；危险特性；储存、使用、运输的安全要求以及出现危险情况的应急处置措施。

对同一企业生产、进口的同一品种的危险化学品，不进行重复登记。危险化学品生产企业、进口企业发现其生产、进口的危险化学品有新的危险特性的，应当及时向危险化学品登记机构办理登记内容变更手续。

3.1.5 监督检查时采取的措施及应遵守的行为规范

（1）监督检查时可以采取的措施

为了保障负有危险化学品安全监督管理职责的部门对危险化学品生产、储存、使用、经营、运输实施有效的监督检查，保障监督检查顺利进行，条例明确规定了监督检查时可以采取的措施，包括五个方面：

一是实施现场检查。包括：

① 进入从事危险化学品生产、储存、使用、经营、运输单位的作业场所进行现场检查，被检查单位不得拒绝。

② 向有关单位和人员，包括被检查单位的主要负责人、分管负责人、有关安全管理人员、技术人员和作业人员等，了解危险化学品生产、经营、储存、运输和使用的情况。有关单位和个人当如实说明相关情况。

③ 查阅、复制与监督检查有关的文件、资料，包括危险化学品生产工艺流程的资料，安全设施、设备安装运行的资料，安全投入的资料，对从业人员进行安全生产教育、培训、考核的资料等。被检查单位应当如实提供。

二是责令消除隐患。负有危险化学品安全监督管理职责的部门及其安全监督检查人员在监督检查中，发现被检查单位存在安全隐患的，可以根据情况责令消除隐患。对重大、紧急并且具有现实危险的隐患，可以责令立即消除；无法立即消除的，可以责令限期消除。

三是责令停止使用不符合安全规定的设施、设备等。监督检查中，发现相关设施、设备、装置、器材和运输工具不符合有关法律、行政法规、规章规定或者国家标准、行业标准要求的，负有危险化学品安全监督管理职责的部门可以责令立即停止使用。

四是查封、扣押。对违法生产、储存、使用，经营危险化学品的场所，可以予以查封；对违法生产、储存、使用、经营、运输的危险化学品以及用于违法生产、使用、运输危险化学品的设备、原材料、运输工具，有权予以扣押。这里所讲“查封”，是指对违法生产、储存、使用、经营危险化学品的场所张贴封条或者采用其他必要措施封存起来，未经负有危险化学品监督管理职责的部门同意，任何单位或个人不得启封、运用。这里所讲的“违法”，是指不符合有关法律、行政法规、规章规定和国家标准、行业标准的要求。

规定有关部门有权采取查封或者扣押的行政强制措施。一是为了防止不符合法律、行政法规、规章规定或者国家标准、行业标准要求的场所、设备、原材料、运输工具继续生产、储存、经营、使用、运输，避免发生危险化学品事故；二是可以为进一步查处违法行为保留必要的证据。负有危险化学品安全监督管理职责的部门采取查封、扣押等行政强制措施时，必须遵守有关程序规定，经本部门主要负责人批准。执行查封措施时要通知被执行单位的负责人到场，对查封的场所应当在规定期限内作出处理。对依法应当给予行政处罚的，应当遵守《行政处罚法》规定的程序。

五是纠正违法行为。对监督检查中发现的违法行为，负有危险化学品安全监督管理职责的部门及其监督检查人员有权当场予以纠正，或者责令限期改正。

此外，根据《安全生产法》等相关法律法规的规定，负有危险化学品安全监督管理职责的部门及其监督检查人员在监督检查中，发现危险化学品单位存在问题的，可以向危险化学品单位和有关人员提出整改措施和建议。如果监督检查中发现的事故隐患属于重大事故隐患，重大事故隐患排除前或者排除过程中无法保证安全的，有权要求从危险区域内撤出作业人员，同时责令暂时停产停业。

（2）此应当遵守的行为规范

为了保证监督检查的规范、公正，条例还对监督检查部门及监督检查人员的行为规范作了规定。

一是监督检查人员不得少于 2 人。负有危险化学品安全监督管理职责的部门实施监督检查，到现场的监督检查人员应当是 2 人或者 2 人以上，不能由 1 名监督检查人员单独实施监督检查。实践中，对于由 1 名监督检查人员实施的监督检查，被检查单位有权拒绝。这样规定，一方面，有利于监督检查工作中相互监督和制约，避免监督检查人员滥用权力，侵害被检查单位或人员的合法权益；另一方面，多名监督检查人员共同实施监督检查，也有利于增强监督检查工作的有效性和权威性。

二是监督检查人员应当出示执法证件。监督检查人员实施监督检查时，应当首先出示证件，向被检查单位或人员表明执法人员的身份。实践中，如果监督检查人员不出示有效的执法证件，不能表明其监督检查人员的身份以及所实施监督检查的合法性，有关单位和个人有权拒绝其实施的监督检查。

三是有关单位和个人应当配合依法实施的监督检查。

对负有危险化学品安全监督管理职责的部门依法实施的监督检查，有关单位和个人负有配合义务，这是有关单位和个人的法定义务，也是顺利实施监测检查的保障。

依法进行监督检查的含义。被检查的有关单位和个人对监督检查负有配合义务的前提是该监督检查是“依法”实施的。这里的“依法”有三层含义：一是主体合法。监督检查应当是由负有监督检查职责的部门实施的。二是措施合法。负有危险化学品安全监督管理职责的部门实施监督检查所采取的措施应当符合条例规定，不能越权实施监督检查。三是程序合法。监督检查的程序应当符合法律的有关规定，包括执法人员人数和出示执法证件的规定，以及其他有关行政执法程序的规定。

有关单位和个人的范围。对本条规定的有关单位和个人的范围应当作广义理解，既包括危险化学品单位及其相关人员等与监督检查有直接利害关系的单位和个人，也包括虽然与监督检查没有直接利害关系，但和监督检查内容有关，应当予以配合的其他单位和个人。

关于配合义务。有关单位和个人对依法实施的监督检查应当予以配合，不得拒绝、阻碍。配合，是指按照监督检查人员的要求，为监督检查提供必要的便利条件。拒绝，是指有关单位和个人不接受监督检查，使监督检查不能进行；阻碍，是指有关单位和个人对监督检查进行干扰、破坏，影响监督检查的顺利实施。后两种行为在后果上都会影响有关部门依法实施监督检查，都应当承担相应的法律责任。

3.2 《易制毒化学品管理条例》相关知识

制定《易制毒化学品管理条例》的目的是为了加强易制毒化学品管理，规范易制毒化学品的生产、经营、购买、运输和进口、出口行为，防止易制毒化学品被用于制造毒品，维护经济和社会秩序。

条例规定，国家对易制毒化学品的生产、经营、购买、运输和进口、出口实行分类管理和许可制度。

易制毒化学品分为三类。第一类是可以用于制毒的主要原料，第二类、第三类是可以用于制毒的化学配剂。其中第一类易制毒化学品又分为药品类易制毒化学品和非药品类易制毒化学品。这些易制毒化学品的具体分类和品种，在条例附表中已经列示。

3.2.1 政府部门管理职责

按照条例规定，国务院公安部门、食品药品监督管理部门、安全生产监督管理部门、商务主管部门、卫生主管部门、海关总署、价格主管部门、铁路主管部门、交通主管部门、工商行政管理部门、环境保护主管部门在各自的职责范围内，负责全国的易制毒化学品有关管理工作；县级以上地方各级人民政府有关行政主管部门在各自的职责范围内，负责本行政区域内的易制毒化学品有关管理工作。

县级以上地方各级人民政府应当加强对易制毒化学品管理工作的领导，及时协调解决易制毒化学品管理工作中的问题。

安全生产监督管理部门的职责：

(1) 省、自治区、直辖市人民政府安全生产监督管理部门负责审批申请生产第一类中的药品类易制毒化学品的申请材料。

安全生产监督管理部门应当自收到申请之日起60日内，对申请人提交的申请材料进行审查。对符合规定的，发给生产许可证，或者在企业已经取得的有关生产许可证件上标注；不予许可的，应当书面说明理由。

审查申请材料时，根据需要，可以进行实地核查和专家评审。

(2) 省、自治区、直辖市人民政府安全生产监督管理部门负责审批申请经营第一类中的药品类易制毒化学品的申请材料。

安全生产监督管理部门应当自收到申请之日起30日内，对申请人提交的申请材料进行审查。对符合规定的，发给经营许可证，或者在企业已经取得的有关经营许可证件上标注；不予许可的，应当书面说明理由。

审查申请材料时，根据需要，可以进行实地核查。

(3) 上述第一类中的非药品类易制毒化学品生产、经营许可证被依法吊销时，安全生产监督管理部门应自作出吊销决定之日起5日内通知工商行政管理部门。

(4) 生产第二类、第三类易制毒化学品的，应当自生产之日起30日内，将生产的品种、数量等情况，向所在地的设区的市级人民政府安全生产监督管理部门备案。

经营第二类易制毒化学品的，应当自经营之日起30日内，将经营的品种、数量、主要流向等情况，向所在地的设区的市级人民政府安全生产监督管理部门备案；经营第三类易制毒化学品的，应当自经营之日起30日内，将经营的品种、数量、主要流向等情况，向所在地的县级人民政府安全生产监督管理部门备案。

安全生产监督管理部门应当于收到备案材料的当日发给备案证明。

(5) 安全生产监督管理部门要在职责范围内加强对易制毒化学品生产、经营的监督检查。对非法生产、经营易制毒化学品的行为要依法予以查处。

(6) 安全生产监督管理部门在接到易制毒化学品丢失、被盗、被检的报告时，应当逐级上报并配合公安机关的查处。

县级以上人民政府公安机关、食品药品监督管理部门、安全生产监督管理部门、商务主管部门、卫生主管部门、价格主管部门、铁路主管部门、交通主管部门、工商行政管理部门、环境保护主管部门和海关，应当依照本条例和有关法律、行政法规的规定，在各自的职责范围内，加强对易制毒化学品生产、经营、购买、运输、价格以及进口、出口的监督检查；对非法生产、经营、购买、运输易制毒化学品，或者走私易制毒化学品的行为，依法予以查处。行政主管部门在进行易制毒化学品监督检查时，可以依法查看现场、查阅和复制有关资料、记录有关情况、扣押相关的证据材料和违法物品；必要时，可以临时查封有关场所。

被检查的单位或者个人应当如实提供有关情况和材料、物品，不得拒绝或者隐匿。

对依法收缴、查获的易制毒化学品，应当在省、自治区、直辖市或者设区的市级人民政府公安机关、海关或者环境保护主管部门的监督下，区别易制毒化学品的不同情况进行保管、回收，或者依照环境保护法律、行政法规的有关规定，由有资质的单位在环境保护主管部门的监督下销毁。其中，对收缴、查获的第一类中的药品类易制毒化学品，一律销毁。易制毒化学品违法单位或者个人无力提供保管、回收或者销毁费用的，保管、回收或者销毁的费用在回收所得中开支，或者在有关行政主管部门的禁毒经费中列支。

易制毒化学品丢失、被盗、被抢的，发案单位应当立即向当地公安机关报告，并同时报告当地的县级人民政府食品药品监督管理部门、安全生产监督管理部门、商务主管部门或者卫生主管部门。接到报案的公安机关应当及时立案查处，并向上级公安机关报告；有关行政主管部门应当逐级上报并配合公安机关的查处。

有关行政主管部门应当将易制毒化学品许可以及依法吊销许可的情况通报有关公安机关和工商行政管理部门；工商行政管理部门应当将生产、经营易制毒化学品企业依法变更或者注销登记的情况通报有关公安机关和行政主管部门。

县级以上人民政府有关行政主管部门应当加强协调合作，建立易制毒化学品管理情况、监督检查情况以及案件处理情况的通报、交流机制。

3.2.2 企业管理职责

生产、经营、购买、运输和进口、出口易制毒化学品的单位，应当建立单位内部易制毒化学品管理制度。

易制毒化学品的产品包装和使用说明书，应当标明产品的名称(含学名和通用名)、化学分子式和成分。

禁止走私或者非法生产、经营、购买、转让、运输易制毒化学品。禁止使用现金或者实物进行易制毒化学品交易。但是，个人合法购买第一类中的药品类易制毒化学品药品制剂和第三类易制毒化学品的除外。

生产、经营、购买、运输或者进口、出口易制毒化学品的单位，应当于每年 3 月 31 日前向许可或者备案的行政主管部门和公安机关报告本单位上年度易制毒化学品的生产、经营、购买、运输或者进口、出口情况；有条件的生产、经营、购买、运输或者进口、出口单位，可以与有关行政主管部门建立计算机联网，及时通报有关经营情况。

(1) 第一类易制毒化学品

第一类易制毒化学品是可以用于制毒的主要原料，包括：

① 1-苯基-2-丙酮

② 3，4-亚甲基二氧苯基-2-丙酮

③ 胡椒醛

④ 黄樟素

⑤ 黄樟油

⑥ 异黄樟素

⑦ N-乙酰邻氨基苯酸

⑧ 邻氨基苯甲酸

⑨ 麦角酸 *

⑩ 麦角胺 *

⑪ 麦角新碱 *

⑫ 麻黄素、伪麻黄素、消旋麻黄素、去甲麻黄素、甲基麻黄素、麻黄浸膏、麻黄浸膏粉等麻黄素类物质 *

其生产企业必须取得安全生产许可证。申请生产第一类易制毒化学品应当具备下列条件：

a. 属依法登记的化工产品生产企业或者药品生产企业；

b. 有符合国家标准的生产设备、仓储设施和污染物处理设施；

c. 有严格的安全生产管理制度和环境突发事件应急预案；

d. 企业法定代表人和技术、管理人员具有安全生产和易制毒化学品的有关知识，无毒品犯罪记录；

e. 法律、法规、规章规定的其他条件。

申请生产第一类中的药品类易制毒化学品，还应当在仓储场所等重点区域设置电视监控设施以及与公安机关联网的报警装置。

申请生产第一类中的药品类易制毒化学品的，由国务院食品药品监督管理部门审批；申请生产第一类中的非药品类易制毒化学品的，由省、自治区、直辖市人民政府安全生产监督管理部门审批。行政主管部门应当自收到申请之日起 60 日内，对申请人提交的申请材料进行审查。对符合规定的，发给生产许可证，或者在企业已经取得的有关生产许可证件上标注；不予许可的，应当书面说明理由。审查第一类易制毒化学品生产许可申请材料时，根据需要，可以进行实地核查和专家评审。

申请经营第一类易制毒化学品，应当具备下列条件，并经本条例第十条规定的行政主管部门审批，取得经营许可证后，方可进行经营：

a. 属依法登记的化工产品经营企业或者药品经营企业；

b. 有符合国家规定的经营场所，需要储存、保管易制毒化学品的，还应当有符合国家技术标准的仓储设施；

c. 有易制毒化学品的经营管理制度和健全的销售网络；

d. 企业法定代表人和销售、管理人员具有易制毒化学品的有关知识，无毒品犯罪记录；

e. 法律、法规、规章规定的其他条件。

申请经营第一类中的药品类易制毒化学品的，由国务院食品药品监督管理部门审批；申请经营第一类中的非药品类易制毒化学品的，由省、自治区、直辖市人民政府安全生产监督管理部门审批。行政主管部门应当自收到申请之日起 30 日内，对申请人提交的申请材料进行审查。对符合规定的，发给经营许可证，或者在企业已经取得的有关经营许可证件上标注；不予许可的，应当书面说明理由。审查第一类易制毒化学品经营许可申请材料时，根据需要，可以进行实地核查。

取得第一类易制毒化学品生产许可或已经履行第二类、第三类易制毒化学品备案手续的生产企业，可以经销自产的易制毒化学品。但是，在厂外设立销售网点经销第一类易制毒化学品的，应当依照本条例的规定取得经营许可。第一类中的药品类易制毒化学品药品单方制剂，由麻醉药品定点经营企业经销，且不得零售。

取得第一类易制毒化学品生产、经营许可的企业，应当凭生产、经营许可证到工商行政管理部门办理经营范围变更登记。未经变更登记，不得进行第一类易制毒化学品的生产、经营。

申请购买第一类中的药品类易制毒化学品的，由所在地的省、自治区、直辖市人民政府食品药品监督管理部门审批；申请购买第一类中的非药品类易制毒化学品的，由所在地的省、自治区、直辖市人民政府公安机关审批。

前款规定的行政主管部门应当自收到申请之日起 10 日内，对申请人提交的申请材料和证件进行审查。对符合规定的，发给购买许可证；不予许可的，应当书面说明理由。

审查第一类易制毒化学品购买许可申请材料时，根据需要，可以进行实地核查。

持有麻醉药品、第一类精神药品购买印鉴卡的医疗机构购买第一类中的药品类易制毒化学品的，无须申请第一类易制毒化学品购买许可证。

个人不得购买第一类、第二类易制毒化学品。

第一类易制毒化学品的销售情况，经营单位应当自销售之日起 5 日内报当地公安机关备案；第一类易制毒化学品的使用单位，应当建立使用台账，并保存 2 年备查。

跨设区的市级行政区域（直辖市为跨市界）或者在国务院公安部门确定的禁毒形势严峻的重点地区跨县级行政区域运输第一类易制毒化学品的，由运出地的设区的市级人民政府公安机关审批。

申请易制毒化学品运输许可，应当提交易制毒化学品的购销合同，货主是企业的，应当提交营业执照；货主是其他组织的，应当提交登记证书（成立批准文件）；货主是个人的，应当提交其个人身份证明。经办人还应当提交本人的身份证明。

公安机关应当自收到第一类易制毒化学品运输许可申请之日起 10 日内，对申请人提交的申请材料进行审查。对符合规定的，发给运输许可证；不予许可的，应当书面说明理由。

审查第一类易制毒化学品运输许可申请材料时，根据需要，可以进行实地核查。

对许可运输第一类易制毒化学品的，发给一次有效的运输许可证。易制毒化学品运输许可证应当载明拟运输的易制毒化学品的品种、数量、运入地、货主及收货人、承运人情况以及运输许可证种类。

接受货主委托运输的，承运人应当查验货主提供的运输许可证或者备案证明，并查验所运货物与运输许可证或者备案证明载明的易制毒化学品品种等情况是否相符；不相符的，不得承运。

运输易制毒化学品，运输人员应当自启运起全程携带运输许可证或者备案证明。公安机关应当在易制毒化学品的运输过程中进行检查。

因治疗疾病需要，患者、患者近亲属或者患者委托的人凭医疗机构出具的医疗诊断书和本人的身份证明，可以随身携带第一类中的药品类易制毒化学品药品制剂，但是不得超过医用单张处方的最大剂量。

（2）第二类、第三类易制毒化学品

第二类易制毒化学品如下：

① 苯乙酸

② 醋酸酐

③ 三氯甲烷

④ 乙醚

⑤ 哌啶

第三类易制毒化学品如下：

① 甲苯

② 丙酮

③ 甲基乙基酮

④ 高锰酸钾

⑤ 硫酸

⑥ 盐酸

生产第二类、第三类易制毒化学品的，应当自生产之日起 30 日内，将生产的品种、数量等情况，向所在地的设区的市级人民政府安全生产监督管理部门备案。

经营第二类易制毒化学品的，应当自经营之日起 30 日内，将经营的品种、数量、主要流向等情况，向所在地的设区的市级人民政府安全生产监督管理部门备案；经营第三类易制毒化学品的，应当自经营之日起 30 日内，将经营的品种、数量、主要流向等情况，向所在地的县级人民政府安全生产监督管理部门备案。行政主管部门应当于收到备案材料的当日发给备案证明。

购买第二类、第三类易制毒化学品的，应当在购买前将所需购买的品种、数量，向所在地的县级人民政府公安机关备案。个人自用购买少量高锰酸钾的，无须备案。

经营单位销售第一类易制毒化学品时，应当查验购买许可证和经办人的身份证明。对委托代购的，还应当查验 购买人持有的委托文书。在查验无误、留存上述证明材料的复印件后，方可出售第一类易制毒化学品；发现可疑情况的，应当立即向当地公安机关报告。经营单位应当建立易制毒化学品销售台账，如实记录销售的品种、数量、日期、购买方等情况。销售台账和证明材料复印件应当保存 2 年备查。第二类、第三类易制毒化学品的销售情况，经营单位应当自销售之日起 30 日内报当地公安机关备案。

运输第二类易制毒化学品的，由运出地的县级人民政府公安机关审批。经审批取得易制毒化学品运输许可证后，方可运输。

运输第三类易制毒化学品的，应当在运输前向运出地的县级人民政府公安机关备案。公安机关应当于收到备案材料的当日发给备案证明。

申请易制毒化学品运输许可，应当提交易制毒化学品的购销合同，货主是企业的，应当提交营业执照；货主是其他组织的，应当提交登记证书(成立批准文件)；货主是个人的，应当提交其个人身份证明。经办人还应当提交本人的身份证明。

公安机关应当自收到第二类易制毒化学品运输许可申请之日起 3 日内，对申请人提交的申请材料进行审查。对符合规定的，发给运输许可证；不予许可的，应当书面说明理由。

对许可运输第二类易制毒化学品的，发给 3 个月有效的运输许可证；6 个月内运输安全状况良好的，发给 12 个月有效的运输许可证。易制毒化学品运输许可证应当载明拟运输的易制毒化学品的品种、数量、运入地、货主及收货人、承运人情况以及运输许可证种类。

接受货主委托运输的，承运人应当查验货主提供的运输许可证或者备案证明，并查验所运货物与运输许可证或者备案证明载明的易制毒化学品品种等情况是否相符；不相符的，不得承运。

运输易制毒化学品，运输人员应当自启运起全程携带运输许可证或者备案证明。公安机关应当在易制毒化学品的运输过程中进行检查。

因治疗疾病需要，患者、患者近亲属或者患者委托的人凭医疗机构出具的医疗诊断书和本人的身份证明，可以随身携带第一类中的药品类易制毒化学品药品制剂，但是不得超过医用单张处方的最大剂量。

（3）进口、出口管理

申请进口或者出口易制毒化学品，应当提交下列材料，经国务院商务主管部门或者其委托的省、自治区、直辖市人民政府商务主管部门审批，取得进口或者出口许可证后，方可从事进口、出口活动：

① 对外贸易经营者备案登记证明(外商投资企业联合年检合格证书)复印件；

② 营业执照副本；

③ 易制毒化学品生产、经营、购买许可证或者备案证明；

④ 进口或者出口合同(协议)副本；

⑤ 经办人的身份证明。

申请易制毒化学品出口许可的，还应当提交进口方政府主管部门出具的合法使用易制毒化学品的证明或者进口方合法使用的保证文件。

受理易制毒化学品进口、出口申请的商务主管部门应当自收到申请材料之日起20日内，对申请材料进行审查，必要时可以进行实地核查。对符合规定的，发给进口或者出口许可证；不予许可的，应当书面说明理由。

对进口第一类中的药品类易制毒化学品的，有关的商务主管部门在作出许可决定前，应当征得国务院食品药品监督管理部门的同意。

麻黄素等属于重点监控物品范围的易制毒化学品，由国务院商务主管部门会同国务院有关部门核定的企业进口、出口。

国家对易制毒化学品的进口、出口实行国际核查制度。易制毒化学品国际核查目录及核查的具体办法，由国务院商务主管部门会同国务院公安部门规定、公布。

国际核查所用时间不计算在许可期限之内。

对向毒品制造、贩运情形严重的国家或者地区出口易制毒化学品以及本条例规定品种以外的化学品的，可以在国际核查措施以外实施其他管制措施，具体办法由国务院商务主管部门会同国务院公安部门、海关总署等有关部门规定、公布。

进口、出口或者过境、转运、通运易制毒化学品的，应当如实向海关申报，并提交进口或者出口许可证。海关凭许可证办理通关手续。

易制毒化学品在境外与保税区、出口加工区等海关特殊监管区域、保税场所之间进出的，适用前款规定。

易制毒化学品在境内与保税区、出口加工区等海关特殊监管区域、保税场所之间进出的，或者在上述海关特殊监管区域、保税场所之间进出的，无须申请易制毒化学品进口或者出口许可证。

进口第一类中的药品类易制毒化学品，还应当提交食品药品监督管理部门出具的进口药品通关单。

进出境人员随身携带第一类中的药品类易制毒化学品药品制剂和高锰酸钾，应当以自用且数量合理为限，并接受海关监管。

（4）法律责任

未经许可或者备案擅自生产、经营、购买、运输易制毒化学品，伪造申请材料骗取易制毒化学品生产、经营、购买或者运输许可证，使用他人的或者伪造、变造、失效的许可证生产、经营、购买、运输易制毒化学品的，由公安机关没收非法生产、经营、购买或者运输的易制毒化学品、用于非法生产易制毒化学品的原料以及非法生产、经营、购买或者运输易制毒化学品的设备、工具，处非法生产、经营、购买或者运输的易制毒化学品货值10倍以上20倍以下的罚款，货值的20倍不足1万元的，按1万元罚款；有违法所得的，没收违法所得；有营业执照的，由工商行政管理部门吊销营业执照；构成犯罪的，依法追究刑事责任。对违法行为的单位或者个人，有关行政主管部门可以自作出行政处罚决定之日起3年内，停止受理其易制毒化学品生产、经营、购买、运输或者进口、出口许可申请。

走私易制毒化学品的，由海关没收走私的易制毒化学品；有违法所得的，没收违法所得，并依照海关法律、行政法规给予行政处罚；构成犯罪的，依法追究刑事责任。

有下列行为之一的，由负有监督管理职责的行政主管部门给予警告，责令限期改正，处1万元以上5万元以下的罚款；对违反规定生产、经营、购买的易制毒化学品可以予以没收；逾期不改正的，责令限期停产停业整顿；逾期整顿不合格的，吊销相应的许可证：

① 易制毒化学品生产、经营、购买、运输或者进口、出口单位未按规定建立安全管理制度的；

② 将许可证或者备案证明转借他人使用的；

③ 超出许可的品种、数量生产、经营、购买易制毒化学品的；

④ 生产、经营、购买单位不记录或者不如实记录交易情况、不按规定保存交易记录或者不如实、不及时向公安机关和有关行政主管部门备案销售情况的；

⑤ 易制毒化学品丢失、被盗、被抢后未及时报告，造成严重后果的；

⑥ 除个人合法购买第一类中的药品类易制毒化学品药品制剂以及第三类易制毒化学品外，使用现金或者实物进行易制毒化学品交易的；

⑦ 易制毒化学品的产品包装和使用说明书不符合本条例规定要求的；

⑧ 生产、经营易制毒化学品的单位不如实或者不按时向有关行政主管部门和公安机关报告年度生产、经销和库存等情况的。

企业的易制毒化学品生产经营许可被依法吊销后，未及时到工商行政管理部门办理经营范围变更或者企业注销登记的，依照前款规定，对易制毒化学品予以没收，并处罚款。

运输的易制毒化学品与易制毒化学品运输许可证或者备案证明载明的品种、数量、运入地、货主及收货人、承运人等情况不符，运输许可证种类不当，或者运输人员未全程携带运输许可证或者备案证明的，由公安机关责令停运整改，处5000元以上5万元以下的罚款；有危险物品运输资质的，运输主管部门可以依法吊销其运输资质。

个人携带易制毒化学品不符合品种、数量规定的，没收易制毒化学品，处1000元以上5000元以下的罚款。

生产、经营、购买、运输或者进口、出口易制毒化学品的单位或者个人拒不接受有关行政主管部门监督检查的，由负有监督管理职责的行政主管部门责令改正，对直接负责的主管人员以及其他直接责任人员给予警告；情节严重的，对单位处1万元以上5万元以下的罚款，对直接负责的主管人员以及其他直接责任人员处1000元以上5000元以下的罚款；有违反治安管理行为的，依法给予治安管理处罚；构成犯罪的，依法追究刑事责任。

易制毒化学品行政主管部门工作人员在管理工作中有应当许可而不许可、不应当许可而滥许可，不依法受理备案，以及其他滥用职权、玩忽职守、徇私舞弊行为的，依法给予行政处分；构成犯罪的，依法追究刑事责任。

3.3 《监控化学品管理条例》相关知识

1995 年 12 月 27 日中华人民共和国国务院令第 190 号发布，根据 2011 年 1 月 8 日《国务院关于废止和修改部分行政法规的决定》修订。

《监控化学品管理条例》规定的四类化学品作为我国监控化学品：

第一类：可作为化学武器的化学品；

第二类：可作为生产化学武器前体的化学品；

第三类：可作为生产化学武器主要原料的化学品；

第四类：除炸药和纯碳氢化合物外的特定有机化学品。

为科研、医疗、制造药物或者防护目的需要生产第一类监控化学品的，应当报国务院化学工业主管部门批准，并在国务院工业和信息化主管部门指定的小型设施中生产。

国家对第二类、第三类和第四类监控化学品中含磷、硫、氟的特定有机化学品的生产，实行特别许可制度；未经特别许可的，任何单位和个人均不得生产。

经营使用监控化学品需要取得省级以上工业和信息化主管部门的批复。

第一类：可作为化学武器的化学品

A.

（1）烷基(甲基、乙基、正丙基或异丙基)氟膦酸烷(少于或等于 10 个碳原子的碳链，包括环烷）酯；

（2）二烷(甲烷、乙烷、正丙烷或异丙烷）氮基氰膦酸烷(少于或等于 10 个碳原子的碳链，包括环烷）酯；

（3）烷基(甲基、乙基、正丙烷基或异丙基）硫代磷酸烷基(氢少于或等于 10 个碳原子的碳链，包括环烷基)-S-2- 二烷(甲、乙、正丙或异丙）氨基乙酯及相应烷基化盐或质子化盐；

（4）硫芥气

2- 氯乙基氯甲基硫醚（2625-76-5）

芥手气：二(2- 氯乙基）硫醚（50S-60-2）

二(2- 氯乙硫基）甲烷（63869-13-6）

倍半芥气:1,2- 二(2- 氯乙硫基）乙烷（3563-36-8）

1,3- 二(2- 氯乙硫基）正丙烷（639O5-10-2）

1,4- 二(2- 氯乙硫基）正丁烷（142868-93-7）

1,5- 二(2- 氯乙硫基）正戊烷（142868-94-8）

氧芥气：二(2- 氯乙硫基乙基）醚（63918-89-8）

（5）路易氏剂

路易氏剂 1：2-氯乙烯基二氯胂（541-25-3）

路易氏剂 2：二(2- 氯乙烯基）氯胂（40334-69-8）

路易氏剂 3：三(2- 氯乙烯基）胂（40334-70-1）

（6）氮芥气

HN1：*N*,*N*- 二(2- 氯乙基）乙胺（538-07-8）

HN2：*N*,*N*- 二(2- 氯乙基）甲胺（51-75-2）

HN3：三(2- 氯乙基）胺（565-77-1）

(7) 石房蛤毒素（35523-89-8）

(8) 蓖麻毒素（9009-86-3）

B.

(9) 烷基(甲基、乙基、正丙基或异丙基）膦酰二氟

(10) 烷基(甲基、乙基、正丙基或异丙基）亚磷酸

烷基(氢或少于或等于 10 个碳原子的碳链，包括环烷基）-2- 二烷(甲烷、乙烷、正丙烷或异丙烷）氨基乙酯及相应烷基化盐或质子化盐

(11) 氯沙林：甲基氯膦酸异丙酯（1445-76-7）

(12) 氯梭曼：甲基氯膦酸频那酯（7040-57-5）

第二类：可作为生产化学武器前体的化学品

A.

(1) 胺吸膦：硫代磷酸二乙基-S-2-二乙氨基乙酯及相应烷基化盐或质子化盐（78-53-5）

(2) PFIB：1,1,3,3,3- 五氟-2- 三氟甲基-1- 丙烯(又名：全氟异丁烯；八氟异丁烯)（382-21-8）

(3) BZ：二苯乙醇酸-3- 奎宁环酯(＊)（6581-06-2）

B.

(4) 含有一个磷原子并有一个甲基、乙基或(正或异）丙基原子团与该磷原子结合的化学品，不包括含更多碳原子的情形，但第一类名录所列者除外。

(5) 二烷(甲、乙、正丙或异丙）氨基膦酰二卤

(6) 二烷(甲、乙、正丙或异丙）氨基膦酸二烷（甲、乙、正丙或异丙）酯

(7) 三氯化砷（7784-34-l）

(8) 2,2- 二苯基-2- 羟基乙酸：二苯羟乙酸；二苯乙醇酸（76-93-7）

(9) 奎宁环-3- 醇（1619-34-7）

(10) 二烷(甲、乙、正丙或异丙）氨基乙基-2- 氯及相应质子化盐

(11) 二烷(甲、乙、正丙或异丙）氨基乙-2- 醇及相应质子化盐

(12) 烷基(甲、乙、正丙或异丙）氨基乙-2- 硫醇及相应质子化盐

(13) 硫二甘醇：二(2- 羟乙基）硫醚；硫代双乙醇（111-48-8）

(14) 频那基醇：3，3- 二甲基丁-2- 醇（464-07-3）

第三类：可作为生产化学武器主要原料的化学品

A.

(1) 光气：碳酰二氯（75-44-5）

(2) 氯化氰（506-77-4）

(3) 氰化氢（74-90-8）

(4) 氯化苦：三氯硝基甲烷（76-06-2）

B.

(5) 磷酰氯：三氯氧磷；氧氯化磷（10025-87-3）

(6) 三氯化磷（7719-12-2）

(7) 五氯化磷（10026-13-8）

(8) 亚磷酸三甲酯（121-45-9）

(9) 亚磷酸三乙酯（122-52-1）

(10) 亚磷酸二甲酯（868-85-9）

(11) 亚磷酸二乙酯（762-94-9）

(12) 一氯化硫（10025-679）

(13) 二氯化硫（10545-99-0）

(14) 亚硫酰氯；氯化亚砜；氧氯化硫（7719-09-7）

(15) 乙基二乙醇胺（139-87-7）

(16) 甲基二乙醇胺（105-59-9）

(17) 三乙醇胺（102-71-6）

(18) 3- 羟基-1- 甲基哌啶（3554-74-3）

(19) 3- 奎宁环酮（3731-38-2）

(20) 频哪酮（75-97-8）

(21) 氰化钾（151-50-8）

(22) 氰化钠（143-33-9）

(23) 五硫化二磷（1314-80-3）

(24) 二甲胺（124-40-3）

(25) 三乙醇胺盐酸盐（637-39-8）

(26) 二甲胺盐酸盐（606-59-2）

(27) 二苯乙醇酸甲酯（76-89-1）

第四类：除炸药和纯碳氢化合物以外的特定有机化学品

“特定有机化学品”是指可由其化学名称、结构式（如果已知的话）和化学文摘社登记号（如果已给定此一号码）辨明的属于除碳的氧化物、硫化物和金属碳酸盐以外的所有碳化合物所组成的化合物族类的任何化学品。

3.3.1 政府部门分工

国务院工业和信息化部门负责全国监控化学品的管理工作。省、自治区、直辖市人民政府工业和信息化部门负责本行政区域内监控化学品的管理工作。

生产、经营或者使用监控化学品的，应当依照本条例和国家有关规定向国务院工业和信息化部门或者省、自治区、直辖市人民政府工业和信息化部门申报生产、经营或者使用监控化学品的有关资料、数据和使用目的，接受工业和信息化部门的检查监督。

国家严格控制第一类监控化学品的生产。为科研、医疗、制造药物或者防护目的需要生产第一类监控化学品的，应当报国务院工业和信息化部门批准，并在国务院工业和信息化部门指定的小型设施中生产。严禁在未经国务院工业和信息化部门指定的设施中生产第一类监控化学品。

对第二类、第三类监控化学品和第四类监控化学品中含磷、硫、氟的特定有机化学品的生产，实行特别许可制度；未经特别许可的，任何单位和个人均不得生产。特别许可办法，由国务院工业和信息化部门制定。

3.3.2 企业应做工作

新建、扩建或者改建用于生产第二类、第三类监控化学品和第四类监控化学品中含磷、硫、氟的特定有机化学品的设施，应当向所在地省、自治区、直辖市人民政府工业和信息化部门提出申请，经省、自治区、直辖市人民政府工业和信息化部门审查签署意见，报国务院工业和信息化部门批准后，方可开工建设；工程竣工后，经所在地省、自治区、直辖市人民政府工业和信息化部门验收合格，并报国务院工业和信息化部门批准后，方可投产使用。

新建、扩建或者改建用于生产第四类监控化学品中不含磷、硫、氟的特定有机化学品的设施，应当在开工生产前向所在地省、自治区、直辖市人民政府工业和信息化部门备案。

监控化学品应当在专用的化工仓库中储存，并设专人管理。监控化学品的储存条件应当符合国家有关规定。储存监控化学品的单位，应当建立严格的出库、入库检查制度和登记制度；发现丢失、被盗时，应当立即报告当地公安机关和所在地省、自治区、直辖市人民政府工业和信息化部门；省、自治区、直辖市人民政府工业和信息化部门应当积极配合公安机关进行查处。

对变质或者过期失效的监控化学品，应当及时处理。处理方案报所在地省、自治区、直辖市人民政府工业和信息化部门批准后实施。

为科研、医疗、制造药物或者防护目的需要使用第一类监控化学品的，应当向国务院工业和信息化部门提出申请，经国务院工业和信息化部门审查批准后，凭批准文件同国务院工业和信息化部门指定的生产单位签订合同，并将合同副本报送国务院工业和信息化部门备案。

需要使用第二类监控化学品的，应当向所在地省、自治区、直辖市人民政府工业和信息化部门提出申请，经省、自治区、直辖市人民政府工业和信息化部门审查批准后，凭批准文件同国务院工业和信息化部门指定的经销单位签订合同，并将合同副本报送所在地省、自治区、直辖市人民政府工业和信息化部门备案。

国务院工业和信息化部门指定的单位(以下简称被指定单位)，可以从事第一类监控化学品和第二类、第三类监控化学品及其生产技术、专用设备的进出口业务。

需要进口或者出口第一类监控化学品和第二类、第三类监控化学品及其生产技术、专用设备的，应当委托被指定单位代理进口或者出口。除被指定单位外，任何单位和个人均不得从事这类进出口业务。

国家严格控制第一类监控化学品的进口和出口。非为科研、医疗、制造药物或者防护目的，不得进口第一类监控化学品。

接受委托进口第一类监控化学品的被指定单位，应当向国务院工业和信息化部门提出申请，并提交产品最终用途的说明和证明；经国务院工业和信息化部门审查签署意见后，报国务院审查批准。被指定单位凭国务院的批准文件向国务院对外经济贸易主管部门申请领取进口许可证。

接受委托进口第二类、第三类监控化学品及其生产技术、专用设备的被指定单位，应当向国务院工业和信息化部门提出申请，并提交所进口的化学品、生产技术或者专用设备最终用途的说明和证明；经国务院工业和信息化部门审查批准后，被指定单位凭国务院工业和信息化部门的批准文件向国务院对外经济贸易主管部门申请领取进口许可证。

接受委托出口第一类监控化学品的被指定单位，应当向国务院工业和信息化部门提出申请，并提交进口国政府或者政府委托机构出具的所进口的化学品仅用于科研、医疗、制造药物或者防护目的和不转口第三国的保证书；经国务院工业和信息化部门审查签署意见后，报国务院审查批准。被指定单位凭国务院的批准文件向国务院对外经济贸易主管部门申请领取出口许可证。

接受委托出口第二类、第三类监控化学品及其生产技术、专用设备的被指定单位，应当向国务院工业和信息化部门提出申请，并提交进口国政府或者政府委托机构出具的所进口的化学品、生产技术、专用设备不用于生产化学武器和不转口第三国的保证书；经国务院工业和信息化部门审查批准后，被指定单位凭国务院工业和信息化部门的批准文件向国务院对外经济贸易主管部门申请领取出口许可证。

使用监控化学品的，应当与其申报的使用目的相一致；需要改变使用目的的，应当报原审批机关批准。

使用第一类、第二类监控化学品的，应当按照国家有关规定，定期向所在地省、自治区、直辖市人民政府工业和信息化部门报告消耗此类监控化学品的数量和使用此类监控化学品生产最终产品的数量。

3.3.3 违反罚则

违法生产监控化学品的，由省、自治区、直辖市人民政府工业和信息化部门责令限期改正；逾期不改正的，可以处 20 万元以下的罚款；情节严重的，可以提请省、自治区、直辖市人民政府责令停产整顿。

违法使用监控化学品的，由省、自治区、直辖市人民政府工业和信息化部门责令限期改正；逾期不改正的，可以处 5 万元以下的罚款。

违法经营监控化学品的，由省、自治区、直辖市人民政府工业和信息化部门没收其违法经营的监控化学品和违法所得，可以并处违法经营额 1 倍以上 2 倍以下的罚款。

隐瞒、拒报有关监控化学品的资料、数据，或者妨碍、阻挠工业和信息化部门依照本条例的规定履行检查监督职责的，由省、自治区、直辖市人民政府工业和信息化部门处以 5 万元以下的罚款。

3.4 《安全生产许可证条例》相关知识

2004 年 1 月 13 日，中华人民共和国国务院总理发布第 397 号令，公布经 2004 年 1 月 7 日国务院第 34 次常务会议通过《安全生产许可证条例》，自公布之日起施行。

3.4.1 政府部门分工

国务院安全生产监督管理部门负责中央管理的非煤矿矿山企业和危险化学品、烟花爆竹生产企业安全生产许可证的颁发和管理。

国家对矿山企业、建筑施工企业和危险化学品、烟花爆竹、民用爆破器材生产企业(以下统称企业)实行安全生产许可制度。企业未取得安全生产许可证的，不得从事生产活动。

国务院安全生产监督管理部门负责中央管理的非煤矿矿山企业和危险化学品、烟花爆竹生产企业安全生产许可证的颁发和管理。省、自治区、直辖市人民政府安全生产监督管理部门负责前款规定以外的非煤矿矿山企业和危险化学品、烟花爆竹生产企业安全生产许可证的颁发和管理，并接受国务院安全生产监督管理部门的指导和监督。国家煤矿安全监察机构负责中央管理的煤矿企业安全生产许可证的颁发和管理。

国务院建设主管部门负责中央管理的建筑施工企业安全生产许可证的颁发和管理。省、自治区、直辖市人民政府建设主管部门负责前款规定以外的建筑施工企业安全生产许可证的颁发和管理，并接受国务院建设主管部门的指导和监督。

国务院国防科技工业主管部门负责民用爆破器材生产企业安全生产许可证的颁发和管理。

安全生产许可证颁发管理机关应当建立、健全安全生产许可证档案管理制度，并定期向社会公布企业取得安全生产许可证的情况。

煤矿企业安全生产许可证颁发管理机关、建筑施工企业安全生产许可证颁发管理机关、民用爆破器材生产企业安全生产许可证颁发管理机关，应当每年向同级安全生产监督管理部门通报其安全生产许可证颁发和管理情况。

国务院安全生产监督管理部门和省、自治区、直辖市人民政府安全生产监督管理部门对建筑施工企业、民用爆破器材生产企业、煤矿企业取得安全生产许可证的情况进行监督。

安全生产许可证颁发管理机关应当加强对取得安全生产许可证的企业的监督检查，发现其不再具备本条例规定的安全生产条件的，应当暂扣或者吊销安全生产许可证。

安全生产许可证颁发管理机关工作人员在安全生产许可证颁发、管理和监督检查工作中，不得索取或者接受企业的财物，不得谋取其他利益。监察机关依照《行政监察法》的规定，对安全生产许可证颁发管理机关及其工作人员履行本条例规定的职责实施监察。

3.4.2 企业应做工作

企业取得安全生产许可证，应当具备下列安全生产条件：

(1) 建立、健全安全生产责任制，制定完备的安全生产规章制度和操作规程；

(2) 安全投入符合安全生产要求；

(3) 设置安全生产管理机构，配备专职安全生产管理人员；

(4) 主要负责人和安全生产管理人员经考核合格；

(5) 特种作业人员经有关业务主管部门考核合格，取得特种作业操作资格证书；

(6) 从业人员经安全生产教育和培训合格；

(7) 依法参加工伤保险，为从业人员缴纳保险费；

(8) 厂房、作业场所和安全设施、设备、工艺符合有关安全生产法律、法规、标准和规程的要求；

(9) 有职业危害防治措施，并为从业人员配备符合国家标准或者行业标准的劳动防护用品；

(10) 依法进行安全评价；

(11) 有重大危险源检测、评估、监控措施和应急预案；

(12) 有生产安全事故应急救援预案、应急救援组织或者应急救援人员，配备必要的应急救援器材、设备；

(13) 法律、法规规定的其他条件。

企业进行生产前，应当依照本条例的规定向安全生产许可证颁发管理机关申请领取安全生产许可证，并提供相关文件、资料。安全生产许可证颁发管理机关应当自收到申请之日起45日内审查完毕，经审查符合本条例规定的安全生产条件的，颁发安全生产许可证；不符合本条例规定的安全生产条件的，不予颁发安全生产许可证，书面通知企业并说明理由。煤矿企业应当以矿(井)为单位，在申请领取煤炭生产许可证前，依照本条例的规定取得安全生产许可证。

安全生产许可证的有效期为3年。安全生产许可证有效期满需要延期的，企业应当于期满前3个月向原安全生产许可证颁发管理机关办理延期手续。

企业在安全生产许可证有效期内，严格遵守有关安全生产的法律法规，未发生死亡事故的，安全生产许可证有效期届满时，经原安全生产许可证颁发管理机关同意，不再审查，安全生产许可证有效期延期3年。

企业不得转让、冒用安全生产许可证或者使用伪造的安全生产许可证。

企业取得安全生产许可证后，不得降低安全生产条件，并应当加强日常安全生产管理，接受安全生产许可证颁发管理机关的监督检查。

任何单位或者个人对违反本条例规定的行为，有权向安全生产许可证颁发管理机关或者监察机关等有关部门举报。

3.4.3 违反罚则

安全生产许可证颁发管理机关工作人员有下列行为之一的，给予降级或者撤职的行政处分；构成犯罪的，依法追究刑事责任：

(1) 向不符合本条例规定的安全生产条件的企业颁发安全生产许可证的；

(2) 发现企业未依法取得安全生产许可证擅自从事生产活动，不依法处理的；

(3) 发现取得安全生产许可证的企业不再具备本条例规定的安全生产条件，不依法处理的；

(4) 接到对违反本条例规定行为的举报后，不及时处理的；

(5) 在安全生产许可证颁发、管理和监督检查工作中，索取或者接受企业的财物，或者谋取其他利益的。

未取得安全生产许可证擅自进行生产的企业，责令停止生产，没收违法所得，并处10万元以上50万元以下的罚款；造成重大事故或者其他严重后果，构成犯罪的，依法追究刑事责任。

安全生产许可证有效期满未办理延期手续，继续进行生产的，冒用安全生产许可证或者使用伪造的安全生产许可证的，责令停止生产，限期补办延期手续，没收违法所得，并处5万元以上10万元以下的罚款；逾期仍不办理延期手续，继续进行生产的，依照本条例第十九条的规定处罚。

转让安全生产许可证的，没收违法所得，处10万元以上50万元以下的罚款，并吊销其安全生产许可证；构成犯罪的，依法追究刑事责任；接受转让的，依照本条例第十九条的规定处罚。

3.5 《国务院安全生产委员会关于加强企业安全生产诚信体系建设的指导意见》(安委〔2014〕8号)相关知识

为认真贯彻落实党的十八届三中、四中全会精神和《国务院关于印发社会信用体系建设规划纲要(2014~2020年)的通知》(国发〔2014〕21号)要求，推动实施《安全生产法》有关规定，强化安全生产依法治理，促进企业依法守信加强安全生产工作，切实保障从业人员生命安全和职业健康，国务院安全生产委员会 2014 年 11 月 26 日下发了《国务院安全生产委员会关于加强企业安全生产诚信体系建设的指导意见》(安委〔2014〕8 号)。意见要求要把加强企业安全生产诚信体系建设作为履职尽责、抓预防重治本、创新安全监管机制的重要举措，组织力量，保障经费，狠抓落实。要根据本地区和行业领域实际情况，细化激励及惩戒措施，建立健全各级、各部门间的信息沟通、资源共享、协调联动工作机制。要充分运用市场机制，积极培育发展企业安全生产信用评级机构，逐步开展第三方评价，对相同事项要实行信息共享，防止重复执法和多头评价，减轻企业负担。要加强安全生产诚信宣传教育，充分发挥新闻媒体作用，弘扬社会主义核心价值观，弘扬崇德向善、诚实守信的传统文化和现代市场经济的契约精神，形成以人为本、安全发展，关爱生命、关注安全，崇尚践行安全生产诚信的社会风尚。

3.5.1 目标

以党的十八大和十八届三中、四中全会精神为指导，以危险化学品等工贸行业领域为重点，建立健全安全生产诚信体系，加强制度建设，强化激励约束，促进企业严格落实安全生产主体责任，依法依规、诚实守信加强安全生产工作，实现由“要我安全向我要安全、我保安全”转变，建立完善持续改进的安全生产工作机制，实现科学发展、安全发展。

3.5.2 加强企业安全生产诚信制度建设

(1) 建立安全生产承诺制度

重点承诺内容：一是严格执行安全生产、职业病防治、消防等各项法律法规、标准规范，绝不非法违法组织生产；二是建立健全并严格落实安全生产责任制度；三是确保职工生命安全和职业健康，不违章指挥，不冒险作业，杜绝生产安全责任事故；四是加强安全生产标准化建设和建立隐患排查治理制度；五是自觉接受安全监管监察和相关部门依法检查，严格执行执法指令。

安全监管监察部门、行业主管部门要督促企业向社会和全体员工公开安全承诺，接受各方监督。企业也要结合自身特点，制定明确各个层级一直到区队班组岗位的双向安全承诺事项，并签订和公开承诺书。

(2) 建立安全生产不良信用记录制度

生产经营单位有违反承诺及下列情形之一的，安全监管监察部门和行业主管部门要列入安全生产不良信用记录。主要包括以下内容：一是生产经营单位一年内发生生产安全死亡责任事故的；二是非法违法组织生产经营建设的；三是执法检查发现存在重大安全生产隐患、重大职业病危害隐患的；四是未按规定开展企业安全生产标准化建设的或在规定期限内未达到安全生产标准化要求的；五是未建立隐患排查治理制度，不如实记录和上报隐患排查治理情况，期限内未完成治理整改的；六是拒不执行安全监管监察指令的，以及逾期不履行停产停业、停止使用、停止施工和罚款等处罚的；七是未依法依规报告事故、组织开展抢险救援的；八是其他安全生产非法违法或造成恶劣社会影响的行为。

对责任事故的不良信用记录，实行分级管理，纳入国家相关征信系统。原则上，生产经营单位一年内发生较大(含)以上生产安全责任事故的，纳入国家级安全生产不良信用记录；发生死亡 2 人(含)以上生产安全责任事故的，纳入省级安全生产不良信用记录；发生一般责任事故的，纳入市(地)级安全生产不良信用记录；发生伤人责任事故的，纳入县(区)级安全生产不良信用记录。纳入国家安全生产不良信用记录的，必须纳入省级记录，依次类推。

不良信用记录管理期限一般为一年。各地区和相关部门可根据具体情况明确安全生产不良信用记录内容及管理层级，但不得低于本意见的标准要求。

(3) 建立安全生产诚信"黑名单"制度

以不良信用记录作为企业安全生产诚信"黑名单"的主要判定依据。生产经营单位有下列情况之一的，纳入国家管理的安全生产诚信"黑名单"：一是一年内发生生产安全重大责任事故，或累计发生责任事故死亡10人(含)以上的；二是重大安全生产隐患不及时整改或整改不到位的；三是发生暴力抗法的行为，或未按时完成行政执法指令的；四是发生事故隐瞒不报、谎报或迟报，故意破坏事故现场、毁灭有关证据的；五是无证、证照不全、超层越界开采、超载超限超时运输等非法违法行为的；六是经监管执法部门认定严重威胁安全生产的其他行为。

有上述第二至第六种情形和下列情形之一的，分别纳入省、市、县级管理的安全生产诚信"黑名单"：一是一年内发生较大生产安全责任事故，或累计发生责任事故死亡超过3人(含)以上的，纳入省级管理的安全生产诚信"黑名单"；二是一年内发生死亡2人(含)以上的生产安全责任事故，或累计发生责任事故死亡超过2人(含)以上的，纳入市(地)级管理的安全生产诚信"黑名单"；三是一年内发生死亡责任事故的，纳入县(区)级管理的安全生产诚信"黑名单"。

纳入国家管理的安全生产诚信"黑名单"，必须同时纳入省级管理，依次类推。

各地区和各相关部门可在此基础上，根据具体情况明确安全生产诚信"黑名单"内容及管理层级，但不得低于本意见的标准要求。

根据企业存在问题的严重程度和整改情况，列入"黑名单"管理的期限一般为一年，对发生较大事故、重大事故、特别重大事故管理的期限分别为一年、二年、三年。一般遵循以下程序：

① 信息采集。各级安全监管监察部门或行业主管部门通过事故调查、执法检查、群众举报核查等途径，收集记录相关单位名称、案由、违法违规行为等信息。

② 信息告知。对拟列入"黑名单"的生产经营单位，相关部门要提前告知，并听取申辩意见；对当事方提出的事实、理由和证据成立的，要予以采纳。

③ 信息公布。被列入"黑名单"的企业名单，安全监管监察部门和行业主管部门要提交本级政府安委会办公室，由其在10个工作日内统一向社会公布。

④ 信息删除。被列入"黑名单"的企业，经自查自改后向相关部门提出删除申请，经安全监管监察部门和行业主管部门整改验收合格，公开发布整改合格信息。在"黑名单"管理期限内未再发生不良信用记录情形的，在管理期限届满后提交本级政府安委会办公室统一删除，并在10个工作日内向社会公布。未达到规定要求的，继续保留"黑名单"管理。

(4) 建立安全生产诚信评价和管理制度

开展安全生产诚信评价。把企业安全生产标准化建设评定的等级作为安全生产诚信等级，分别相应地划分为一级、二级、三级，原则上不再重复评级。安全生产标准化等级的发布主体是安全生产诚信等级的授信主体，一年向社会发布一次。

加强分级分类动态管理。重点是巩固一级、促进二级、激励三级。对纳入安全生产不良信用记录和“黑名单”的生产经营单位，根据具体情况，下调或取消安全生产诚信等级，并及时向社会发布。对纳入“黑名单”的生产经营单位，要依法依规停产整顿或取缔关闭。要合理调整监管力量，以“黑名单”为重点，加强重点执法检查，严防事故发生。

（5）建立安全生产诚信报告和执法信息公示制度

生产经营单位定期向安全监管监察部门或行业主管部门报告安全生产诚信履行情况，重点包括落实安全生产责任和管理制度、安全投入、安全培训、安全生产标准化建设、隐患排查治理、职业病防治和应急管理等方面的情况。各有关部门要在安全生产行政处罚信息形成之日起20个工作日内向社会公示，接受监督。

3.5.3 提升企业安全生产诚信大数据支撑能力

（1）加快推进安全生产信用管理信息化建设

依托安全生产监管信息化管理系统，整合安全生产标准化建设信息系统和隐患排查治理信息系统，建立基础信息平台，以自然人、法人和其他组织统一社会信用代码为基础，构建完备的企业安全生产诚信大数据，建立健全企业安全生产诚信档案，全面、真实、及时记录征信和失信等数据信息，实行动态管理。推动加强企业安全生产诚信信息化建设，准确、完整记录企业及其相关人员兑现安全承诺、生产安全事故、职业病危害事故，以及企业负责人、车间、班组和职工个人等安全生产行为。

（2）加快实现互联互通

加快推进企业安全生产诚信信息平台与有关行业管理部门、地方政府信用平台的对接，实现与社会信用建设相关部门和单位的信息互联互通，及时通过网络平台和文件告知等形式向财政、投资、国土资源、建设、工商、银行、证券、保险、工会等部门和单位以及上下游相关企业通报有关情况，实现对企业安全生产诚信信息的即时检索查询。

3.5.4 建立企业安全生产诚信激励和失信惩戒机制

（1）激励企业安全生产诚实守信

各级政府及有关部门对安全生产诚实守信企业，开辟“绿色通道”，在相关安全生产行政审批等工作中优先办理。加强安全生产诚信结果的运用，通过提供信用保险、信用担保、商业保理、履约担保、信用管理咨询及培训等服务，在项目立项和改扩建、土地使用、贷款、融资和评优表彰及企业负责人年薪确定等方面将安全生产诚信结果作为重要参考。建立完善安全生产失信企业纠错激励制度，推动企业加强安全生产诚信建设。

（2）严格惩戒安全生产失信企业

健全失信惩戒制度，完善市场退出机制。企业发生重特大责任事故和非法违法生产造成事故的，各级安全监管监察部门及有关行业管理部门要实施重点监管监察；对企业法定代表人、主要负责人一律取消评优评先资格，通过组织约谈、强制培训等方式予以诫勉，将其不良行为记录及时公开曝光。强化对安全失信企业或列入安全生产诚信“黑名单”企业实行联动管制措施，在审批相关企业发行股票、债券、再融资等事项时，予以严格审查；在其参与土地出让、采矿权出让的公开竞争中，要依法予以限制或禁入；相关金融机构应当将其作为评级、信贷准入、管理和退出的重要依据，并根据《绿色信贷指引》（银监发〔2014〕3号）的规定，采取风险缓释措施；对已被吊销安全生产许可证或安全生产许可证已过期失效的企业，依法督促其办理变更登记或注销登记，直至依法吊销营业执照；相关部门或保险机构可根据失信企业信用状况调整其保险费率。其他有关部门根据安全生产诚信等级制定失信监管措施。

(3) 加强行业自律和社会监督

各行业协(学)会要把诚信建设纳入各类社会组织章程，制定行业自律规则，完善规范行规行约并监督会员遵守。要在本行业内组织开展安全生产诚信承诺、公约、自查或互查等自身建设活动，对违规的失信者实行行业内通报批评、公开谴责等惩戒措施。鼓励和动员新闻媒体、企业员工举报企业安全生产不良行为，对符合《安全生产举报奖励办法》(安监总财〔2012〕63号)条件的举报人给予奖励，对举报企业重大安全生产隐患和事故的人员实行高限奖励，并严格保密，予以保护。

3.5.5 分步实施，扎实推进

(1) 2015年底前，地方各级安全监管监察部门和行业主管部门要建立企业安全生产诚信承诺制度、安全生产不良信用记录和"黑名单"制度、安全生产诚信报告和公示制度。

(2) 2016年底前，依托国家安全生产监管信息化管理平台，实现安全生产不良信用记录和"黑名单"与国家相关部门和单位互联互通，同步推进建立各省级的企业安全生产诚信建设体系及信息化平台，并投入使用。

(3) 2017年底前，各重点行业领域企业安全生产诚信体系全面建成。

(4) 2020年底前，所有行业领域建立健全安全生产诚信体系。

第4章　国家安全生产监督管理部门规章及规范性文件

规章分为部门规章和地方规章，部门规章指由国务院各部门出台的令；法律高于法规，法规高于规章。

4.1　《危险化学品建设项目安全监督管理办法》相关知识

2011年3月2日，国务院颁布了修订的《危险化学品安全管理条例》(国务院令第591号，以下简称《条例》)。《条例》对新建、改建、扩建生产、储存危险化学品(包括使用长输管道输送危险化学品)的建设项目安全条件审查作出了新的规定。为落实《条例》的新要求，加强危险化学品建设项目安全监督管理工作，必须对《危险化学品建设项目安全许可实施办法》(国家安全监管总局令第8号，以下简称8号令)进行修订，这次修订还基于几个方面：一是《条例》对设立危险化学品生产、储存企业实行审批制度改成了生产、储存危险化学品建设项目的安全条件审查制度，规定新建、改建、扩建生产、储存危险化学品建设项目应当由安全生产监督管理部门进行安全条件审查，同时对安全条件审查的实施程序作了明确规定。二是需要重新界定安全审查和监督管理的范围，对各级安全生产监督管理部门实施安全审查的事权进行重新划分。三是涉及危险化学品建设项目中的化学品品种、特性、工艺和数量存在差异，发生事故后的危害和对社会造成的影响也大不相同，应当依据建设项目的危险程度对建设项目进行差别化的监管。四是按照近几年监管实践，需要对试生产(使用)方案备案的要求进一步规范和细化。

为了加强危险化学品建设项目安全监督管理，规范危险化学品建设项目安全审查(包括安全条件审查、安全设施的设计审查和竣工验收)，根据《安全生产法》和《危险化学品安全管理条例》等法律、行政法规，国家安全监管总局以总局45号令发布了《危险化学品建设项目安全监督管理办法》，并已于2012年4月1日起开始实施。2015年5月27日国家安全生产监督管理总局公布79号令，发布了《国家安全监管总局关于废止和修改危险化学品等领域七部规章的规定》，自2015年7月1日起施行。

《办法》明确了实施危险化学品建设项目安全审查及其监督检查的范围，照分级负责实施的原则，明确规定了县级以上各级安全监督管理部门的职责范围，规定了申请安全审查的程序及申请安全审查时应提交的文件资料，违反本办法规定应负的法律责任等。

《办法》的出台，是在8号令的基础上，对危险化学品建设项目安全监督管理从多个方面进行了修订完善，提高了危险化学品建设项目的安全准入门槛，重点说明如下：

《办法》全部条文分8章，共54条。包括总则、建设项目安全条件审查、建设项目安全设施设计审查、建设项目试生产(使用)、建设项目安全设施竣工验收、监督管理、法律责任、附则。总体看，《办法》在《安全生产法》、《条例》等相关法律法规框架要求下，针对危险化学品建设项目的特点和安全管理的重点、难点，规范了建设项目安全条件审查、安全设施设计审查、安全设施竣工验收和试生产(使用)方案备案等不同阶段安全管理的审查工作程序及要求，并且明确了安全生产监督管理部门、建设单位、安全评价机构、设计单位、施工单位等相关各方的责任、义务。

这次修订主要体现在以下 10 个方面：

（1）关于规章名称和适用范围的变化

《办法》的名称由《危险化学品建设项目安全许可实施办法》改为《危险化学品建设项目安全监督管理办法》，一方面是与《建设项目安全设施“三同时”监督管理暂行办法》（国家安全监管总局令第 36 号）和《条例》相衔接，另一方面也是更加准确界定安全生产监督管理部门在危险化学品建设项目方面的安全监管职权范围。

《办法》把危险化学品生产、储存企业设立审批制度，修改为危险化学品生产、储存建设项目安全条件审查制度，并将危险化学品长输管道建设项目纳入危险化学品建设项目安全监督管理，同时规定了危险化学品建设项目安全条件审查的实施程序，明确了建设项目安全审查，包括建设项目安全条件审查、安全设施的设计审查。

（2）关于事权划分的变化

对各级安全生产监督管理部门实施安全审查的事权重新进行了划分，明确了国家安全监管总局、省级安全生产监督管理部门的监管职权，并规定由省级安全生产监督管理部门确定并公布本部门和本行政区域内由设区的市级安全生产监督管理部门实施的建设项目范围。

国家安全监管总局负责国务院审批（核准、备案）和跨省、自治区、直辖市的建设项目安全审查。国务院审批（核准、备案）的项目核准权限依据《国务院关于投资体制改革的决定》（国发〔2004〕20 号）有关规定来进行界定。

《办法》中规定了必须由省级安全生产监督管理部门负责审查的建设项目范围，一是由国务院投资主管部门审批（核准、备案）的建设项目，二是生产剧毒化学品的建设项目。

（3）明确了委托审查的范围

《办法》明确了委托审查程序，规定了跨省、自治区、直辖市的建设项目和生产剧毒化学品的建设项目，不得委托实施；涉及国家安全监管总局公布的重点监管危险化工工艺的和重点监管危险化学品中有毒气体、液化气体、易燃液体、爆炸品且构成重大危险源的建设项目，不得委托县级安监部门实施审查。

（4）细化和明确了设计单位资质条件

《办法》要求涉及重点监管危险化工工艺、重点监管危险化学品或者危险化学品重大危险源（即“两重点一重大”）的建设项目，应当由具有石油化工医药行业相应资质的设计单位设计，从设计源头上保障建设项目的“优生优育”。

（5）关于安全条件论证的变化

《办法》对安全条件论证和安全条件论证报告的内容，提出了具体的要求。规定安全条件论证的内容中增加产业政策与布局、区域规划、符合《工业企业总平面设计规范》（GB 50187）等相关标准情况、主要技术工艺的可靠性和依托条件的可靠性等要求。

（6）关于安全设施设计的变化

《办法》要求建设项目安全设施设计单位应按照《化工建设项目安全设计管理导则》（AQ/T 3033—2010），对建设项目安全设施进行设计。

（7）关于试生产（使用）的变化

《办法》中试生产（使用）独立成章，细化了试生产（使用）方案备案内容；试生产（使用）前，要求建设单位应当组织专家对试生产（使用）方案进行审查，并将审查意见报安全生产监督管理部门备案；建设单位进行试生产(使用)时，应当组织专家对试生产(使用)条件进行确认，对试生产(使用)过程进行技术指导。

《办法》规定了试生产(使用)方案备案为形式审查。首次对试生产(使用)期限进行规定，建设项目试生产(使用)最低期限为三十日，最高期限为一年，延期两次后仍不能稳定生产的，建设单位应当立即停止试生产，并解决问题。

(8) 与其他安全生产行政许可的衔接

《办法》规定建设单位应当自收到同意投入生产(使用)的建设项目安全设施竣工验收意见书之日起十个工作日内，依法申请有关危险化学品的其他安全生产行政许可。

为简化行政许可程序，规定建设项目安全设施竣工验收意见，可以作为生产、经营、使用安全许可的现场核查意见。

(9) 关于法律责任的变化

本次《办法》修订，细化了有关法律责任的规定，加大了对未经安全条件审查擅自建设和投入生产(使用)违法行为的处罚力度，将处罚最高金额提升至100万元。

根据《行政许可法》，增加对建设单位隐瞒有关情况、提供虚假材料等违法行为进行惩罚，《办法》第四十四条规定，“建设单位隐瞒有关情况或者提供虚假材料申请建设项目安全审查的，不予受理或者审查不予通过，给予警告，并自安全生产监督管理部门发现之日起一年内不得再次申请该审查。建设单位采用欺骗、贿赂等不正当手段取得建设项目安全审查的，自安全生产监督管理部门撤销建设项目安全审查之日起三年内不得再次申请该审查。”

(10) 关于建设项目分步审查的变化

由于在实际工作中部分大型联合生产建设项目需要分期设计、建设和投入生产，为避免延误项目进度，《办法》规定对于此类建设项目，经审查部门同意后，建设单位可以分期申请安全审查。具体权限由省级安全生产监督管理部门规定。

4.1.1 适用范围

中华人民共和国境内新建、改建、扩建危险化学品生产、储存的建设项目以及伴有危险化学品产生的化工建设项目(包括危险化学品长输管道建设项目，以下统称建设项目)的安全审查及其监督管理。

不包括危险化学品的勘探、开采及其辅助的储存，原油和天然气勘探、开采的配套输送及储存、海上输送，城镇燃气的输送及储存等建设项目。

建设项目安全审查，是指建设项目安全条件审查、安全设施的设计审查和竣工验收。

4.1.2 政府部门分工

建设项目的安全审查由建设单位申请，安全生产监督管理部门根据本办法分级负责实施。建设项目未经安全审查的，不得开工建设或者投入生产(使用)。

国家安全生产监督管理总局指导、监督全国建设项目安全审查的实施工作，并负责实施下列建设项目的安全审查：

(1) 国务院审批(核准、备案)的；

(2) 跨省、自治区、直辖市的。

省、自治区、直辖市人民政府安全生产监督管理部门(以下简称省级安全生产监督管理部门)指导、监督本行政区域内建设项目安全审查的监督管理工作，确定并公布本部门和本行政区域内由设区的市级人民政府安全生产监督管理部门(以下简称市级安全生产监督管理部门)实施的前款规定以外的建设项目范围，并报国家安全生产监督管理总局备案。

建设项目有下列情形之一的，应当由省级安全生产监督管理部门负责安全审查：

(1) 国务院投资主管部门审批(核准、备案)的；

(2) 生产剧毒化学品的；

(3) 省级安全生产监督管理部门确定的《办法》第四条第一款规定以外的其他建设项目。

负责实施建设项目安全审查的安全生产监督管理部门根据工作需要，可以将其负责实施的建设项目安全审查工作，委托下一级安全生产监督管理部门实施。委托实施安全审查的，审查结果由委托的安全生产监督管理部门负责。跨省、自治区、直辖市的建设项目和生产剧毒化学品的建设项目，不得委托实施安全审查。

下列情形不得委托县级人民政府安全生产监督管理部门实施安全审查：

(1) 涉及国家安全生产监督管理总局公布的重点监管危险化工工艺的；

(2) 涉及国家安全生产监督管理总局公布的重点监管危险化学品中的有毒气体、液化气体、易燃液体、爆炸品，且构成重大危险源的。

接受委托的安全生产监督管理部门不得将其受托的建设项目安全审查工作再委托其他单位实施。

建设项目的设计、施工、监理单位和安全评价机构应当具备相应的资质，并对其工作成果负责。

涉及重点监管危险化工工艺、重点监管危险化学品或者危险化学品重大危险源的建设项目，应当由具有石油化工医药行业相应资质的设计单位设计。

4.1.3 可行性研究阶段

建设单位应当在建设项目的可行性研究阶段，对下列安全条件进行论证，编制安全条件论证报告：

(1) 建设项目是否符合国家和当地政府产业政策与布局；

(2) 建设项目是否符合当地政府区域规划；

(3) 建设项目选址是否符合《工业企业总平面设计规范》(GB 50187)、《化工企业总图运输设计规范》(GB 50489)等相关标准；涉及危险化学品长输管道的，是否符合《输气管道工程设计规范》(GB 50251)、《石油天然气工程设计防火规范》(GB 50183)等相关标准；

(4) 建设项目周边重要场所、区域及居民分布情况，建设项目的设施分布和连续生产经营活动情况及其相互影响情况，安全防范措施是否科学、可行；

(5) 当地自然条件对建设项目安全生产的影响和安全措施是否科学、可行；

(6) 主要技术、工艺是否成熟可靠；

(7) 依托原有生产、储存条件的，其依托条件是否安全可靠。

建设单位应当在建设项目的可行性研究阶段，委托具备相应资质的安全评价机构对建设项目进行安全评价。

安全评价机构应当根据有关安全生产法律、法规、规章和国家标准、行业标准，对建设项目进行安全评价，出具建设项目安全评价报告。安全评价报告应当符合《危险化学品建设项目安全评价细则》的要求。

建设项目有下列情形之一的，应当由甲级安全评价机构进行安全评价：

（1）国务院及其投资主管部门审批(核准、备案)的；
（2）生产剧毒化学品的；
（3）跨省、自治区、直辖市的；
（4）法律、法规、规章另有规定的。

4.1.4 安全条件论证及审查

建设单位应当在建设项目开始初步设计前，向相关的安全生产监督管理部门申请建设项目安全条件审查，提交下列文件、资料，并对其真实性负责：

（1）建设项目安全条件审查申请书及文件；
（2）建设项目安全条件论证报告；
（3）建设项目安全评价报告；
（4）建设项目批准、核准或者备案文件和规划相关文件(复印件)；
（5）工商行政管理部门颁发的企业营业执照或者企业名称预先核准通知书(复印件)。

建设单位申请安全条件审查的文件、资料齐全，符合法定形式的，安全生产监督管理部门应当当场予以受理，并书面告知建设单位。

对已经受理的建设项目安全条件审查申请，自受理申请之日起四十五日内向建设单位出具建设项目安全条件审查意见书。建设项目安全条件审查意见书的有效期为两年。

建设项目有下列情形之一的，安全条件审查不予通过：

（1）安全条件论证报告或者安全评价报告存在重大缺陷、漏项的，包括建设项目主要危险、有害因素辨识和评价不全或者不准确的；
（2）建设项目与周边场所、设施的距离或者拟建场址自然条件不符合有关安全生产法律、法规、规章和国家标准、行业标准的规定的；
（3）主要技术、工艺未确定，或者不符合有关安全生产法律、法规、规章和国家标准、行业标准的规定的；
（4）国内首次使用的化工工艺，未经省级人民政府有关部门组织的安全可靠性论证的；
（5）对安全设施设计提出的对策与建议不符合法律、法规、规章和国家标准、行业标准的规定的；
（6）未委托具备相应资质的安全评价机构进行安全评价的；
（7）隐瞒有关情况或者提供虚假文件、资料的。

建设项目未通过安全条件审查的，建设单位经过整改后可以重新申请建设项目安全条件审查。

已经通过安全条件审查的建设项目有下列情形之一的，建设单位应当重新进行安全条件论证和安全评价，并申请审查：

（1）建设项目周边条件发生重大变化的；
（2）变更建设地址的；
（3）主要技术、工艺路线、产品方案或者装置规模发生重大变化的；
（4）建设项目在安全条件审查意见书有效期内未开工建设，期限届满后需要开工建设的。

4.1.5 安全设施设计及审查

设计单位应当根据有关安全生产的法律、法规、规章和国家标准、行业标准以及建设项目安全条件审查意见书，按照《化工建设项目安全设计管理导则》(AQ/T 3033)，对建设项目安全设施进行设计，并编制建设项目安全设施设计专篇。建设项目安全设施设计专篇应当符合《危险化学品建设项目安全设施设计专篇编制导则》的要求。

建设单位应当在建设项目初步设计完成后、详细设计开始前，向出具建设项目安全条件审查意见书的安全生产监督管理部门申请建设项目安全设施设计审查，提交下列文件、资料，并对其真实性负责：

(1) 建设项目安全设施设计审查申请书及文件；

(2) 设计单位的设计资质证明文件(复印件)；

(3) 建设项目安全设施设计专篇。

建设单位申请安全设施设计审查的文件、资料齐全，符合法定形式的，安全生产监督管理部门应当当场予以受理；未经安全条件审查或者审查未通过的，不予受理。受理或者不予受理的情况，安全生产监督管理部门应当书面告知建设单位。

对已经受理的建设项目安全设施设计审查申请，安全生产监督管理部门应当指派有关人员或者组织专家对申请文件、资料进行审查，并在受理申请之日起二十个工作日内作出同意或者不同意建设项目安全设施设计专篇的决定，向建设单位出具建设项目安全设施设计的审查意见书；二十个工作日内不能出具审查意见的，经本部门负责人批准，可以延长十个工作日，并应当将延长的期限和理由告知建设单位。

建设单位整改现场核查发现的有关问题和修改申请文件、资料所需时间不计算在本条规定的期限内。

建设项目安全设施设计有下列情形之一的，审查不予通过：

(1) 设计单位资质不符合相关规定的；

(2) 未按照有关安全生产的法律、法规、规章和国家标准、行业标准的规定进行设计的；

(3) 对未采纳的建设项目安全评价报告中的安全对策和建议，未作充分论证说明的；

(4) 隐瞒有关情况或者提供虚假文件、资料的。

建设项目安全设施设计审查未通过的，建设单位经过整改后可以重新申请建设项目安全设施设计的审查。

已经审查通过的建设项目安全设施设计有下列情形之一的，建设单位应当向原审查部门申请建设项目安全设施变更设计的审查：

(1) 改变安全设施设计且可能降低安全性能的；

(2) 在施工期间重新设计的。

4.1.6 施工建设及试生产

建设项目安全设施施工完成后，建设单位应当按照有关安全生产法律、法规、规章和国家标准、行业标准的规定，对建设项目安全设施进行检验、检测，保证建设项目安全设施满足危险化学品生产、储存的安全要求，并处于正常适用状态。

建设单位应当组织建设项目的设计、施工、监理等有关单位和专家，研究提出建设项目试生产(使用)(以下简称试生产〈使用〉)可能出现的安全问题及对策，并按照有关安全生产法律、法规、规章和国家标准、行业标准的规定，制定周密的试生产(使用)方案。试生产(使用)方案应当包括下列有关安全生产的内容：

(1) 建设项目设备及管道试压、吹扫、气密、单机试车、仪表调校、联动试车等生产准备的完成情况；

(2) 投料试车方案；

(3) 试生产(使用)过程中可能出现的安全问题、对策及应急预案；

(4) 建设项目周边环境与建设项目安全试生产(使用)相互影响的确认情况；

(5) 危险化学品重大危险源监控措施的落实情况；

(6) 人力资源配置情况；

(7) 试生产(使用)起止日期。

建设单位在采取有效安全生产措施后，方可将建设项目安全设施与生产、储存、使用的主体装置、设施同时进行试生产(使用)。

试生产(使用)前，建设单位应当组织专家对试生产(使用)方案进行审查。

试生产(使用)时，建设单位应当组织专家对试生产(使用)条件进行确认，对试生产(使用)过程进行技术指导。

建设单位应当在试生产(使用)前，将试生产(使用)方案，报送出具安全设施设计审查意见书的安全生产监督管理部门备案，提交下列文件、资料，并对其真实性负责：

(1) 试生产(使用)方案备案表；

(2) 试生产(使用)方案；

(3) 设计、施工、监理单位对试生产(使用)方案以及是否具备试生产(使用)条件的意见；

(4) 专家对试生产(使用)方案的审查意见；

(5) 安全设施设计重大变更情况的报告；

(6) 施工过程中安全设施设计落实情况的报告；

(7) 组织设计漏项、工程质量、工程隐患的检查情况，以及整改措施的落实情况报告；

(8) 建设项目施工、监理单位资质证书(复印件)；

(9) 建设项目质量监督手续(复印件)；

(10) 主要负责人、安全生产管理人员、注册安全工程师资格证书(复印件)，以及特种作业人员名单；

(11) 从业人员安全教育、培训合格的证明材料；

(12) 劳动防护用品配备情况说明；

(13) 安全生产责任制文件，安全生产规章制度清单、岗位操作安全规程清单；

(14) 设置安全生产管理机构和配备专职安全生产管理人员的文件(复印件)。

安全生产监督管理部门应当对建设单位报送备案的文件、资料进行审查；符合法定形式的，应当自收到备案文件、资料之日起五个工作日内出具试生产(使用)备案意见书。

建设项目试生产期限应当不少于三十日，不超过一年。需要延期的，可以向原备案部门提出申请。经两次延期后仍不能稳定生产的，建设单位应当立即停止试生产，组织设计、施工、监理等有关单位和专家分析原因，整改问题后，按照本章的规定重新制定试生产(使用)方案并报安全生产监督管理部门备案。

4.1.7 安全设施竣工验收

建设项目安全设施施工完成后，施工单位应当编制建设项目安全设施施工情况报告。建设项目安全设施施工情况报告应当包括下列内容：

（1）施工单位的基本情况，包括施工单位以往所承担的建设项目施工情况；

（2）施工单位的资质情况(提供相关资质证明材料复印件)；

（3）施工依据和执行的有关法律、法规、规章和国家标准、行业标准；

（4）施工质量控制情况；

（5）施工变更情况，包括建设项目在施工和试生产期间有关安全生产的设施改动情况。

建设项目试生产期间，建设单位应当按照本办法的规定委托有相应资质的安全评价机构对建设项目及其安全设施试生产(使用)情况进行安全验收评价，且不得委托在可行性研究阶段进行安全评价的同一安全评价机构。

安全评价机构应当根据有关安全生产的法律、法规、规章和国家标准、行业标准进行评价。建设项目安全验收评价报告应当符合《危险化学品建设项目安全评价细则》的要求。

建设项目安全设施竣工验收由建设单位负责依法组织实施。

建设项目未经安全审查和安全设施竣工验收的，不得开工建设或者投入生产(使用)。

建设项目投入生产和使用前，建设单位应当组织人员进行安全设施竣工验收，作出建设项目安全设施竣工验收是否通过的结论。参加验收人员的专业能力应当涵盖建设项目涉及的所有专业内容。

建设单位应当向参加验收人员提供下列文件、资料，并组织进行现场检查：

（1）建设项目安全设施施工、监理情况报告；

（2）建设项目安全验收评价报告；

（3）试生产(使用)期间是否发生事故、采取的防范措施以及整改情况报告；

（4）建设项目施工、监理单位资质证书(复印件)；

（5）主要负责人、安全生产管理人员、注册安全工程师资格证书(复印件)，以及特种作业人员名单；

（6）从业人员安全教育、培训合格的证明材料；

（7）劳动防护用品配备情况说明；

（8）安全生产责任制文件，安全生产规章制度清单、岗位操作安全规程清单；

（9）设置安全生产管理机构和配备专职安全生产管理人员的文件(复印件)；

（10）为从业人员缴纳工伤保险费的证明材料(复印件)。

建设项目安全设施竣工验收申请文件、资料不齐全或者不符合法定形式的，安全生产监督管理部门应当自收到申请文件、资料之日起五个工作日内一次性书面告知建设单位需要补正的全部内容；逾期不告知的，收到申请文件、资料之日起即为受理。

已经受理的建设项目安全设施竣工验收申请，自受理申请之日起二十个工作日内作出同意或者不同意建设项目安全设施投入生产(使用)的决定，向建设单位出具建设项目安全设施竣工验收意见书；二十个工作日内不能出具验收意见书的，经本部门负责人批准，可以延长十个工作日，但应当将延长的期限和理由告知建设单位。

根据法定条件和程序，需要对申请文件、资料的实质内容进行核实的，安全生产监督管理部门应当指派两名以上工作人员进行现场核查。

建设项目安全设施有下列情形之一的，建设项目安全设施竣工验收不予通过：

（1）未委托具备相应资质的施工单位施工的；

（2）未按照已经通过审查的建设项目安全设施设计施工或者施工质量未达到建设项目安

全设施设计文件要求的；

(3) 建设项目安全设施的施工不符合国家标准、行业标准的规定的；

(4) 建设项目安全设施竣工后未按照本办法的规定进行检验、检测，或者经检验、检测不合格的；

(5) 未委托具备相应资质的安全评价机构进行安全验收评价的；

(6) 安全设施和安全生产条件不符合或者未达到有关安全生产法律、法规、规章和国家标准、行业标准的规定的；

(7) 安全验收评价报告存在重大缺陷、漏项，包括建设项目主要危险、有害因素辨识和评价不正确的；

(8) 隐瞒有关情况或者提供虚假文件、资料的。

建设项目安全设施竣工验收未通过的，建设单位经过整改后可以再次向原验收部门申请建设项目安全设施竣工验收。建设单位自收到同意投入生产(使用)的建设项目安全设施竣工验收意见书之日起十个工作日内，按照有关法律法规及其配套规章的规定申请有关危险化学品的其他安全许可。建设项目安全设施竣工验收意见，可以作为生产、经营、使用安全许可的现场核查意见。

建设项目在通过安全条件审查之后、安全设施竣工验收之前，建设单位发生变更的，变更后的建设单位应当及时将证明材料和有关情况报送负责建设项目安全审查的安全生产监督管理部门。

4.1.8 政府安监部门职责

有下列情形之一的，负责审查的安全生产监督管理部门或者其上级安全生产监督管理部门可以撤销建设项目的安全审查：

(1) 滥用职权、玩忽职守的；

(2) 超越法定职权的；

(3) 违反法定程序的；

(4) 申请人不具备申请资格或者不符合法定条件的；

(5) 依法可以撤销的其他情形。

建设单位以欺骗、贿赂等不正当手段通过安全审查的，应当予以撤销。

安全生产监督管理部门应当建立健全建设项目安全审查档案及其管理制度，并及时将建设项目的安全审查情况通报有关部门。

各级安全生产监督管理部门应当按照各自职责，依法对建设项目安全审查情况进行监督检查，对检查中发现的违反本办法的情况，应当依法作出处理，并通报实施安全审查的安全生产监督管理部门。

市级安全生产监督管理部门应当在每年 1 月 31 日前，将本行政区域内上一年度建设项目安全审查的实施情况报告省级安全生产监督管理部门。

省级安全生产监督管理部门应当在每年 2 月 15 日前，将本行政区域内上一年度建设项目安全审查的实施情况报告国家安全生产监督管理总局。

4.1.9 违反罚则

安全生产监督管理部门工作人员徇私舞弊、滥用职权、玩忽职守，未依法履行危险化学品建设项目安全审查和监督管理职责的，依法给予处分。

未经安全条件审查或者安全条件审查未通过，新建、改建、扩建生产、储存危险化学品的建设项目的，责令停止建设，限期改正；逾期不改正的，处50万元以上100万元以下的罚款；构成犯罪的，依法追究刑事责任。

建设项目发生《办法》第十五条规定的变化后，未重新申请安全条件审查，以及审查未通过擅自建设的，依照前款规定处罚。

建设单位有下列行为之一的，依照《安全生产法》有关建设项目安全设施设计审查、竣工验收的法律责任条款给予处罚：

(1) 建设项目安全设施设计未经审查或者审查未通过，擅自建设的；

(2) 建设项目安全设施设计发生本办法第二十一条规定的情形之一，未经变更设计审查或者变更设计审查未通过，擅自建设的；

(3) 建设项目的施工单位未根据批准的安全设施设计施工的；

(4) 建设项目安全设施未经竣工验收或者验收不合格，擅自投入生产(使用)的。

建设单位有下列行为之一的，责令改正，可以处一万元以下的罚款；逾期未改正的，处1万元以上3万元以下的罚款：

(1) 建设项目安全设施竣工后未进行检验、检测的；

(2) 在申请建设项目安全审查时提供虚假文件、资料的；

(3) 未组织有关单位和专家研究提出试生产(使用)可能出现的安全问题及对策，或者未制定周密的试生产(使用)方案，进行试生产(使用)的；

(4) 未组织有关专家对试生产(使用)方案进行审查、对试生产(使用)条件进行检查确认的；

(5) 试生产(使用)方案未报安全生产监督管理部门备案的。

建设单位隐瞒有关情况或者提供虚假材料申请建设项目安全审查的，不予受理或者审查不予通过，给予警告，并自安全生产监督管理部门发现之日起一年内不得再次申请该审查。

建设单位采用欺骗、贿赂等不正当手段取得建设项目安全审查的，自安全生产监督管理部门撤销建设项目安全审查之日起三年内不得再次申请该审查。

承担安全评价、检验、检测工作的机构出具虚假报告、证明的，依照《中华人民共和国安全生产法》的有关规定给予处罚。

4.1.10 其他要求

对于规模较小、危险程度较低和工艺路线简单的建设项目，安全生产监督管理部门可以适当简化建设项目安全审查的程序和内容。

建设项目分期建设的，安全生产监督管理部门可以分期进行安全条件审查、安全设施设计审查、试生产方案备案及安全设施竣工验收。

新建项目，是指有下列情形之一的项目：

(1) 新设立的企业建设危险化学品生产、储存装置(设施)，或者现有企业建设与现有生产、储存活动不同的危险化学品生产、储存装置(设施)的；

(2) 新设立的企业建设伴有危险化学品产生的化学品生产装置(设施)，或者现有企业建设与现有生产活动不同的伴有危险化学品产生的化学品生产装置(设施)的。

改建项目，是指有下列情形之一的项目：

(1) 企业对在役危险化学品生产、储存装置(设施)，在原址更新技术、工艺、主要装置(设施)、危险化学品种类的；

(2) 企业对在役伴有危险化学品产生的化学品生产装置(设施)，在原址更新技术、工艺、主要装置(设施)的。

扩建项目，是指有下列情形之一的项目：

(1) 企业建设与现有技术、工艺、主要装置(设施)、危险化学品品种相同，但生产、储存装置(设施)相对独立的；

(2) 企业建设与现有技术、工艺、主要装置(设施)相同，但生产装置(设施)相对独立的伴有危险化学品产生的。

省级安全生产监督管理部门可以根据本办法的规定，制定和公布本行政区域内需要简化安全条件审查和分期安全条件审查的建设项目范围及其审查内容，并报国家安全生产监督管理总局备案。

4.2 《危险化学品生产企业安全生产许可证实施办法》相关知识

《危险化学品生产企业安全生产许可证实施办法》于 2011 年 8 月 5 日以国家安全监管总局第 41 号令公布，并于 2011 年 12 月 31 日起实施。2004 年 5 月 17 日公布的《危险化学品生产企业安全生产许可证实施办法》(原国家安全生产监督管理局<国家煤矿安全监察局>令第 10 号)同时废止。修订后的《危险化学品生产企业安全生产许可证实施办法》包括总则、申请安全生产许可证的条件、安全生产许可证的申请、安全生产许可证的颁发、监督管理、法律责任、附则共 7 章 57 条。2015 年 5 月 27 日国家安全生产监督管理总局公布 79 号令，发布了《国家安全监管总局关于废止和修改危险化学品等领域七部规章的决定》，自 2015 年 7 月 1 日起施行。

修订后的《办法》主要有以下变化：

一是细化并提高了申请安全生产许可证的条件，从危险化学品设施的要求、安全生产责任制制度建设到各类人员的安全素质等各方面都提出了具体要求。

二是引用并转化了有关法律、法规的规定，使修改后的办法与《安全生产法》《行政许可法》《安全生产许可证条例》《危险化学品安全管理条例》等有机衔接。

三是吸收了近年来行之有效的危险化学品安全管理经验，使之更加完善。

四是明确了各级安监部门实施许可证颁发或委托颁发的范围和条件及监督检查的职责。

五是加大了对违法行为追究法律责任的力度。此外，与实施新办法配套的《危险化学品生产企业安全生产许可证申请书》等相关文书也已以总局办公厅文 43 号正式发布。

4.2.1 许可范围及政府职责

危险化学品生产企业(以下简称企业)，是指依法设立且取得工商营业执照或者工商核准文件从事生产最终产品或者中间产品列入《危险化学品名录》[1]的企业、将纯度较低的化学品提纯至纯度较高的危险化学品的企业。

企业应当依照本办法的规定取得危险化学品安全生产许可证(以下简称安全生产许可

[1]《危险化学品名录》新版为《危险化学品目录》(2015 版)。

证）。适用本办法。不适用购买某种危险化学品进行分装（包括充装）或者加入非危险化学品的溶剂进行稀释，然后销售或者使用的企业。

未取得安全生产许可证的企业，不得从事危险化学品的生产活动。

企业涉及使用有毒物品的，除安全生产许可证外，还应当依法取得职业卫生安全许可证。

安全生产许可证的颁发管理工作实行企业申请、两级发证、属地监管的原则。

国家安全生产监督管理总局指导、监督全国安全生产许可证的颁发管理工作，并负责涉及危险化学品生产的中央企业及其直接控股涉及危险化学品生产的企业（总部）安全生产许可证的颁发管理。

省、自治区、直辖市安全生产监督管理部门（以下简称省级安全生产监督管理部门）负责本行政区域内中央企业及其直接控股涉及危险化学品生产的企业（总部）以外的企业安全生产许可证的颁发管理。

省级安全生产监督管理部门可以将其负责的安全生产许可证颁发工作，委托企业所在地设区的市级或者县级安全生产监督管理部门实施。涉及剧毒化学品生产的企业安全生产许可证颁发工作，不得委托实施。国家安全生产监督管理总局公布的涉及危险化工工艺和重点监管危险化学品的企业安全生产许可证颁发工作，不得委托县级安全生产监督管理部门实施。

受委托的设区的市级或者县级安全生产监督管理部门在受委托的范围内，以省级安全生产监督管理部门的名义实施许可，但不得再委托其他组织和个人实施。

国家安全生产监督管理总局、省级安全生产监督管理部门和受委托的设区的市级或者县级安全生产监督管理部门统称实施机关。

省级安全生产监督管理部门应当将受委托的设区的市级或者县级安全生产监督管理部门以及委托事项予以公告。

省级安全生产监督管理部门应当指导、监督受委托的设区的市级或者县级安全生产监督管理部门颁发安全生产许可证，并对其法律后果负责。

4.2.2 申请安全生产许可证的条件

（1）企业选址布局、规划设计以及与重要场所、设施、区域的距离应当符合下列要求：

① 国家产业政策；当地县级以上（含县级）人民政府的规划和布局；新设立企业建在地方人民政府规划的专门用于危险化学品生产、储存的区域内；

② 危险化学品生产装置或者储存危险化学品数量构成重大危险源的储存设施，与《危险化学品安全管理条例》第十九条第一款规定的八类场所、设施、区域的距离符合有关法律、法规、规章和国家标准或者行业标准的规定；

③ 总体布局符合《化工企业总图运输设计规范》（GB 50489）、《工业企业总平面设计规范》（GB 50187）、《建筑设计防火规范》（GB 50016）等标准的要求。

石油化工企业除符合本条第一款规定条件外，还应当符合《石油化工企业设计防火规范》（GB 50160）的要求。

（2）企业的厂房、作业场所、储存设施和安全设施、设备、工艺应当符合下列要求：

① 新建、改建、扩建建设项目经具备国家规定资质的单位设计、制造和施工建设；涉及危险化工工艺、重点监管危险化学品的装置，由具有综合甲级资质或者化工石化专业甲级设计资质的化工石化设计单位设计；

② 不得采用国家明令淘汰、禁止使用和危及安全生产的工艺、设备；新开发的危险化学品生产工艺必须在小试、中试、工业化试验的基础上逐步放大到工业化生产；国内首次使用的化工工艺，必须经过省级人民政府有关部门组织的安全可靠性论证；

③ 涉及危险化工工艺、重点监管危险化学品的装置装设自动化控制系统；涉及危险化工工艺的大型化工装置装设紧急停车系统；涉及易燃易爆、有毒有害气体化学品的场所装设易燃易爆、有毒有害介质泄漏报警等安全设施；

④ 生产区与非生产区分开设置，并符合国家标准或者行业标准规定的距离；

⑤ 危险化学品生产装置和储存设施之间及其与建(构)筑物之间的距离符合有关标准规范的规定。

同一厂区内的设备、设施及建(构)筑物的布置必须适用同一标准的规定。

(3) 企业应当有相应的职业危害防护设施，并为从业人员配备符合国家标准或者行业标准的劳动防护用品。

(4) 企业应当依据《危险化学品重大危险源辨识》(GB 18218)，对本企业的生产、储存和使用装置、设施或者场所进行重大危险源辨识。

对已确定为重大危险源的生产和储存设施，应当执行《危险化学品重大危险源监督管理暂行规定》。

(5) 企业应当依法设置安全生产管理机构，配备专职安全生产管理人员。配备的专职安全生产管理人员必须能够满足安全生产的需要。

(6) 企业应当建立全员安全生产责任制，保证每位从业人员的安全生产责任与职务、岗位相匹配。

(7) 企业应当根据化工工艺、装置、设施等实际情况，制定完善下列主要安全生产规章制度：

① 安全生产例会等安全生产会议制度；

② 安全投入保障制度；

③ 安全生产奖惩制度；

④ 安全培训教育制度；

⑤ 领导干部轮流现场带班制度；

⑥ 特种作业人员管理制度；

⑦ 安全检查和隐患排查治理制度；

⑧ 重大危险源评估和安全管理制度；

⑨变更管理制度；

⑩ 应急管理制度；

⑪ 生产安全事故或者重大事件管理制度；

⑫ 防火、防爆、防中毒、防泄漏管理制度；

⑬ 工艺、设备、电气仪表、公用工程安全管理制度；

⑭ 动火、进入受限空间、吊装、高处、盲板抽堵、动土、断路、设备检维修等作业安全管理制度；

⑮ 危险化学品安全管理制度；

⑯ 职业健康相关管理制度；

⑰ 劳动防护用品使用维护管理制度；

⑱ 承包商管理制度；

⑲ 安全管理制度及操作规程定期修订制度。

（8）企业应当根据危险化学品的生产工艺、技术、设备特点和原辅料、产品的危险性编制岗位操作安全规程。

（9）企业主要负责人、分管安全负责人和安全生产管理人员必须具备与其从事的生产经营活动相适应的安全生产知识和管理能力，依法参加安全生产培训，并经考核合格，取得安全资格证书。

企业分管安全负责人、分管生产负责人、分管技术负责人应当具有一定的化工专业知识或者相应的专业学历，专职安全生产管理人员应当具备国民教育化工化学类(或安全工程)中等职业教育以上学历或者化工化学类中级以上专业技术职称，企业应当有危险物品安全类注册安全工程师从事安全生产管理工作。

特种作业人员应当依照《特种作业人员安全技术培训考核管理规定》，经专门的安全技术培训并考核合格，取得特种作业操作证书。

其他从业人员应当按照国家有关规定，经安全教育培训合格。

（10）企业应当按照国家规定提取与安全生产有关的费用，并保证安全生产所必须的资金投入。

（11）企业应当依法参加工伤保险，为从业人员缴纳保险费。

（12）企业应当依法委托具备国家规定资质的安全评价机构进行安全评价，并按照安全评价报告的意见对存在的安全生产问题进行整改。

（13）企业应当依法进行危险化学品登记，为用户提供化学品安全技术说明书，并在危险化学品包装(包括外包装件)上粘贴或者拴挂与包装内危险化学品相符的化学品安全标签。

（14）企业应当符合下列应急管理要求：

① 按照国家有关规定编制危险化学品事故应急预案并报有关部门备案；

② 建立应急救援组织，规模较小的企业可以不建立应急救援组织，但应急救援人员，配备必要的应急救援器材、设备和物资，并进行经常性维护、保养，保证正常运转。

生产、储存和使用氯气、氨气、光气、硫化氢等吸入性有毒有害气体的企业，除符合本条第一款的规定外，还应当配备至少两套以上全封闭防化服；构成重大危险源的，还应当设立气体防护站(组)。

（15）企业除符合本章规定的安全生产条件，还应当符合有关法律、行政法规和国家标准或者行业标准规定的其他安全生产条件。

4.2.3 安全生产许可证的申请

中央企业及其直接控股涉及危险化学品生产的企业(总部)向国家安全生产监督管理总局申请安全生产许可证。除此以外的企业向所在地省级安全生产监督管理部门或其委托的安全生产监督管理部门申请安全生产许可证。

新建企业安全生产许可证的申请，应当在危险化学品生产建设项目安全设施竣工验收通过后10个工作日内提出。

企业申请安全生产许可证时，应当提交下列文件、资料，并对其内容的真实性负责：

① 申请安全生产许可证的文件及申请书；

② 安全生产责任制文件，安全生产规章制度、岗位操作安全规程清单；

③ 设置安全生产管理机构，配备专职安全生产管理人员的文件复印件；

④ 主要负责人、分管安全负责人、安全生产管理人员和特种作业人员的安全资格证或者特种作业操作证复印件；

⑤ 与安全生产有关的费用提取和使用情况报告，新建企业提交有关安全生产费用提取和使用规定的文件；

⑥ 为从业人员缴纳工伤保险费的证明材料；

⑦ 危险化学品事故应急救援预案的备案证明文件；

⑧ 危险化学品登记证复印件；

⑨ 工商营业执照副本或者工商核准文件复印件；

⑩ 具备资质的中介机构出具的安全评价报告；

⑪ 新建企业的竣工验收报告复印件；

⑫ 应急救援组织或者应急救援人员，以及应急救援器材、设备设施清单。

中央企业及其直接控股涉及危险化学品生产的企业（总部）提交除本条第一款第四项中的特种作业操作证复印件和第八项、第十项、第十一项规定以外的文件、资料。

有危险化学品重大危险源的企业，除提交本条第一款规定的文件、资料外，还应当提供重大危险源及其应急预案的备案证明文件、资料。

4.2.4 安全生产许可证的颁发

实施机关收到企业申请文件、资料后，应当按照下列情况分别作出处理：

① 申请事项依法不需要取得安全生产许可证的，即时告知企业不予受理；

② 申请事项依法不属于本实施机关职责范围的，即时作出不予受理的决定，并告知企业向相应的实施机关申请；

③ 申请材料存在可以当场更正的错误的，允许企业当场更正，并受理其申请；

④ 申请材料不齐全或者不符合法定形式的，当场告知或者在五个工作日内出具补正告知书，一次告知企业需要补正的全部内容；逾期不告知的，自收到申请材料之日起即为受理；

⑤ 企业申请材料齐全、符合法定形式，或者按照实施机关要求提交全部补正材料的，立即受理其申请。

实施机关受理或者不予受理行政许可申请，应当出具加盖本机关专用印章和注明日期的书面凭证。

安全生产许可证申请受理后，实施机关应当组织对企业提交的申请文件、资料进行审查。对企业提交的文件、资料实质内容存在疑问，需要到现场核查的，应当指派工作人员就有关内容进行现场核查。工作人员应当如实提出现场核查意见。

实施机关应当在受理之日起四十五个工作日内作出是否准予许可的决定。审查过程中的现场核查所需时间不计算在本条规定的期限内。实施机关作出准予许可决定的，应当自决定之日起十个工作日内颁发安全生产许可证。实施机关作出不予许可的决定的，应当在十个工作日内书面告知企业并说明理由。

4.2.5 安全生产许可证的变更

企业在安全生产许可证有效期内变更主要负责人、企业名称或者注册地址的，应当自工商营业执照或者隶属关系变更之日起十个工作日内向实施机关提出变更申请，并提交下列文件、资料：

① 变更后的工商营业执照副本复印件；

② 变更主要负责人的，还应当提供主要负责人经安全生产监督管理部门考核合格后颁发的安全资格证复印件；

③ 变更注册地址的，还应当提供相关证明材料。

对已经受理的变更申请，实施机关应当在对企业提交的文件、资料审查无误后，方可办理安全生产许可证变更手续。

企业在安全生产许可证有效期内变更隶属关系的，仅需提交隶属关系变更证明材料报实施机关备案。

企业在安全生产许可证有效期内，当原生产装置新增产品或者改变工艺技术对企业的安全生产产生重大影响时，应当对该生产装置或者工艺技术进行专项安全评价，并对安全评价报告中提出的问题进行整改；在整改完成后，向原实施机关提出变更申请，提交安全评价报告。实施机关办理变更手续。

企业在安全生产许可证有效期内，有危险化学品新建、改建、扩建建设项目(以下简称建设项目)的，应当在建设项目安全设施竣工验收合格之日起十个工作日内向原实施机关提出变更申请，并提交建设项目安全设施竣工验收报告等相关文件、资料。实施机关按照规定办理变更手续。

4.2.6 安全生产许可证的有效期及延期

安全生产许可证有效期为 3 年。企业安全生产许可证有效期届满后继续生产危险化学品的，应当在安全生产许可证有效期届满前 3 个月提出延期申请，并提交延期申请书和本办法第二十五条规定的申请文件、资料。

实施机关按照规定进行审查，并作出是否准予延期的决定。

企业在安全生产许可证有效期内，符合下列条件的，其安全生产许可证届满时，经原实施机关同意，可不提交第二十五条第一款第二、第七、第八、第十、第十一项规定的文件、资料，直接办理延期手续：

① 严格遵守有关安全生产的法律、法规和本办法的；

② 取得安全生产许可证后，加强日常安全生产管理，未降低安全生产条件，并达到安全生产标准化等级二级以上的；

③ 未发生死亡事故的。

安全生产许可证分为正、副本，正本为悬挂式，副本为折页式，正、副本具有同等法律效力。

实施机关应当分别在安全生产许可证正、副本上载明编号、企业名称、主要负责人、注册地址、经济类型、许可范围、有效期、发证机关、发证日期等内容。其中，正本上的“许可范围”应当注明“危险化学品生产”，副本上的“许可范围”应当载明生产场所地址和对应的具体品种、生产能力。

安全生产许可证有效期的起始日为实施机关作出许可决定之日，截止日为起始日至三年后同一日期的前一日。有效期内有变更事项的，起始日和截止日不变，载明变更日期。

企业不得出租、出借、买卖或者以其他形式转让其取得的安全生产许可证，或者冒用他人取得的安全生产许可证、使用伪造的安全生产许可证。

4.2.7 监督管理

实施机关应当坚持公开、公平、公正的原则，依照本办法和有关安全生产行政许可的法律、法规规定，颁发安全生产许可证。工作人员在安全生产许可证颁发及其监督管理工作中，不得索取或者接受企业的财物，不得谋取其他非法利益。

实施机关应当加强对安全生产许可证的监督管理，建立、健全安全生产许可证档案管理制度。

有下列情形之一的，实施机关应当撤销已经颁发的安全生产许可证：

① 超越职权颁发安全生产许可证的；

② 违反本办法规定的程序颁发安全生产许可证的；

③ 以欺骗、贿赂等不正当手段取得安全生产许可证的。

企业取得安全生产许可证后有下列情形之一的，实施机关应当注销其安全生产许可证：

① 安全生产许可证有效期届满未被批准延续的；

② 终止危险化学品生产活动的；

③ 安全生产许可证被依法撤销的；

④ 安全生产许可证被依法吊销的。

安全生产许可证注销后，实施机关应当在当地主要新闻媒体或者本机关网站上发布公告，并通报企业所在地人民政府和县级以上安全生产监督管理部门。

省级安全生产监督管理部门应当在每年 1 月 15 日前，将本行政区域内上年度安全生产许可证的颁发和管理情况报国家安全生产监督管理总局。

国家安全生产监督管理总局、省级安全生产监督管理部门应当定期向社会公布企业取得安全生产许可的情况，接受社会监督。

4.2.8 违者罚则

实施机关工作人员有下列行为之一的，给予降级或者撤职的处分；构成犯罪的，依法追究刑事责任：

① 向不符合本办法第二章规定的安全生产条件的企业颁发安全生产许可证的；

② 发现企业未依法取得安全生产许可证擅自从事危险化学品生产活动，不依法处理的；

③ 发现取得安全生产许可证的企业不再具备本办法第二章规定的安全生产条件，不依法处理的；

④ 接到对违反本办法规定行为的举报后，不及时依法处理的；

⑤ 在安全生产许可证颁发和监督管理工作中，索取或者接受企业的财物，或者谋取其他非法利益的。

企业取得安全生产许可证后发现其不具备本办法规定的安全生产条件的，依法暂扣其安全生产许可证 1 个月以上 6 个月以下；暂扣期满仍不具备本办法规定的安全生产条件的，依法吊销其安全生产许可证。

企业出租、出借或者以其他形式转让安全生产许可证的，没收违法所得，处 10 万元以上 50 万元以下的罚款，并吊销安全生产许可证；构成犯罪的，依法追究刑事责任。

企业有下列情形之一的，责令停止生产危险化学品，没收违法所得，并处 10 万元以上 50 万元以下的罚款；构成犯罪的，依法追究刑事责任：

① 未取得安全生产许可证，擅自进行危险化学品生产的；

② 接受转让的安全生产许可证的；

③ 冒用或者使用伪造的安全生产许可证的。

企业在安全生产许可证有效期届满未办理延期手续，继续进行生产的，责令停止生产，限期补办延期手续，没收违法所得，并处 5 万元以上 10 万元以下的罚款；逾期仍不办理延期手续，继续进行生产的，依照规定进行处罚。

企业在安全生产许可证有效期内主要负责人、企业名称、注册地址、隶属关系发生变更或者新增产品、改变工艺技术对企业安全生产产生重大影响，未按照规定的时限提出安全生产许可证变更申请的，责令限期申请，处 1 万元以上 3 万元以下的罚款。

企业在安全生产许可证有效期内，其危险化学品建设项目安全设施竣工验收合格后，未按照规定的时限提出安全生产许可证变更申请并且擅自投入运行的，责令停止生产，限期申请，没收违法所得，并处 1 万元以上 3 万元以下的罚款。

发现企业隐瞒有关情况或者提供虚假材料申请安全生产许可证的，实施机关不予受理或者不予颁发安全生产许可证，并给予警告，该企业在 1 年内不得再次申请安全生产许可证。

企业以欺骗、贿赂等不正当手段取得安全生产许可证的，自实施机关撤销其安全生产许可证之日起 3 年内，该企业不得再次申请安全生产许可证。

安全评价机构有下列情形之一的，给予警告，并处 1 万元以下的罚款；情节严重的，暂停资质半年，并处 1 万元以上 3 万元以下的罚款；对相关责任人依法给予处理：

① 从业人员不到现场开展安全评价活动的；

② 安全评价报告与实际情况不符，或者安全评价报告存在重大疏漏，但尚未造成重大损失的；

③ 未按照有关法律、法规、规章和国家标准或者行业标准的规定从事安全评价活动的。

承担安全评价、检测、检验的机构出具虚假证明的，没收违法所得；违法所得在 10 万元以上的，并处违法所得 2 倍以上 5 倍以下的罚款，没有违法所得或者违法所得不足 5 千元的，单处或者并处 10 万元以上 20 万元以下的罚款；对其直接负责的主管人员和其他直接责任人员处 2 万元以上 5 万元以下的罚款；给他人造成损害的，与企业承担连带赔偿责任；构成犯罪的，依照刑法有关规定追究刑事责任。

对有前款违法行为的机构，依法吊销其相应资质。

行政处罚由国家安全生产监督管理总局、省级安全生产监督管理部门决定。省级安全生产监督管理部门可以委托设区的市级或者县级安全生产监督管理部门实施。

4.2.9 相关定义

① 危险化学品目录，是指国家安全生产监督管理总局会同国务院工业和信息化、公安、环境保护、卫生、质量监督检验检疫、交通运输、铁路、民用航空、农业主管部门，依据《危险化学品安全管理条例》公布的危险化学品目录。

② 中间产品，是指为满足生产的需要，生产一种或者多种产品为下一个生产过程参与化学反应的原料。

③ 作业场所，是指可能使从业人员接触危险化学品的任何作业活动场所，包括从事危险化学品的生产、操作、处置、储存、装卸等场所。

4.3 《危险化学品经营许可证管理办法》相关知识

原国家经贸委曾于2002年制定了《危险化学品经营许可证管理办法》(中华人民共和国国家经济贸易委员会令第36号)，10余年来这一办法对加强危险化学品经营的安全管理发挥了重要作用。

修订后的《危险化学品安全管理条例》(国务院令第591号，以下简称《条例》)，进一步完善了危险化学品经营许可的条件和许可证颁发、管理的有关规定。为落实《条例》的新要求，加强危险化学品经营企业安全监督管理工作，需对现行《危险化学品经营许可证管理办法》(原国家经贸委令第36号)进行修订。

新修订的《危险化学品经营许可证管理办法》(以下简称《办法》)已经2012年5月21日国家安全监管总局局长办公会议审议通过，7月17日以国家安全监管总局令第55号予以公布，自2012年9月1日起施行。2015年5月27日国家安全生产监督管理总局公布79号令，发布了《国家安全监督总局关于废止和修改危险化学品等领域七部规章的决定》，自2015年7月1日起施行。

新《办法》是在原《办法》的基础上，从多个方面修订完善了危险化学品经营许可证的管理措施，进一步提高了危险化学品经营企业的安全准入门槛。

原《办法》共5章28条，修订后《办法》共6章40条，分别是总则、申请经营许可证的条件、经营许可证的申请与颁发、经营许可证的监督管理、法律责任和附则。条文增加较多的是发证程序和法律责任两章。

这次修订主要体现在以下六个方面：

(1) 关于适用范围的调整

《办法》第二条规定："在中华人民共和国境内从事列入《危险化学品目录》的危险化学品的经营(包括仓储经营)活动，适用本办法。民用爆炸物品、放射性物品、核能物质和城镇燃气的经营活动，不适用本办法。"主要考虑：

一是根据《城镇燃气管理条例》(国务院令第583号)的规定，城镇燃气的经营被纳入该条例的调整范围。因此为避免交叉管理、重复许可，《办法》规定不适用于城镇燃气(含运输工具用燃气)经营活动。

二是按照《条例》第三十三条规定，依法取得危险化学品安全生产许可证的危险化学品生产企业在其厂区范围内销售本企业生产的危险化学品，以及依法取得港口经营许可证的港口经营人在港区内从事危险化学品仓储经营的，不需要取得危险化学品经营许可。《办法》第三条对此做了衔接性规定。

三是由于原《条例》未对危险化学品仓储经营进行安全许可，各级安全监管部门一直在努力探索规范和加强危险化学品仓储经营安全管理过程与方法。实践证明，原《条例》关于危险化学品经营安全的制度和措施对危险化学品仓储经营安全管理同样有效可行。这次修订时根据危险化学品经营安全管理实际情况，《办法》明确将危险化学品仓储经营纳入危险化学品经营的范畴，填补了制度上的空白，强化了危险化学品仓储经营安全管理。同时，根据危险化学品安全管理实践，《办法》第三十七条明确规定，"购买危险化学品进行分装、充装或者加入非危险化学品的溶剂进行稀释，然后销售的"，以及"使用长输管道输送并经营危险化学品的"，按照本办法执行。

（2）关于许可权限调整

为贯彻落实国务院办公厅《关于进一步清理取消和调整行政审批项目的通知》（国办发〔2007〕22号）中“对省级以下机关可以实施的，必须按照方便申请人、便于监管的原则，下放管理层级”的有关要求，考虑到危险化学品经营企业数量很多，都集中到省级或者市级政府部门办证，有关部门负担重，企业办事也不方便，而且目前市、县两级安全监管部门在机构设置上也已经健全，能够承担起危险化学品经营许可证颁发管理的责任。因此，根据《条例》第三十五条有关经营许可发证权限的规定，《办法》将经营许可证的颁发机关由原来的省、市两级安全监管部门调整为设区的市、县两级安全监管部门。国家和省级安全监管部门负责监督指导危险化学品经营许可证的颁发管理工作；市级安全监管部门负责实施《办法》第五条第三款所列六类企业的经营许可证审批、颁发；县级安全监管部门负责《办法》第五条第三款所列六类以外企业的经营许可证审批、颁发。

（3）关于发证的条件

为了进一步明确发证条件，《办法》将发证条件单列一章，从企业选址、布局、设备、储存条件、制度、管理人员资质以及安全投入等方面，提出了比原《办法》更具有可操作性和更为严格的要求。（第六条）

此外，《办法》专门规定了经营剧毒化学品、带有储存设施经营危险化学品的企业应当具备的特殊条件，设置了较高门槛，以加强对重点危险化学品经营企业的管理。（第七条、第八条）

（4）关于与安全生产标准化的衔接

为了贯彻落实《国务院关于进一步加强企业安全生产工作的通知》（国发〔2010〕23号）关于企业开展安全生产标准化的要求，《办法》在经营许可证直接延期的条件中增加了“带有危险学品储存设施的企业，应当提交安全生产标准化二级达标证书（复印件）”的规定。（第十九条第二款）

（5）关于经营许可证的变更

根据十年来执法实践经验，《办法》细化了危险化学品经营许可证变更的具体情形，规定了办理变更手续的时限，以及需要提交资料等要求。（第十四条、第十五条、第十六条）

（6）关于行政处罚

修订后的《办法》，细化了有关法律责任的规定，加大了对违法违规企业的处罚力度，提高其违法成本。

《办法》对安全评价机构和安全评价人员法律责任给予了明确，规定承担安全评价的机构和安全评价人员出具虚假评价报告的，依照有关法律、法规、规章的规定给予行政处罚；构成犯罪的，依法追究刑事责任。（第三十五条）

针对“打非治违”重点，加大了处罚力度。《办法》规定了未取得经营许可证从事危险化学品经营的，依照《安全生产法》有关未经依法批准擅自生产、经营、储存危险物品的法律责任条款并处罚款。（第二十九条）

《办法》的制订与颁布实施将进一步规范危险化学品经营许可证的颁发管理及监督管理工作，有利于从源头上消除安全监管漏洞，进一步落实属地管理责任，有效防范危险化学品经营企业生产安全事故的发生，进一步促进全国危险化学品安全生产形势的稳定好转。

4.3.1 适用范围

在中华人民共和国境内从事列入《危险化学品目录》的危险化学品的经营（包括仓储经营）活动。购买危险化学品进行分装、充装或者加入非危险化学品的溶剂进行稀释，然后销售的。使用长输管道输送并经营危险化学品的，应当向经营地点所在地发证机关申请经营许可证。

不适用民用爆炸物品、放射性物品、核能物质和城镇燃气的经营活动。

4.3.2 经营许可

国家对危险化学品经营实行许可制度。经营危险化学品的企业，应当依照本办法取得危险化学品经营许可证(以下简称经营许可证)。未取得经营许可证，任何单位和个人不得经营危险化学品。

从事下列危险化学品经营活动，不需要取得经营许可证：

(1) 依法取得危险化学品安全生产许可证的危险化学品生产企业在其厂区范围内销售本企业生产的危险化学品的；

(2) 依法取得港口经营许可证的港口经营人在港区内从事危险化学品仓储经营的。

经营许可证的颁发管理工作实行企业申请、两级发证、属地监管的原则。

4.3.3 政府部门分工

国家安全生产监督管理总局指导、监督全国经营许可证的颁发和管理工作。

省、自治区、直辖市人民政府安全生产监督管理部门指导、监督本行政区域内经营许可证的颁发和管理工作。

设区的市级人民政府安全生产监督管理部门(以下简称市级发证机关)负责下列企业的经营许可证审批、颁发：

(1) 经营剧毒化学品的企业；

(2) 经营易制爆危险化学品的企业；

(3) 经营汽油加油站的企业；

(4) 专门从事危险化学品仓储经营的企业；

(5) 从事危险化学品经营活动的中央企业所属省级、设区的市级公司(分公司)；

(6) 带有储存设施经营除剧毒化学品、易制爆危险化学品以外的其他危险化学品的企业。

县级人民政府安全生产监督管理部门(以下简称县级发证机关)负责本行政区域内本条第三款规定以外企业的经营许可证审批、颁发；没有设立县级发证机关的，其经营许可证由市级发证机关审批、颁发。

4.3.4 申请经营许可证的条件

从事危险化学品经营的单位(以下统称申请人)应当依法登记注册为企业，并具备下列基本条件：

(1) 经营和储存场所、设施、建筑物符合《建筑设计防火规范》(GB 50016)、《石油化工企业设计防火规范》(GB 50160)、《汽车加油加气站设计与施工规范》(GB 50156)、《石油库设计规范》(GB50074)等相关国家标准、行业标准的规定；

(2) 企业主要负责人和安全生产管理人员具备与本企业危险化学品经营活动相适应的安全生产知识和管理能力，经专门的安全生产培训和安全生产监督管理部门考核合格，取得相应安全资格证书；特种作业人员经专门的安全作业培训，取得特种作业操作证书；其他从业人员依照有关规定经安全生产教育和专业技术培训合格；

(3) 有健全的安全生产规章制度和岗位操作规程；

(4) 有符合国家规定的危险化学品事故应急预案，并配备必要的应急救援器材、设备；

(5) 法律、法规和国家标准或者行业标准规定的其他安全生产条件。

上述安全生产规章制度，是指全员安全生产责任制度、危险化学品购销管理制度、危险化学品安全管理制度(包括防火、防爆、防中毒、防泄漏管理等内容)、安全投入保障制度、安全生产奖惩制度、安全生产教育培训制度、隐患排查治理制度、安全风险管理制度、应急管理制度、事故管理制度、职业卫生管理制度等。

申请人经营剧毒化学品的，除符合本办法第六条规定的条件外，还应当建立剧毒化学品双人验收、双人保管、双人发货、双把锁、双本账等管理制度。

申请人带有储存设施经营危险化学品的，除符合本办法第六条规定的条件外，还应当具备下列条件：

(1) 新设立的专门从事危险化学品仓储经营的，其储存设施建立在地方人民政府规划的用于危险化学品储存的专门区域内；

(2) 储存设施与相关场所、设施、区域的距离符合有关法律、法规、规章和标准的规定；

(3) 依照有关规定进行安全评价，安全评价报告符合《危险化学品经营企业安全评价细则》的要求；

(4) 专职安全生产管理人员具备国民教育化工化学类或者安全工程类中等职业教育以上学历，或者化工化学类中级以上专业技术职称，或者危险物品安全类注册安全工程师资格；

(5) 符合《危险化学品安全管理条例》《危险化学品重大危险源监督管理暂行规定》《常用化学危险品储存通则》(GB 15603)的相关规定。

申请人储存易燃、易爆、有毒、易扩散危险化学品的，除符合本条第一款规定的条件外，还应当符合《石油化工可燃气体和有毒气体检测报警设计规范》(GB 50493)的规定。

4.3.5 经营许可证的申请与颁发

申请人申请经营许可证，应当依照本办法第五条规定向所在地市级或者县级发证机关(以下统称发证机关)提出申请，提交下列文件、资料，并对其真实性负责：

(1) 申请经营许可证的文件及申请书；

(2) 安全生产规章制度和岗位操作规程的目录清单；

(3) 企业主要负责人、安全生产管理人员、特种作业人员的相关资格证书(复印件)和其他从业人员培训合格的证明材料；

(4) 经营场所产权证明文件或者租赁证明文件(复印件)；

(5) 工商行政管理部门颁发的企业性质营业执照或者企业名称预先核准文件(复印件)；

(6) 危险化学品事故应急预案备案登记表(复印件)。

带有储存设施经营危险化学品的，申请人还应当提交下列文件、资料：

(1) 储存设施相关证明文件(复印件)；租赁储存设施的，需要提交租赁证明文件(复印件)；储存设施新建、改建、扩建的，需要提交危险化学品建设项目安全设施竣工验收报告(复印件)；

(2) 重大危险源备案证明材料、专职安全生产管理人员的学历证书、技术职称证书或者危险物品安全类注册安全工程师资格证书(复印件)；

(3) 安全评价报告。

发证机关收到申请人提交的文件、资料后，应当按照下列情况分别作出处理：

(1) 申请事项不需要取得经营许可证的，当场告知申请人不予受理；

(2) 申请事项不属于本发证机关职责范围的，当场作出不予受理的决定，告知申请人向相应的发证机关申请，并退回申请文件、资料；

(3) 申请文件、资料存在可以当场更正的错误的，允许申请人当场更正，并受理其申请；

(4) 申请文件、资料不齐全或者不符合要求的，当场告知或者在5个工作日内出具补正告知书，一次告知申请人需要补正的全部内容；逾期不告知的，自收到申请文件、资料之日起即为受理；

(5) 申请文件、资料齐全，符合要求，或者申请人按照发证机关要求提交全部补正材料的，立即受理其申请。

发证机关受理或者不予受理经营许可证申请，应当出具加盖本机关印章和注明日期的书面凭证。

发证机关受理经营许可证申请后，应当组织对申请人提交的文件、资料进行审查，指派2名以上工作人员对申请人的经营场所、储存设施进行现场核查，并自受理之日起30日内作出是否准予许可的决定。

发证机关作出准予许可决定的，应当自决定之日起10个工作日内颁发经营许可证；发证机关作出不予许可决定的，应当在10个工作日内书面告知申请人并说明理由，告知书应当加盖本机关印章。

经营许可证分为正本、副本，正本为悬挂式，副本为折页式。正本、副本具有同等法律效力。

经营许可证正本、副本应当分别载明下列事项：

(1) 企业名称；

(2) 企业住所(注册地址、经营场所、储存场所)；

(3) 企业法定代表人姓名；

(4) 经营方式；

(5) 许可范围；

(6) 发证日期和有效期限；

(7) 证书编号；

(8) 发证机关；

(9) 有效期延续情况。

4.3.6 经营许可证变更

已经取得经营许可证的企业变更企业名称、主要负责人、注册地址或者危险化学品储存设施及其监控措施的，应当自变更之日起20个工作日内，向发证机关提出书面变更申请，并提交下列文件、资料：

(1) 经营许可证变更申请书；

(2) 变更后的工商营业执照副本(复印件)；

(3) 变更后的主要负责人安全资格证书(复印件)；

(4) 变更注册地址的相关证明材料；

(5) 变更后的危险化学品储存设施及其监控措施的专项安全评价报告。

发证机关受理变更申请后，应当组织对企业提交的文件、资料进行审查，并自收到申请文件、资料之日起 10 个工作日内作出是否准予变更的决定。

发证机关作出准予变更决定的，应当重新颁发经营许可证，并收回原经营许可证；不予变更的，应当说明理由并书面通知企业。

经营许可证变更的，经营许可证有效期的起始日和截止日不变，但应当载明变更日期。

已经取得经营许可证的企业有新建、改建、扩建危险化学品储存设施建设项目的，应当自建设项目安全设施竣工验收合格之日起 20 个工作日内，向本办法第五条规定的发证机关提出变更申请，并提交危险化学品建设项目安全设施竣工验收报告(复印件)等相关文件、资料。发证机关应当按照规定进行审查，办理变更手续。

4.3.7 重新办理和延期申请

已经取得经营许可证的企业，有下列情形之一的，应当按照本办法的规定重新申请办理经营许可证，并提交相关文件、资料：

（1）不带有储存设施的经营企业变更其经营场所的；

（2）带有储存设施的经营企业变更其储存场所的；

（3）仓储经营的企业异地重建的；

（4）经营方式发生变化的；

（5）许可范围发生变化的。

经营许可证的有效期为 3 年。有效期满后，企业需要继续从事危险化学品经营活动的，应当在经营许可证有效期满 3 个月前，向本办法第五条规定的发证机关提出经营许可证的延期申请，并提交延期申请书及本办法第九条规定的申请文件、资料。

企业提出经营许可证延期申请时，可以同时提出变更申请，并向发证机关提交相关文件、资料。

符合下列条件的企业，申请经营许可证延期时，经发证机关同意，可以不提交相关的申报的文件、资料：

① 严格遵守有关法律、法规和本办法；

② 取得经营许可证后，加强日常安全生产管理，未降低安全生产条件；

③ 未发生死亡事故或者对社会造成较大影响的生产安全事故。

带有储存设施经营危险化学品的企业，除符合前款规定条件的外，还需要取得并提交危险化学品企业安全生产标准化二级达标证书(复印件)。

发证机关受理延期申请后，应当依照本办法第十条、第十一条、第十二条的规定，对延期申请进行审查，并在经营许可证有效期满前作出是否准予延期的决定；发证机关逾期未作出决定的，视为准予延期。发证机关作出准予延期决定的，经营许可证有效期顺延 3 年。

任何单位和个人不得伪造、变造经营许可证，或者出租、出借、转让其取得的经营许可证，或者使用伪造、变造的经营许可证。

4.3.8 经营许可证的监督管理

发证机关应当坚持公开、公平、公正的原则，严格依照法律、法规、规章、国家标准、行业标准和本办法规定的条件及程序，审批、颁发经营许可证。发证机关及其工作人员在经营许可证的审批、颁发和监督管理工作中，不得索取或者接受当事人的财物，不得谋取其他利益。

发证机关应当加强对经营许可证的监督管理，建立、健全经营许可证审批、颁发档案管理制度，并定期向社会公布企业取得经营许可证的情况，接受社会监督。

发证机关应当及时向同级公安机关、环境保护部门通报经营许可证的发放情况。

安全生产监督管理部门在监督检查中，发现已经取得经营许可证的企业不再具备法律、法规、规章、国家标准、行业标准和本办法规定的安全生产条件，或者存在违反法律、法规、规章和本办法规定的行为的，应当依法作出处理，并及时告知原发证机关。

发证机关发现企业以欺骗、贿赂等不正当手段取得经营许可证的，应当撤销已经颁发的经营许可证。

已经取得经营许可证的企业有下列情形之一的，发证机关应当注销其经营许可证：

（1）经营许可证有效期届满未被批准延期的；

（2）终止危险化学品经营活动的；

（3）经营许可证被依法撤销的；

（4）经营许可证被依法吊销的。

发证机关注销经营许可证后，应当在当地主要新闻媒体或者本机关网站上发布公告，并通报企业所在地人民政府和县级以上安全生产监督管理部门。

县级发证机关应当将本行政区域内上一年度经营许可证的审批、颁发和监督管理情况报告市级发证机关。

市级发证机关应当将本行政区域内上一年度经营许可证的审批、颁发和监督管理情况报告省、自治区、直辖市人民政府安全生产监督管理部门。

省、自治区、直辖市人民政府安全生产监督管理部门应当按照有关统计规定，将本行政区域内上一年度经营许可证的审批、颁发和监督管理情况报告国家安全生产监督管理总局。

4.3.9 法律责任

未取得经营许可证从事危险化学品经营的，依照《安全生产法》有关未经依法批准擅自生产、经营、储存危险物品的法律责任条款并处罚款；构成犯罪的，依法追究刑事责任。企业在经营许可证有效期届满后，仍然从事危险化学品经营的，依照未取得经营许可证从事危险化学品经营规定给予处罚。

带有储存设施的企业违反《危险化学品安全管理条例》规定，有下列情形之一的，责令改正，处5万元以上10万元以下的罚款；拒不改正的，责令停产停业整顿；经停产停业整顿仍不具备法律、法规、规章、国家标准和行业标准规定的安全生产条件的，吊销其经营许可证：

（1）对重复使用的危险化学品包装物、容器，在重复使用前不进行检查的；

（2）未根据其储存的危险化学品的种类和危险特性，在作业场所设置相关安全设施、设备，或者未按照国家标准、行业标准或者国家有关规定对安全设施、设备进行经常性维护、保养的；

（3）未将危险化学品储存在专用仓库内，或者未将剧毒化学品以及储存数量构成重大危险源的其他危险化学品在专用仓库内单独存放的；

（4）未对其安全生产条件定期进行安全评价的；

（5）危险化学品的储存方式、方法或者储存数量不符合国家标准或者国家有关规定的；

（6）危险化学品专用仓库不符合国家标准、行业标准的要求的；

（7）未对危险化学品专用仓库的安全设施、设备定期进行检测、检验的。

伪造、变造或者出租、出借、转让经营许可证，或者使用伪造、变造的经营许可证的，处10万元以上20万元以下的罚款，有违法所得的，没收违法所得；构成违反治安管理行为的，依法给予治安管理处罚；构成犯罪的，依法追究刑事责任。

已经取得经营许可证的企业不再具备法律、法规和本办法规定的安全生产条件的，责令改正；逾期不改正的，责令停产停业整顿；经停产停业整顿仍不具备法律、法规、规章、国家标准和行业标准规定的安全生产条件的，吊销其经营许可证。

已经取得经营许可证的企业出现本办法第十四条、第十六条规定的情形之一，未依照本办法的规定申请变更的，责令限期改正，处1万元以下的罚款；逾期仍不申请变更的，处1万元以上3万元以下的罚款。

安全生产监督管理部门的工作人员徇私舞弊、滥用职权、弄虚作假、玩忽职守，未依法履行危险化学品经营许可证审批、颁发和监督管理职责的，依照有关规定给予处分。

承担安全评价的机构和安全评价人员出具虚假评价报告的，依照有关法律、法规、规章的规定给予行政处罚；构成犯罪的，依法追究刑事责任。

上述行政处罚，由安全生产监督管理部门决定。发证机关决定吊销经营许可证的行政处罚。

4.3.10 其他要求

储存设施是指按照《危险化学品重大危险源辨识》(GB 18218)确定，储存的危险化学品数量构成重大危险源的设施。

已取得经营许可证的企业，在其经营许可证有效期内可以继续从事危险化学品经营；经营许可证有效期届满后需要继续从事危险化学品经营的，应当依照本办法的规定重新申请经营许可证。

取得经营许可证的非企业的单位或者个人，在其经营许可证有效期内可以继续从事危险化学品经营；经营许可证有效期届满后需要继续从事危险化学品经营的，应当先依法登记为企业，再依照本办法的规定申请经营许可证。

4.4 《危险化学品安全使用许可证管理办法》相关知识

在我国危险化学品安全管理的各环节中，危险化学品生产企业需要取得安全生产许可证，危险化学品经营企业需要取得危险化学品经营许可证，危险化学品运输企业也需要取得相应的资质许可，而对于使用危险化学品从事生产的企业在以前一直没有专门的许可制度。近年来，化工企业在使用危险化学品从事生产的过程中造成的事故时有发生，给人民群众生命和财产造成巨大损失。如2006年8月7日，天津市津南区鑫达工业园区宜坤化工公司发生反应釜重大爆炸事故，死亡10人，近200m^2厂房被毁。2011年1月6日，安徽省宿州市皖北药业有限公司实验车间发生三光气泄漏事故，造成75名职工住院接受治疗和观察，其中使用呼吸机进行治疗的重症病人17人(包括危重病人5人、特危重病人1人)，死亡1人。这些事故的发生说明需要加强对使用危险化学品的安全监管，需要把涉及使用重点品种的化工企业纳入安全许可范围。

新制定的《危险化学品安全使用许可证实施办法》(以下简称《办法》)已经于2012年10月29日国家安全监管总局局长办公会议审议通过，并于2012年11月16日以国家安全监管总局令第57号公布，自2013年5月1日起施行。2015年5月27日国家安全生产监督管理总局公布79号令，发布了《国家安全监督总局关于废止和修改危险化学品等领域七部规章的决定》，自2015年7月1日起施行。

《办法》分7章，共49条，包括总则、申请安全使用许可证的条件、安全使用许可证的申请、安全使用许可证的颁发、监督管理、法律责任、附则。《办法》在《条例》等相关法律法规框架下，参照《危险化学品生产企业安全生产许可证实施办法》，针对使用危险化学品从事生产的化工企业的实际特点，明确了《办法》的适用范围及使用危险化学品从事生产的准入门槛，从申请条件、颁证程序、延期和变更手续、法律责任等各个环节规范了危险化学品安全使用许可证的颁发管理，并且明确了各级安全监管部门、企业和安全评价机构等相关各方的责任。

(1) 明确了适用范围

根据《条例》第三章第二十九条“使用危险化学品从事生产并且使用量达到规定数量的化工企业，应当依照本条例的规定取得危险化学品安全使用许可证”的规定，《办法》的适用范围确定为：列入危险化学品安全使用许可适用行业目录、使用危险化学品从事生产并且达到危险化学品使用量的数量标准的化工企业。危险化学品生产企业、使用危险化学品作为燃料的企业不适用本办法。

其中，危险化学品安全使用许可适用行业目录是指国家安全生产监督管理总局依据《条例》和有关国家标准、行业标准公布的需要取得危险化学品安全使用许可的化工企业类别。总局将依据《国民经济行业分类》(GB/T 4754—2011)，参照我国传统化工行业的分类，从化学原料及化学制品制造业、医药制造业、化学纤维制造业三个典型的制造业(大类)化工行业剔除部分涉及化工工艺普遍简单、所用危险化学品量一般较少的小类行业后，作为使用许可范围，并予以公告。

危险化学品使用量的数量标准由国家安全生产监督管理总局会同国务院公安部门、农业主管部门依据《条例》进行公布。拟将重点监管的危险化学品作为使用许可品种。使用量的数量标准，拟以企业危险化学品10天设计用量是否达到重大危险源临界量作为依据。

(2) 明确了安全使用许可证颁发管理工作的原则

根据《条例》“申请危险化学品安全使用许可证的化工企业，应当向所在地设区的市级人民政府安全生产监督管理部门提出申请”的规定，《办法》确定，安全使用许可证的颁发管理工作实行企业申请、市级发证、属地监管的原则。设区的市级人民政府安全生产监督管理部门负责本行政区域内安全使用许可证的审批、颁发和管理，不得再委托其他单位、组织或者个人实施。

(3) 严格规范了申请安全使用许可证的条件

《办法》有关申请安全使用许可证条件的规定有12条，基本参照了《危险化学品生产企业安全生产许可证实施办法》对申请安全生产许可证准入条件的有关规定，充分吸收了“两重点一重大”的有关要求(即国家安全监管总局颁布的《首批重点监管的危险化工工艺》《首批重点监管的危险化学品名录》《危险化学品重大危险源监督管理暂行规定》)，严格规范了危险化学品安全使用的准入门槛，同时又具有较强的可操作性，主要体现在三个方面：

一是选址布局、规划的要求。《办法》要求企业总体布局符合《化工企业总图运输设计规范》《工业企业总平面设计规范》《建筑设计防火规范》等标准规范的要求，石油化工企业还应当符合《石油化工企业设计防火规范》的要求。同时，新建企业符合国家产业政策、当地县级以上(含县级)人民政府的规划和布局。

二是设计、工艺和安全设施的要求。《办法》要求企业新建、改建、扩建建设项目需经具备相应资质的单位设计、制造和施工建设；涉及危险化工工艺、重点监管危险化学品的装置，由具备石油化工医药行业相应资质的设计单位设计。

三是制度和人员要求。为落实企业安全生产责任制，《办法》规定，企业应当建立全员安全生产责任制，保证每位从业人员的安全生产责任与职务、岗位相匹配。《办法》还对企业制定的安全生产规章制度进行了细化，要求企业建立完善领导干部轮流现场带班制度、变更管理制度、应急管理制度等19项主要安全生产规章制度。

(4) 明确了安全使用许可证的申请和发证程序

根据《条例》"设区的市级人民政府安全生产监督管理部门应当依法进行审查，自收到证明材料之日起45日内作出批准或者不予批准的决定。予以批准的，颁发危险化学品安全使用许可证；不予批准的，书面通知申请人并说明理由" 的规定，《办法》对企业申请安全使用许可证提交材料如申请安全使用许可证的文件及申请书，安全生产责任制文件，安全生产规章制度、岗位安全操作规程清单等11项材料明确作出规定，并对发证机关具体颁证程序、变更手续、延期手续及证书载明事项等作了详细的规定。

《办法》第二十五条对企业安全使用许可证的变更作了特别规定。企业进行安全使用许可证变更的条件，一是增加使用的危险化学品品种，且达到危险化学品使用量的数量标准规定的情况，二是涉及危险化学品安全使用许可范围的新建、改建、扩建建设项目的情况，三是改变工艺技术对企业的安全生产条件产生重大影响的情况。

(5) 明确了监督管理和法律责任细则

《办法》规定，"发证机关应当坚持公开、公平、公正的原则，依照本办法和有关行政许可的法律法规规定，颁发安全使用许可证"。同时，办法还详细规定了安全使用许可证的撤销、注销情况，并要求"发证机关应当将其颁发安全使用许可证的情况及时向同级环境保护主管部门和公安机关通报"。

根据《条例》要求，《办法》强调了对企业违规擅自使用危险化学品从事生产的处罚。企业未取得安全使用许可证，擅自使用危险化学品从事生产，且达到危险化学品使用量的数量标准规定的，责令立即停止违法行为并限期改正，处10万元以上20万元以下的罚款；逾期不改正的，责令停产整顿。同时，《办法》明确规定了安全使用许可证有效期届满后未办理延期手续仍然使用危险化学品从事生产的，伪造、变造或者出租、出借、转让安全使用许可证等情况下对企业的处罚及对承担安全评价、检测、检验的机构违规操作的处罚。

我国危险化学品使用情况比较复杂，种类繁多，使用领域广泛，使用危险化学品的企业数量非常庞大，使用的方式也因行业范围有较大的差别。《条例》规定了危险化学品安全使用许可证制度，填补了一项制度空白。作为《条例》的重要配套规章，《办法》的颁布实施将对今后危险化学品安全使用许可证的颁发管理乃至整个危险化学品安全监管工作产生重要影响。

4.4.1 适用范围

本办法适用于列入危险化学品安全使用许可适用行业目录、使用危险化学品从事生产并且达到危险化学品使用量的数量标准的化工企业(危险化学品生产企业除外，以下简称企业)。

不适用使用危险化学品作为燃料的企业。

4.4.2 安全使用许可

企业应当依照本办法的规定取得危险化学品安全使用许可证(以下简称安全使用许可

证）。

安全使用许可证的颁发管理工作实行企业申请、市级发证、属地监管的原则。

4.4.3 政府部门分工

国家安全生产监督管理总局负责指导、监督全国安全使用许可证的颁发管理工作。

省、自治区、直辖市人民政府安全生产监督管理部门（以下简称省级安全生产监督管理部门）负责指导、监督本行政区域内安全使用许可证的颁发管理工作。

设区的市级人民政府安全生产监督管理部门（以下简称发证机关）负责本行政区域内安全使用许可证的审批、颁发和管理，不得再委托其他单位、组织或者个人实施。

4.4.4 申请安全使用许可证的条件

企业与重要场所、设施、区域的距离和总体布局应当符合下列要求，并确保安全：

（1）储存危险化学品数量构成重大危险源的储存设施，与《危险化学品安全管理条例》第十九条第一款规定的八类场所、设施、区域的距离符合国家有关法律、法规、规章和国家标准或者行业标准的规定；

（2）总体布局符合《工业企业总平面设计规范》（GB 50187）、《化工企业总图运输设计规范》（GB 50489）、《建筑设计防火规范》（GB 50016）等相关标准的要求；石油化工企业还应当符合《石油化工企业设计防火规范》（GB 50160）的要求；

（3）新建企业符合国家产业政策、当地县级以上（含县级）人民政府的规划和布局。

企业的厂房、作业场所、储存设施和安全设施、设备、工艺应当符合下列要求：

（1）新建、改建、扩建使用危险化学品的化工建设项目（以下统称建设项目）由具备国家规定资质的设计单位设计和施工单位建设；其中，涉及国家安全生产监督管理总局公布的重点监管危险化工工艺、重点监管危险化学品的装置，由具备石油化工医药行业相应资质的设计单位设计；

（2）不得采用国家明令淘汰、禁止使用和危及安全生产的工艺、设备；新开发的使用危险化学品从事化工生产的工艺（以下简称化工工艺），在小试、中试、工业化试验的基础上逐步放大到工业化生产；国内首次使用的化工工艺，经过省级人民政府有关部门组织的安全可靠性论证；

（3）涉及国家安全生产监督管理总局公布的重点监管危险化工工艺、重点监管危险化学品的装置装设自动化控制系统；涉及国家安全生产监督管理总局公布的重点监管危险化工工艺的大型化工装置装设紧急停车系统；涉及易燃易爆、有毒有害气体化学品的作业场所装设易燃易爆、有毒有害介质泄漏报警等安全设施；

（4）新建企业的生产区与非生产区分开设置，并符合国家标准或者行业标准规定的距离；

（5）新建企业的生产装置和储存设施之间及其建（构）筑物之间的距离符合国家标准或者行业标准的规定。

同一厂区内（生产或者储存区域）的设备、设施及建（构）筑物的布置应当适用同一标准的规定。

企业应当依法设置安全生产管理机构，按照国家规定配备专职安全生产管理人员。配备的专职安全生产管理人员必须能够满足安全生产的需要。

企业主要负责人、分管安全负责人和安全生产管理人员必须具备与其从事生产经营活动相适应的安全知识和管理能力，参加安全资格培训，并经考核合格，取得安全资格证书。

特种作业人员应当依照《特种作业人员安全技术培训考核管理规定》，经专门的安全技术培训并考核合格，取得特种作业操作证书。

其他从业人员应当按照国家有关规定，经安全教育培训合格。

企业应当建立全员安全生产责任制，保证每位从业人员的安全生产责任与职务、岗位相匹配。

企业根据化工工艺、装置、设施等实际情况，至少应当制定、完善下列主要安全生产规章制度：

(1) 安全生产例会等安全生产会议制度；

(2) 安全投入保障制度；

(3) 安全生产奖惩制度；

(4) 安全培训教育制度；

(5) 领导干部轮流现场带班制度；

(6) 特种作业人员管理制度；

(7) 安全检查和隐患排查治理制度；

(8) 重大危险源的评估和安全管理制度；

(9) 变更管理制度；

(10) 应急管理制度；

(11) 生产安全事故或者重大事件管理制度；

(12) 防火、防爆、防中毒、防泄漏管理制度；

(13) 工艺、设备、电气仪表、公用工程安全管理制度；

(14) 动火、进入受限空间、吊装、高处、盲板抽堵、临时用电、动土、断路、设备检维修等作业安全管理制度；

(15) 危险化学品安全管理制度；

(16) 职业健康相关管理制度；

(17) 劳动防护用品使用维护管理制度；

(18) 承包商管理制度；

(19) 安全管理制度及操作规程定期修订制度。

企业应当根据工艺、技术、设备特点和原辅料的危险性等情况编制岗位安全操作规程。

企业应当依法委托具备国家规定资质条件的安全评价机构进行安全评价，并按照安全评价报告的意见对存在的安全生产问题进行整改。

企业应当有相应的职业病危害防护设施，并为从业人员配备符合国家标准或者行业标准的劳动防护用品。

企业应当依据《危险化学品重大危险源辨识》(GB 18218)，对本企业的生产、储存和使用装置、设施或者场所进行重大危险源辨识。

对于已经确定为重大危险源的，应当按照《危险化学品重大危险源监督管理暂行规定》进行安全管理。

企业应当符合下列应急管理要求：

(1) 按照国家有关规定编制危险化学品事故应急预案，并报送有关部门备案；

（2）建立应急救援组织，明确应急救援人员，配备必要的应急救援器材、设备设施，并按照规定定期进行应急预案演练。

储存和使用氯气、氨气等对皮肤有强烈刺激的吸入性有毒有害气体的企业，除符合本条第一款的规定外，还应当配备至少两套以上全封闭防化服；构成重大危险源的，还应当设立气体防护站（组）。

企业应当符合有关法律、行政法规和国家标准或者行业标准规定的其他安全使用条件。

4.4.5 安全使用许可证的申请

企业向发证机关申请安全使用许可证时，应当提交下列文件、资料，并对其内容的真实性负责：

（1）申请安全使用许可证的文件及申请书；

（2）新建企业的选址布局符合国家产业政策、当地县级以上人民政府的规划和布局的证明材料复印件；

（3）安全生产责任制文件，安全生产规章制度、岗位安全操作规程清单；

（4）设置安全生产管理机构，配备专职安全生产管理人员的文件复印件；

（5）主要负责人、分管安全负责人、安全生产管理人员安全资格证和特种作业人员操作证复印件；

（6）危险化学品事故应急救援预案的备案证明文件；

（7）由供货单位提供的所使用危险化学品的安全技术说明书和安全标签；

（8）工商营业执照副本或者工商核准文件复印件；

（9）安全评价报告及其整改结果的报告；

（10）新建企业的建设项目安全设施竣工验收报告复印件；

（11）应急救援组织、应急救援人员，以及应急救援器材、设备设施清单。

有危险化学品重大危险源的企业，除应当提交本条第一款规定的文件、资料外，还应当提交重大危险源的备案证明文件。

新建企业安全使用许可证的申请，应当在建设项目安全设施竣工验收通过之日起 10 个工作日内提出。

4.4.6 安全使用许可证的颁发

发证机关收到企业申请文件、资料后，应当按照下列情况分别作出处理：

（1）申请事项依法不需要取得安全使用许可证的，当场告知企业不予受理；

（2）申请材料存在可以当场更正的错误的，允许企业当场更正；

（3）申请材料不齐全或者不符合法定形式的，当场或者在 5 个工作日内一次告知企业需要补正的全部内容，并出具补正告知书；逾期不告知的，自收到申请材料之日起即为受理；

（4）企业申请材料齐全、符合法定形式，或者按照发证机关要求提交全部补正申请材料的，立即受理其申请。

发证机关受理或者不予受理行政许可申请，应当出具加盖本机关专用印章和注明日期的书面凭证。

安全使用许可证申请受理后，发证机关应当组织人员对企业提交的申请文件、资料进行审查。对企业提交的文件、资料内容存在疑问，需要到现场核查的，应当指派工作人员对有关内容进行现场核查。工作人员应当如实提出书面核查意见。

发证机关应当在受理之日起45日内作出是否准予许可的决定。发证机关现场核查和企业整改有关问题所需时间不计算在本条规定的期限内。

发证机关作出准予许可的决定的，应当自决定之日起10个工作日内颁发安全使用许可证。发证机关作出不予许可的决定的，应当在10个工作日内书面告知企业并说明理由。

4.4.7 安全使用许可证变更

企业在安全使用许可证有效期内变更主要负责人、企业名称或者注册地址的，应当自工商营业执照变更之日起10个工作日内提出变更申请，并提交下列文件、资料：

(1) 变更申请书；

(2) 变更后的工商营业执照副本复印件；

(3) 变更主要负责人的，还应当提供主要负责人经安全生产监督管理部门考核合格后颁发的安全资格证复印件；

(4) 变更注册地址的，还应当提供相关证明材料。

对已经受理的变更申请，发证机关对企业提交的文件、资料审查无误后，方可办理安全使用许可证变更手续。

企业在安全使用许可证有效期内变更隶属关系的，应当在隶属关系变更之日起10日内向发证机关提交证明材料。

企业在安全使用许可证有效期内，有下列情形之一的，发证机关按照规定办理变更手续：

(1) 增加使用的危险化学品品种，且达到危险化学品使用量的数量标准规定的，应当在增加前提出变更申请；应当进行专项安全验收评价，并对安全评价报告中提出的问题进行整改；在整改完成后，向原发证机关提出变更申请并提交安全验收评价报告。

(2) 涉及危险化学品安全使用许可范围的新建、改建、扩建建设项目的，应当在建设项目安全设施竣工验收合格之日起10个工作日内向原发证机关提出变更申请，并提交建设项目安全设施竣工验收报告等相关文件、资料。

(3) 改变工艺技术对企业的安全生产条件产生重大影响的。应当进行专项安全验收评价，并对安全评价报告中提出的问题进行整改；在整改完成后，向原发证机关提出变更申请并提交安全验收评价报告。

4.4.8 安全使用许可证延期

安全使用许可证有效期为3年。企业安全使用许可证有效期届满后需要继续使用危险化学品从事生产、且达到危险化学品使用量的数量标准规定的，应当在安全使用许可证有效期届满前3个月提出延期申请，并提交相关文件、资料。

企业取得安全使用许可证后，符合下列条件的，其安全使用许可证届满办理延期手续时，经原发证机关同意，可以不提交相关的文件、资料，直接办理延期手续：

(1) 严格遵守有关法律、法规和本办法的；

(2) 取得安全使用许可证后，加强日常安全管理，未降低安全使用条件，并达到安全生产标准化等级二级以上的；

(3) 未发生造成人员死亡的生产安全责任事故的。

企业当在延期申请书中予以说明，并出具二级以上安全生产标准化证书复印件。

安全使用许可证分为正本、副本，正本为悬挂式，副本为折页式，正、副本具有同等法律效力。

发证机关应当分别在安全使用许可证正、副本上注明编号、企业名称、主要负责人、注册地址、经济类型、许可范围、有效期、发证机关、发证日期等内容。其中，“许可范围”正本上注明“危险化学品使用”，副本上注明使用危险化学品从事生产的地址和对应的具体品种、年使用量。

企业不得伪造、变造安全使用许可证，或者出租、出借、转让其取得的安全使用许可证，或者使用伪造、变造的安全使用许可证。

4.4.9 监督管理

发证机关应当坚持公开、公平、公正的原则，依照本办法和有关行政许可的法律法规规定，颁发安全使用许可证。发证机关工作人员在安全使用许可证颁发及其监督管理工作中，不得索取或者接受企业的财物，不得谋取其他非法利益。

发证机关应当加强对安全使用许可证的监督管理，建立、健全安全使用许可证档案管理制度。有下列情形之一的，发证机关应当撤销已经颁发的安全使用许可证：

(1) 滥用职权、玩忽职守颁发安全使用许可证的；

(2) 超越职权颁发安全使用许可证的；

(3) 违反本办法规定的程序颁发安全使用许可证的；

(4) 对不具备申请资格或者不符合法定条件的企业颁发安全使用许可证的；

(5) 以欺骗、贿赂等不正当手段取得安全使用许可证的。

企业取得安全使用许可证后有下列情形之一的，发证机关应当注销其安全使用许可证：

(1) 安全使用许可证有效期届满未被批准延期的；

(2) 终止使用危险化学品从事生产的；

(3) 继续使用危险化学品从事生产，但使用量降低后未达到危险化学品使用量的数量标准规定的；

(4) 安全使用许可证被依法撤销的；

(5) 安全使用许可证被依法吊销的。

安全使用许可证注销后，发证机关应当在当地主要新闻媒体或者本机关网站上予以公告，并向省级和企业所在地县级安全生产监督管理部门通报。

发证机关应当将其颁发安全使用许可证的情况及时向同级环境保护主管部门和公安机关通报。应当于每年 1 月 10 日前，将本行政区域内上年度安全使用许可证的颁发和管理情况报省级安全生产监督管理部门，并定期向社会公布企业取得安全使用许可证的情况，接受社会监督。

省级安全生产监督管理部门应当于每年 1 月 15 日前，将本行政区域内上年度安全使用许可证的颁发和管理情况报国家安全生产监督管理总局。

4.4.10 法律责任

发证机关工作人员在对危险化学品使用许可证的颁发管理工作中滥用职权、玩忽职守、徇私舞弊，构成犯罪的，依法追究刑事责任；尚不构成犯罪的，依法给予处分。

企业未取得安全使用许可证，擅自使用危险化学品从事生产，且达到危险化学品使用量的数量标准规定的，责令立即停止违法行为并限期改正，处 10 万元以上 20 万元以下的罚款；逾期不改正的，责令停产整顿。

企业在安全使用许可证有效期届满后未办理延期手续，仍然使用危险化学品从事生产，且达到危险化学品使用量的数量标准规定的，依照前款规定给予处罚。

企业伪造、变造或者出租、出借、转让安全使用许可证，或者使用伪造、变造的安全使用许可证的，处 10 万元以上 20 万元以下的罚款，有违法所得的，没收违法所得；构成违反治安管理行为的，依法给予治安管理处罚；构成犯罪的，依法追究刑事责任。

企业在安全使用许可证有效期内主要负责人、企业名称、注册地址、隶属关系发生变更，未按照本办法第二十四条规定的时限提出安全使用许可证变更申请或者将隶属关系变更证明材料报发证机关的，责令限期办理变更手续，处 1 万元以上 3 万元以下的罚款。

企业在安全使用许可证有效期内有下列情形之一，未按照本办法第二十五条的规定提出变更申请，继续从事生产的，责令限期改正，处 1 万元以上 3 万元以下的罚款：

（1）增加使用的危险化学品品种，且达到危险化学品使用量的数量标准规定的；

（2）涉及危险化学品安全使用许可范围的新建、改建、扩建建设项目，其安全设施已经竣工验收合格的；

（3）改变工艺技术对企业的安全生产条件产生重大影响的。

发现企业隐瞒有关情况或者提供虚假文件、资料申请安全使用许可证的，发证机关不予受理或者不予颁发安全使用许可证，并给予警告，该企业在 1 年内不得再次申请安全使用许可证。

企业以欺骗、贿赂等不正当手段取得安全使用许可证的，自发证机关撤销其安全使用许可证之日起 3 年内，该企业不得再次申请安全使用许可证。

安全评价机构有下列情形之一的，给予警告，并处 1 万元以下的罚款；情节严重的，暂停资质 6 个月，并处 1 万元以上 3 万元以下的罚款；对相关责任人依法给予处理：

（1）从业人员不到现场开展安全评价活动的；

（2）安全评价报告与实际情况不符，或者安全评价报告存在重大疏漏，但尚未造成重大损失的；

（3）未按照有关法律、法规、规章和国家标准或者行业标准的规定从事安全评价活动的。

承担安全评价的机构出具虚假报告和证明，构成犯罪的，依照刑法有关规定追究刑事责任；尚不够刑事处罚的，没收违法所得，违法所得在 5 千元以上的，并处违法所得 2 倍以上 5 倍以下的罚款，没有违法所得或者违法所得不足 5 千元的，单处或者并处 5 千元以上 2 万元以下的罚款，对其直接负责的主管人员和其他直接责任人员处 5 千元以上 5 万元以下的罚款；给他人造成损害的，与企业承担连带赔偿责任。

对有本条第一款违法行为的机构，依法吊销其相应资质；该机构取得的资质由其他部门颁发的，移送相关部门处理。

4.4.11 其他要求

相关定义：

（1）危险化学品安全使用许可适用行业目录，是指国家安全生产监督管理总局根据《危险化学品安全管理条例》和有关国家标准、行业标准公布的需要取得危险化学品安全使用许可的化工企业类别；

（2）危险化学品使用量的数量标准，由国家安全生产监督管理总局会同国务院公安部门、农业主管部门根据《危险化学品安全管理条例》公布；

（3）本办法所称使用量，是指企业使用危险化学品的年设计使用量和实际使用量的较大值；

（4）本办法所称大型化工装置，是指按照原建设部《工程设计资质标准》（建市〔2007〕86号）中的《化工石化医药行业建设项目设计规模划分表》确定的大型项目的化工生产装置。

2013年2月21日国家安全监管总局发布2013年第3号公告，根据《危险化学品安全使用许可证实施办法》（国家安全生产监督管理总局令第57号）第四十五条的规定，现将国家安全监管总局确定的《危险化学品安全使用许可适用行业目录（2013版）》（表4-1）。

表4-1 危险化学品安全使用许可适用行业目录（2013版）

大类	中类	小类	详细说明
化学原料和化学制品制造业	基础化学原料制造	无机酸制造	
		无机碱制造	主要指纯碱的生产活动
		无机盐制造	
		有机化学原料制造	
	肥料制造	氮肥制造	指矿物氮肥及用化学方法制成含有作物营养元素氮的化肥的生产活动
		磷肥制造	指以磷矿石为主要原料，用化学或物理方法制成含有作物营养元素磷的化肥的生产活动
	农药制造	化学农药制造	指化学农药原药，以及经过机械粉碎、混合或稀释制成粉状、乳状和水状的化学农药制剂的生产活动
	涂料、油墨、颜料及类似产品制造	涂料制造	指在天然树脂或合成树脂中加入颜料、溶剂和辅助材料，经加工后制成的覆盖材料的生产活动
		染料制造	指有机合成、植物性或动物性色料，以及有机颜料的生产活动
	合成材料制造	初级形态的塑料及合成树脂制造	也称初级塑料或原状塑料的生产活动，包括通用塑料、工程塑料、功能高分子塑料的制造
		合成橡胶制造	指人造橡胶或合成橡胶及高分子弹性体的生产活动
		合成纤维单（聚合）体的制造	指以石油、天然气、煤等为主要原料，用有机合成的方法制成合成纤维单体或聚合体的生产活动
	专用化学产品制造	化学试剂和助剂制造	指各种化学试剂、催化剂及专用助剂的生产活动
		专项化学用品制造	指水处理化学品、造纸化学品、皮革化学品、油脂化学品、油田化学品、生物工程化学品、日化产品专用化学品等产品的生产活动
		林产化学产品制造	指以林产品为原料，经过化学和物理加工方法生产产品的活动
		环境污染处理专用药剂材料制造	指对水污染、空气污染、固体废物等污染物处理所专用的化学药剂及材料的制造
	日用化学产品制造	香精、香料制造	指具有香气和香味，用于调配香精的物质——香料的生产，以及以多种天然香料和合成香料为主要原料，并与其他辅料一起按合理的配方和工艺调配制得的具有一定香型的复杂混合物，主要用于各类加香产品中的香精的生产活动

续表

<table>
<tr><th>大类</th><th>中类</th><th>小类</th><th>详细说明</th></tr>
<tr><td>医药制造业</td><td>化学药品原料药制造</td><td>化学药品原料药制造</td><td>指供进一步加工药品制剂所需的原料药生产活动</td></tr>
<tr><td rowspan="7">化学纤维制造业</td><td>纤维素纤维原料及纤维制造</td><td>化纤浆粕制造</td><td>指纺织生产用粘胶纤维的基本原料生产活动</td></tr>
<tr><td rowspan="6">合成纤维制造</td><td>锦纶纤维制造</td><td>也称聚酰胺纤维制造，指由尼龙 66 盐和聚己内酰胺为主要原料生产合成纤维的活动</td></tr>
<tr><td>涤纶纤维制造</td><td>也称聚酯纤维制造，指以聚对苯二甲酸乙二醇酯(简称聚酯)为原料生产合成纤维的活动</td></tr>
<tr><td>腈纶纤维制造</td><td>也称聚丙烯腈纤维制造，指以丙烯腈为主要原料(含丙烯腈85%以上)生产合成纤维的活动</td></tr>
<tr><td>维纶纤维制造</td><td>也称聚乙烯醇纤维制造，指以聚乙烯醇为主要原料生产合成纤维的活动</td></tr>
<tr><td>丙纶纤维制造</td><td>也称聚丙烯纤维制造，指以聚丙烯为主要原料生产合成纤维的活动</td></tr>
<tr><td>氨纶纤维制造</td><td>也称聚氨酯纤维制造，指以聚氨基甲酸酯为主要原料生产合成纤维的活动</td></tr>
</table>

注：小类栏列出的行业，是根据《国民经济行业分类》(GB/T 4754—2011)规定的化学原料及化学制品制造业、医药制造业、化学纤维制造业等 3 个典型的制造业(大类)，从中选取 25 个小类行业构成。

4.5 《危险化学品输送管道安全管理规定》相关知识

制定《危险化学品输送管道安全管理规定》的目的是为了加强对危险化学品输送管道的安全管理，预防和减少危险化学品在管道输送过程中发生的事故。这个规定已于 2012 年 1 月 17 日以国家安全监管总局令第 43 号公布，自 2012 年 3 月 1 日起施行。2015 年 5 月 27 日国家安全生产监督管理总局公布 79 号令，发布了《国家安全监督总局关于废止和修改危险化学品等领域七部规章的决定》，自 2015 年 7 月 1 日起施行。

制定本规定是预防和减少危险化学品输送管道(以下简称危险化学品管道)生产安全事故的迫切需要。近年来，危险化学品管道安全事故时有发生，给人民群众生命和财产造成巨大损失。如，2010 年 7 月 28 日上午 10 时许，位于江苏省南京市栖霞区迈皋桥街道万寿村 15 号的原南京塑料四厂地块拆除工地，个体拆除施工队挖掘机将穿越该地块的南京金陵塑胶化工有限公司地下直径 159 mm 丙烯管道挖穿，导致丙烯泄漏并迅速扩散，与空气形成爆炸性混合物，遇到位于原南京塑料四厂南侧迈尧路段的中华饭店明火后发生爆燃。事故最终造成 22 人死亡、120 人住院治疗。爆燃点周边近 $2km^2$ 范围内的部分建(构)筑物受损，直接经济损失 4784 万元。

制定本规定是依法加强危险化学品管道安全管理和监督的迫切需要。《危险化学品安全管理条例》(国务院令第 591 号)第十三条规定："生产、储存危险化学品的单位，应当对其铺设的危险化学品管道设置明显标志，并对危险化学品管道定期检查、检测。进行可能危及危险化学品管道安全的施工作业，施工单位应当在开工的7日前书面通知管道所属单位，并与管道所属单位共同制定应急预案，采取相应的安全防护措施。管道所属单位应当指派专门人员到现场进行管道安全保护指导。”因此，为将行政法规的规定落到实处，有必要制定专门规章以规范危险化学品管道的安全管理和监督。

《危险化学品运输送管道安全管理规定》共7章40条，包括总则、危险化学品管道的规划、建设、运行、监督管理、法律责任和附则。参照《石油天然气管道保护法》，紧紧围绕危险化学品管道的规划、建设、运行等全过程，《规定》提出了管道安全管理的措施，明确了危险化学品管道单位、管道设计单位、施工单位、工程监理单位等相关方的责任和义务，明确了安全生产监督管理部门的监管范围和要求。

（1）明确了适用范围

《规定》的适用范围确定为：生产、储存危险化学品的单位在厂区外公共区域埋地、地面和架空的危险化学品输送管道及其附属设施的安全管理。这是考虑到由于厂区(包括化工园区、工业园区)内的管道有专门的管理部门和人员，而且一般情况下24小时有人在岗职守、巡检、管理与维护，管道事故隐患易于发现和处理，而厂区外公共区域的管道是管理的薄弱点，公众易于接近，事故多发，且一旦发生事故影响面较大。因此，《规定》将适用范围限定于厂区外公共区域的危险化学品管道的管理。

《规定》不适用于原油、成品油、天然气、煤层气、煤制气长输管道安全保护和城镇燃气管道的安全管理。这是考虑到《石油天然气管道保护法》已将石油、天然气管道的监管纳入调整范围，并规定由国务院能源主管部门负责实施；城镇燃气管道的安全管理由《城镇燃气管理条例》调整，并由国务院建设主管部门负责管理。

（2）规定了管道单位的安全生产主体责任

《危险化学品安全管理条例》第四条规定，危险化学品安全管理，应当坚持安全第一、预防为主、综合治理的方针，强化和落实企业的主体责任。危险化学品管道的安全管理，涉及企业自我管理、政府监管、社会监督等多个方面，但企业是管道运行安全管理的主体，是保障危险化学品管道安全的第一责任人。因此，《规定》对管道单位落实安全生产主体责任提出了明确要求，要求管道单位依照有关安全生产法律法规和《规定》，建立、健全有关危险化学品管道安全生产的规章制度和操作规程并实施，接受安全生产监督管理部门的监督检查。

（3）从规划源头上加强管理

《规定》第二章是对危险化学品管道规划的规定，要求管道建设坚持安全第一、节约用地和经济合理的原则，并按照相关国家标准、行业标准和技术规范进行科学规划；禁止光气、氯气等剧毒气体化学品管道穿(跨)越公共区域；严格控制氨、硫化氢等其他有毒气体的危险化学品管道穿(跨)越公共区域；选线应当避开地震活动断层和容易发生洪灾、地质灾害的区域；确实无法避开的，应当采取可靠的工程处理措施，确保不受地质灾害影响；危险化学品管道与居民区、学校等公共场所以及建筑物、构筑物、铁路、公路、航道、港口、市政设施、通讯设施、军事设施、电力设施的距离，应当符合有关法律、行政法规和国家标准、行业标准的规定。作出这些规定，目的就是从源头上加强危险化学品管道的安全管理。

（4）严把准入关

《规定》第九条要求，对新建、改建、扩建的危险化学品管道，建设单位应当依照国家安全生产监督管理总局有关危险化学品建设项目安全监督管理的规定，依法办理安全条件审查、安全设施设计审查、试生产(使用)方案备案和安全设施竣工验收(简称安全审查)手续。按照《危险化学品建设项目安全监督管理办法》(国家安全监管总局令第45号)的要求，管道建设项目的安全审查由建设单位申请，安全生产监督管理部门分级负责实施。未经安全审查或者经审查不符合要求的，危险化学品管道不得建设或投入使用。安全生产监督管理部门依法对危险化学品管道建设项目的各个阶段进行安全审查、严格把关，是实现危险化学品管道的本质安全和运行安全的有力保障。

(5) 强化运行安全管理

《规定》第二十一条至第二十五条关于管道与有关场所、建(构)筑物的距离要求，是为保护管道防腐层、保护管道使其免受近距离施工作业影响和损伤而规定的。这是考虑到有关的国家标准、行业标准未作出明确规定，参照《石油天然气管道保护法》中有关距离的规定，《规定》作出了明确要求。在《规定》草案征求意见时，这些要求得到了有关单位和专家的认可。

(6) 规定了安全监管部门与相关部门的职责衔接

对于管道单位报告的问题，不属于安全生产监督管理部门法定职责范围的，《规定》对安全监管部门与相关部门的职责衔接作出了规定，即《规定》第三十一条："安全生产监督管理部门接到管道单位依照本规定第十七条、第十九条、第二十一条、第二十二条、第二十三条、第二十四条提交的有关报告后，应当及时依法予以协调、移送有关主管部门处理或者报请本级人民政府组织处理。"

(7) 明确了违法处罚机关，提高违法成本

《规定》的第六章明确了不同违法行为的处罚机关。如，新建、改建、扩建危险化学品管道建设项目未经安全条件审查、未对危险化学品管道设置明显标志或者未按照本规定对管道进行检测、维护等违法行为的处罚机关是安全生产监督管理部门；将管道建设项目发包给不具备相应资质等级的勘察、设计、施工单位或者委托给不具有相应资质等级的工程监理单位的违法行为的处罚机关是建设行政主管部门；违反《规定》，采用移动、切割、打孔、砸撬、拆卸等手段实施危害危险化学品管道安全行为，尚不构成犯罪的，由公安机关依法给予治安管理处罚等。

按照上位法的要求，对于某些违法行为的管道单位及相关人员，《规定》不仅给予严厉的行政处罚和高额的罚款处罚，而且还规定"构成犯罪的，依法追究刑事责任"，从而加大了对危害管道安全运行的违法行为的处罚力度，提高违法成本。如，《规定》第三十三条："新建、改建、扩建危险化学品管道建设项目未经安全条件审查的，由安全生产监督管理部门责令停止建设，限期改正；逾期不改正的，处50万元以上100万元以下的罚款；构成犯罪的，依法追究刑事责任。"

4.5.1 适用范围

生产、储存危险化学品的单位在厂区外公共区域埋地、地面和架空的危险化学品输送管道及其附属设施(以下简称危险化学品管道)的安全管理，对危险化学品管道享有所有权或者运行管理权的单位(以下简称管道单位)的安全管理。

不适用原油、成品油、天然气、煤层气、煤制气长输管道安全保护和城镇燃气管道的安全管理。

公共区域是指厂区(包括化工园区、工业园区)以外的区域。

危险化学品管道附属设施包括：

(1) 管道的加压站、计量站、阀室、阀井、放空设施、储罐、装卸栈桥、装卸场、分输站、减压站等站场；

(2) 管道的水工保护设施、防风设施、防雷设施、抗震设施、通信设施、安全监控设施、电力设施、管堤、管桥以及管道专用涵洞、隧道等穿跨越设施；

(3) 管道的阴极保护站、阴极保护测试桩、阳极地床、杂散电流排流站等防腐设施；

(4) 管道的其他附属设施。

4.5.2 政府部门分工

各级安全生产监督管理部门负责危险化学品管道安全生产的监督检查，并依法对危险化学品管道建设项目实施安全条件审查。

省级、设区的市级安全生产监督管理部门应当按照国家安全生产监督管理总局有关危险化学品建设项目安全监督管理的规定，对新建、改建、扩建管道建设项目办理安全条件审查、安全设施设计审查、试生产(使用)方案备案和安全设施竣工验收手续。

安全生产监督管理部门接到管道单位提交的有关报告后，应当及时依法予以协调、移送有关主管部门处理或者报请本级人民政府组织处理。

县级以上安全生产监督管理部门接到危险化学品管道生产安全事故报告后，应当按照有关规定及时上报事故情况，并根据实际情况采取事故处置措施。

4.5.3 危险化学品管道的规划

危险化学品管道建设应当遵循安全第一、节约用地和经济合理的原则，并按照相关国家标准、行业标准和技术规范进行科学规划。禁止光气、氯气等剧毒气体化学品管道穿(跨)越公共区域。严格控制氨、硫化氢等其他有毒气体的危险化学品管道穿(跨)越公共区域。

危险化学品管道建设的选线应当避开地震活动断层和容易发生洪灾、地质灾害的区域；确实无法避开的，应当采取可靠的工程处理措施，确保不受地质灾害影响。

危险化学品管道与居民区、学校等公共场所以及建筑物、构筑物、铁路、公路、航道、港口、市政设施、通讯设施、军事设施、电力设施的距离，应当符合有关法律、行政法规和国家标准、行业标准的规定。

4.5.4 危险化学品管道的建设

对新建、改建、扩建的危险化学品管道，建设单位应当依照国家安全生产监督管理总局有关危险化学品建设项目安全监督管理的规定，依法办理安全条件审查、安全设施设计审查、试生产(使用)方案备案和安全设施竣工验收手续。

对新建、改建、扩建的危险化学品管道，建设单位应当依照有关法律、行政法规的规定，委托具备相应资质的设计单位进行设计。

承担危险化学品管道的施工单位应当具备有关法律、行政法规规定的相应资质。施工单位应当按照有关法律、法规、国家标准、行业标准和技术规范的规定，以及经过批准的安全设施设计进行施工，并对工程质量负责。参加危险化学品管道焊接、防腐、无损检测作业的人员应当具备相应的操作资格证书。

负责危险化学品管道工程的监理单位应当对管道的总体建设质量进行全过程监督，并对危险化学品管道的总体建设质量负责。管道施工单位应当严格按照有关国家标准、行业标准的规定对管道的焊缝和防腐质量进行检查，并按照设计要求对管道进行压力试验和气密性试验。对铺设在江、河、湖泊或者其他环境敏感区域的危险化学品管道，应当采取增加管道压力设计等级、增加防护套管等措施，确保危险化学品管道安全。

危险化学品管道试生产(使用)前，管道单位应当对有关保护措施进行安全检查，科学制定安全投入生产(使用)方案，并严格按照方案实施。

危险化学品管道试压半年后一直未投入生产(使用)的，管道单位应当在其投入生产(使用)前重新进行气密性试验；对铺设在江、河或者其他环境敏感区域的危险化学品管道，应当相应缩短重新进行气密性试验的时间间隔。

4.5.5 危险化学品管道的运行

危险化学品管道应当设置明显标志。发现标志毁损的，管道单位应当及时予以修复或者更新。

管道单位应当建立、健全危险化学品管道巡护制度，配备专人进行日常巡护。巡护人员发现危害危险化学品管道安全生产情形的，应当立即报告单位负责人并及时处理。对危险化学品管道存在的事故隐患应当及时排除；对自身排除确有困难的外部事故隐患，应当向当地安全生产监督管理部门报告。

管道单位应对危险化学品管道进行定期检测、维护，确保其处于完好状态；对安全风险较大的区段和场所，应当进行重点监测、监控；对不符合安全标准的危险化学品管道，应当及时更新、改造或者停止使用，并向当地安全生产监督管理部门报告。对涉及更新、改造的危险化学品管道，还应办理安全条件审查手续。

管道单位发现下列危害危险化学品管道安全运行行为的，应当及时予以制止，无法处置时应当向当地安全生产监督管理部门报告：

(1) 擅自开启、关闭危险化学品管道阀门；

(2) 采用移动、切割、打孔、砸撬、拆卸等手段损坏管道及其附属设施；

(3) 移动、毁损、涂改管道标志；

(4) 在埋地管道上方和巡查便道上行驶重型车辆；

(5) 对埋地、地面管道进行占压，在架空管道线路和管桥上行走或者放置重物；

(6) 利用地面管道、架空管道、管架桥等固定其他设施缆绳悬挂广告牌、搭建构筑物；

(7) 其他危害危险化学品管道安全运行的行为。

禁止在危险化学品管道附属设施的上方架设电力线路、通信线路。

在危险化学品管道及其附属设施外缘两侧各5m地域范围内，管道单位发现下列危害管道安全运行的行为的，应当及时予以制止，无法处置时应当向当地安全生产监督管理部门报告：

(1) 种植乔木、灌木、藤类、芦苇、竹子或者其他根系深达管道埋设部位可能损坏管道防腐层的深根植物；

(2) 取土、采石、用火、堆放重物、排放腐蚀性物质、使用机械工具进行挖掘施工、工程钻探；

(3) 挖塘、修渠、修晒场、修建水产养殖场、建温室、建家畜棚圈、建房以及修建其他建(构)筑物。

在危险化学品管道中心线两侧及危险化学品管道附属设施外缘两侧 5m 外的周边范围内，管道单位发现下列建(构)筑物与管道线路、管道附属设施的距离不符合国家标准、行业标准要求的，应当及时向当地安全生产监督管理部门报告：

(1) 居民小区、学校、医院、餐饮娱乐场所、车站、商场等人口密集的建筑物；

(2) 加油站、加气站、储油罐、储气罐等易燃易爆物品的生产、经营、存储场所；

(3) 变电站、配电站、供水站等公用设施。

在穿越河流的危险化学品管道线路中心线两侧 500m 地域范围内，管道单位发现有实施抛锚、拖锚、挖沙、采石、水下爆破等作业的，应当及时予以制止，无法处置时应当向当地安全生产监督管理部门报告，但在保障危险化学品管道安全的条件下，为防洪和航道通畅而实施的养护疏浚作业除外。

在危险化学品管道专用隧道中心线两侧 1000m 地域范围内，管道单位发现有实施采石、采矿、爆破等作业的，应当及时予以制止，无法处置时应当向当地安全生产监督管理部门报告。

实施下列可能危及危险化学品管道安全运行的施工作业的，施工单位应当在开工的 7 日前书面通知管道单位，将施工作业方案报管道单位，并与管道单位共同制定应急预案，采取相应的安全防护措施，管道单位应当指派专人到现场进行管道安全保护指导：

(1) 穿(跨)越管道的施工作业；

(2) 在管道线路中心线两侧 5~50m 和管道附属设施周边 100m 地域范围内，新建、改建、扩建铁路、公路、河渠，架设电力线路，埋设地下电缆、光缆，设置安全接地体、避雷接地体；

(3) 在管道线路中心线两侧 200m 和管道附属设施周边 500m 地域范围内，实施爆破、地震法勘探或者工程挖掘、工程钻探、采矿等作业。

施工单位实施上述的作业，应当符合下列条件：

(1) 已经制定符合危险化学品管道安全运行要求的施工作业方案；

(2) 已经制定应急预案；

(3) 施工作业人员已经接受相应的危险化学品管道保护知识教育和培训；

(4) 具有保障安全施工作业的设备、设施。

危险化学品管道的专用设施、永工防护设施、专用隧道等附属设施不得用于其他用途；确需用于其他用途的，应当征得管道单位的同意，并采取相应的安全防护措施。

管道单位应当按照有关规定制定本单位危险化学品管道事故应急预案，配备相应的应急救援人员和设备物资，定期组织应急演练。发生危险化学品管道生产安全事故，管道单位应当立即启动应急预案及响应程序，采取有效措施进行紧急处置，消除或者减轻事故危害，并按照国家规定立即向事故发生地县级以上安全生产监督管理部门报告。

对转产、停产、停止使用的危险化学品管道，管道单位应当采取有效措施及时妥善处置，并将处置方案报县级以上安全生产监督管理部门。

4.5.6 违反罚则

新建、改建、扩建危险化学品管道建设项目未经安全条件审查的，由安全生产监督管理部门责令停止建设，限期改正；逾期不改正的，处 50 万元以上 100 万元以下的罚款；构成犯罪的，依法追究刑事责任。

危险化学品管道建设单位将管道建设项目发包给不具备相应资质等级的勘察、设计、施工单位或者委托给不具有相应资质等级的工程监理单位的，由安全生产监督管理部门移送建设行政主管部门依照《建设工程质量管理条例》第五十四条规定予以处罚。

管道单位未对危险化学品管道设置明显的安全警示标志，由安全生产监督管理部门责令限期改正，可以处5万元以下的罚款；逾期未改正的，处5万元以上20万元以下的罚款，对其直接负责的主管人员和其他直接责任人员处1万元以上2万元以下的罚款，情节严重的，责令停业整顿；构成犯罪的，依照刑法有关规定追究刑事责任。

进行可能危及危险化学品管道安全的施工作业，施工单位未按照规定书面通知管道单位，或者末与管道单位共同制定应急预案并采取相应的防护措施，或者管道单位未指派专人到现场进行管道安全保护指导的。

对转产、停产、停止使用的危险化学品管道，管道单位未采取有效措施及时、妥善处置的，由安全生产监督管理部门责令改正，处5万元以上10万元以下的罚款；构成犯罪的，依法追究刑事责任。

管道单位未按照本规定对管道进行检测、维护的，对转产、停产、停止使用的危险化学品管道，管道单位未按照本规定将处置方案报县级以上安全生产监督管理部门的，由安全生产监督管理部门责令改正，可以处1万元以下的罚款；拒不改正的，处1万元以上5万元以下的罚款。

违反本规定，采用移动、切割、打孔、砸撬、拆卸等手段实施危害危险化学品管道安全行为，尚不构成犯罪的，由有关主管部门依法给予治安管理处罚。

在管道保护距离内已经建成的人口密集场所和易燃易爆物品的生产、经营、存储场所，应当由所在地人民政府根据当地的实际情况，有计划、分步骤地搬迁、清理或者采取必要的防护措施。

4.6 《危险化学品登记管理办法》相关知识

为规范危险化学品登记工作，为危险化学品事故预防和应急救援提供技术和信息支持，根据修订后《危险化学品安全管理条例》的要求，国家安监总局已对原国家经贸委于2002年制定的《危险化学品登记管理办法》进行了修订。新修订的《危险化学品登记管理办法》(以下简称《办法》)已经2012年5月21日国家安全监管总局局长办公会议审议通过，并于7月1日以国家安全监管总局令第53号公布，自2012年8月1日起施行。

《办法》在原登记办法相关要求的基础上，对危险化学品登记从多个方面进行了修订完善，明确了国家实行危险化学品登记制度的原则和登记工作的具体程序。重点说明如下：

《办法》分7章，共34条，包括总则、登记机构、登记的时间内容和程序、登记企业的职责、监督管理、法律责任、附则。总体看，《办法》在《安全生产法》《条例》等相关法律法规框架要求下，针对危险化学品登记的特点，规范了登记机构的条件，登记的时间、内容和程序，并且明确了危险化学品登记的主体，登记企业的职责，安全生产监督管理部门、登记机构、登记企业等相关各方的责任和义务。这次修订主要体现在以下五个方面：

(1) 调整了危险化学品登记的主体

根据《条例》第六十七条第一款“危险化学品生产企业、进口企业应当向国务院安全生产监督管理部门负责危险化学品登记的机构办理危险化学品登记”规定，《办法》第二条将危险化学品登记的主体调整为危险化学品生产企业、进口企业。危险化学品储存单位、使用单位不再进行登记。

《办法》第三条明确了危险化学品登记的原则，即“企业申请、两级审核、统一发证、分级管理的原则”。两级审核是指登记企业的登记材料需要经过当地登记办公室初审和化学品登记中心审核；统一发证是指经登记中心终审合格后，由登记中心统一发放危险化学品登记证；分级管理是指各级安全生产监督管理部门分别负责本行政区域内危险化学品登记的监督管理工作。

（2）细化了危险化学品登记的具体内容

《办法》第十二条将危险化学品登记的具体内容调整为——分类和标签信息、物理化学性质、主要用途、危险特性、储存使用运输的安全要求、应急处置措施等六个方面，并根据加强危险化学品安全管理需要，对各项内容进行了适当细化。

分类和标签信息，主要包括危险化学品的危险性类别、象形图、警示词等信息；物理、化学性质，主要包括危险化学品的熔点、沸点、闪点、爆炸极限等性质；主要用途，包括企业推荐的产品合法用途、禁止或者限制的用途；危险特性，包括危险化学品的物理危险性、环境危害性和毒理特性；储存、使用、运输的安全要求，包括储存的温度和湿度条件、使用时的操作条件、作业人员防护措施等；出现危险情况的应急处置措施，主要包括危险化学品在生产、使用、储存、运输过程中发生火灾、爆炸、泄漏、中毒、窒息、灼伤等化学品事故时的应急处理方法，应急咨询服务电话等。

（3）完善了危险化学品登记的程序

根据近年来的登记工作实践，《办法》对危险化学品登记程序进行了完善和补充：一是对登记程序进行了调整，部分内容进行细化；二是调整了申请危险化学品登记需要提交的材料种类，增加了进口企业需要提交材料的规定，删除了提交危险性鉴别报告要求；三是增加了登记变更的具体要求和程序；四是明确了危险化学品登记证复核换证程序。

《办法》第十三条规定了危险化学品登记的程序。首先，登记企业通过登记系统提出申请，经登记办公室审查合格后，填写并上报登记材料；其次，登记办公室和登记中心依次对登记材料进行审查，符合要求的，由化学品登记中心通过登记办公室向登记企业发放危险化学品登记证。

《办法》第十四条规定了危险化学品登记的需要提交的材料，包括危险化学品登记表，生产企业的工商营业执照、进口企业的证明证书，“一书一签”，有关应急咨询服务电话号码或者应急咨询服务委托书，有关产品标准编号。

《办法》第十五条规定了危险化学品登记的登记内容变更手续。首先，登记企业通过登记系统填写危险化学品登记变更申请表并上报变更后的登记材料；其次，登记办公室和登记中心依次对企业上报的登记材料进行审查，符合要求的，通过登记办公室向登记企业发放登记变更后的危险化学品登记证或变更书面证明文件。

《办法》第十六条规定了危险化学品复核换证的程序。首先，登记企业通过登记系统填写危险化学品复核换证申请表并上报《办法》第十四条规定的登记材料；登记机构按照《办法》第十三条第一款第三项、第四项、第五项规定的程序办理复核换证手续。

（4）规范了登记企业的应急咨询服务

《办法》第二十二条第一款规定了登记企业自行设立的应急咨询服务电话应具备的条件，一是要由专职人员 24 小时值守，主要是确保一旦发生事故，能够及时联系到企业；二是该电话必须是国内的服务电话，主要是确保如果需要企业赴现场协助救援，企业可以快速响应；三是服务电话必须是固定电话，若是移动电话，如果一旦发生事故，则不能保证接听电话人员能够及时响应，并向事故现场提供准确、有价值的应急信息，会贻误处置时机；四是专职值守人员应当熟悉本企业危险化学品的危险特性和应急处置技术，能准确回答有关咨询问题。

对危险化学品登记企业不能提供《办法》第二十二条第一款规定应急咨询服务的，《办法》第二十二条第二款、第三款规定了登记企业应当委托登记机构代理应急咨询服务。

登记机构的应急咨询服务，应当建有完善的化学品应急救援数据库，配备在线数字录音设备和8名以上专业人员，能够同时受理3起以上应急咨询，准确提供化学品泄漏、火灾、爆炸、中毒等事故应急处置有关信息和建议等。

(5) 增加了监督管理要求

为督促企业及时如实登记危险化学品，更好地为危险化学品安全管理、应急救援提供技术支撑，《办法》增加了监督管理一章。一是规定安全监管部门将危险化学品登记情况纳入危险化学品安全执法检查内容。二是规定登记办公室要及时向省级安全监管部门提供危险化学品登记信息和有关情况。三是规定化学品登记中心要定期向同级工业和信息化、环境保护、公安、卫生、交通运输、铁路、质量监督检验检疫等部门提供危险化学品登记的有关信息和资料，并向社会公告。

4.6.1 适用范围

国家实行危险化学品登记制度。危险化学品登记实行企业申请、两级审核、统一发证、分级管理的原则，适用于危险化学品生产企业、进口企业(以下统称登记企业)生产或者进口《危险化学品目录》所列危险化学品的登记和管理工作。

危险化学品进口企业，是指依法设立且取得工商营业执照，并取得下列证明文件之一，从事危险化学品进口的企业：

(1) 对外贸易经营者备案登记表；

(2) 中华人民共和国进出口企业资质证书；

(3) 中华人民共和国外商投资企业批准证书；

(4) 台港澳侨投资企业批准证书。

4.6.2 政府部门分工

国家安全生产监督管理总局负责全国危险化学品登记的监督管理工作。

县级以上地方各级人民政府安全生产监督管理部门负责本行政区域内危险化学品登记的监督管理工作。

国家安全生产监督管理总局化学品登记中心(以下简称登记中心)，承办全国危险化学品登记的具体工作和技术管理工作。登记中心履行下列职责：

(1) 组织、协调和指导全国危险化学品登记工作；

(2) 负责全国危险化学品登记内容审核、危险化学品登记证的颁发和管理工作；

(3) 负责管理与维护全国危险化学品登记信息管理系统(以下简称登记系统)以及危险化学品登记信息的动态统计分析工作；

(4) 负责管理与维护国家危险化学品事故应急咨询电话，并提供24小时应急咨询服务；

(5) 组织化学品危险性评估，对未分类的化学品统一进行危险性分类；

(6) 对登记办公室进行业务指导，负责全国登记办公室危险化学品登记人员的培训工作；

(7) 定期将危险化学品的登记情况通报国务院有关部门，并向社会公告。

省、自治区、直辖市人民政府安全生产监督管理部门设立危险化学品登记办公室或者危险化学品登记中心(以下简称登记办公室)，承办本行政区域内危险化学品登记的具体工作和技术管理工作。登记办公室履行下列职责：

(1) 组织本行政区域内危险化学品登记工作；

(2) 对登记企业申报材料的规范性、内容一致性进行审查；

(3) 负责本行政区域内危险化学品登记信息的统计分析工作；

(4) 提供危险化学品事故预防与应急救援信息支持；

(5) 协助本行政区域内安全生产监督管理部门开展登记培训，指导登记企业实施危险化学品登记工作。

登记中心和登记办公室(以下统称登记机构)从事危险化学品登记的工作人员(以下简称登记人员)应当具有化工、化学、安全工程等相关专业大学专科以上学历，并经统一业务培训，取得培训合格证，方可上岗作业。

登记办公室应当具备下列条件：

(1) 有3名以上登记人员；

(2) 有严格的责任制度、保密制度、档案管理制度和数据库维护制度；

(3) 配备必要的办公设备、设施。

安全生产监督管理部门应当将危险化学品登记情况纳入危险化学品安全执法检查内容，对登记企业未按照规定予以登记的，依法予以处理。

登记办公室应当对本行政区域内危险化学品的登记数据及时进行汇总、统计、分析，并报告省、自治区、直辖市人民政府安全生产监督管理部门。登记办公室应当在每年1月31日前向所属省、自治区、直辖市人民政府安全生产监督管理部门和登记中心书面报告上一年度本行政区域内危险化学品登记的情况。

登记中心应当定期向国务院工业和信息化、环境保护、公安、卫生、交通运输、铁路、质量监督检验检疫等部门提供危险化学品登记的有关信息和资料，并向社会公告。登记中心应当在每年2月15日前向国家安全生产监督管理总局书面报告上一年度全国危险化学品登记的情况。

4.6.3 登记的时间、内容和程序

新建的生产企业应当在竣工验收前办理危险化学品登记。进口企业应当在首次进口前办理危险化学品登记。

同一企业生产、进口同一品种危险化学品的，按照生产企业进行一次登记，但应当提交进口危险化学品的有关信息。

进口企业进口不同制造商的同一品种危险化学品的，按照首次进口制造商的危险化学品进行一次登记，但应当提交其他制造商的危险化学品的有关信息。

生产企业、进口企业多次进口同一制造商的同一品种危险化学品的，只进行一次登记。

危险化学品登记应当包括下列内容：

（1）分类和标签信息，包括危险化学品的危险性类别、象形图、警示词、危险性说明、防范说明等；

（2）物理、化学性质，包括危险化学品的外观与性状、溶解性、熔点、沸点等物理性质，闪点、爆炸极限、自燃温度、分解温度等化学性质；

（3）主要用途，包括企业推荐的产品合法用途、禁止或者限制的用途等；

（4）危险特性，包括危险化学品的物理危险性、环境危害性和毒理特性；

（5）储存、使用、运输的安全要求，其中，储存的安全要求包括对建筑条件、库房条件、安全条件、环境卫生条件、温度和湿度条件的要求，使用的安全要求包括使用时的操作条件、作业人员防护措施、使用现场危害控制措施等，运输的安全要求包括对运输或者输送方式的要求、危害信息向有关运输人员的传递手段、装卸及运输过程中的安全措施等；

（6）出现危险情况的应急处置措施，包括危险化学品在生产、使用、储存、运输过程中发生火灾、爆炸、泄漏、中毒、窒息、灼伤等化学品事故时的应急处理方法，应急咨询服务电话等。

危险化学品登记按照下列程序办理：

（1）登记企业通过登记系统提出申请；

（2）登记办公室在3个工作日内对登记企业提出的申请进行初步审查，符合条件的，通过登记系统通知登记企业办理登记手续；

（3）登记企业接到登记办公室通知后，按照有关要求在登记系统中如实填写登记内容，并向登记办公室提交有关纸质登记材料；

（4）登记办公室在收到登记企业的登记材料之日起20个工作日内，对登记材料和登记内容逐项进行审查，必要时可进行现场核查，符合要求的，将登记材料提交给登记中心；不符合要求的，通过登记系统告知登记企业并说明理由；

（5）登记中心在收到登记办公室提交的登记材料之日起15个工作日内，对登记材料和登记内容进行审核，符合要求的，通过登记办公室向登记企业发放危险化学品登记证；不符合要求的，通过登记系统告知登记办公室、登记企业并说明理由。

登记企业修改登记材料和整改问题所需时间，不计算在前款规定的期限内。

登记企业办理危险化学品登记时，应当提交下列材料，并对其内容的真实性负责：

（1）危险化学品登记表一式2份；

（2）生产企业的工商营业执照，进口企业的对外贸易经营者备案登记表、中华人民共和国进出口企业资质证书、中华人民共和国外商投资企业批准证书或者台港澳侨投资企业批准证书复印件1份；

（3）与其生产、进口的危险化学品相符并符合国家标准的化学品安全技术说明书、化学品安全标签各1份；

（4）满足本办法第二十二条规定的应急咨询服务电话号码或者应急咨询服务委托书复印件1份；

（5）办理登记的危险化学品产品标准（采用国家标准或者行业标准的，提供所采用的标准编号）。

登记企业在危险化学品登记证有效期内，企业名称、注册地址、登记品种、应急咨询服务电话发生变化，或者发现其生产、进口的危险化学品有新的危险特性的，应当在15个工作日内向登记办公室提出变更申请，并按照下列程序办理登记内容变更手续：

(1) 通过登记系统填写危险化学品登记变更申请表，并向登记办公室提交涉及变更事项的证明材料 1 份；

(2) 登记办公室初步审查登记企业的登记变更申请，符合条件的，通知登记企业提交变更后的登记材料，并对登记材料进行审查，符合要求的，提交给登记中心；不符合要求的，通过登记系统告知登记企业并说明理由；

(3) 登记中心对登记办公室提交的登记材料进行审核，符合要求且属于危险化学品登记证载明事项的，通过登记办公室向登记企业发放登记变更后的危险化学品登记证并收回原证；符合要求但不属于危险化学品登记证载明事项的，通过登记办公室向登记企业提供书面证明文件。

4.6.4 复核换证

危险化学品登记证有效期为 3 年。登记证有效期满后，登记企业继续从事危险化学品生产或者进口的，应当在登记证有效期届满前 3 个月提出复核换证申请，并按下列程序办理复核换证：

(1) 通过登记系统填写危险化学品复核换证申请表；

(2) 登记办公室审查登记企业的复核换证申请，符合条件的，通过登记系统告知登记企业提交本规定第十四条规定的登记材料；不符合条件的，通过登记系统告知登记企业并说明理由；

(3) 按照本办法第十三条第一款第三项、第四项、第五项规定的程序办理复核换证手续。

危险化学品登记证分为正本、副本，正本为悬挂式，副本为折页式。正本、副本具有同等法律效力。

危险化学品登记证正本、副本应当载明证书编号、企业名称、注册地址、企业性质、登记品种、有效期、发证机关、发证日期等内容。其中，企业性质应当注明危险化学品生产企业、危险化学品进口企业或者危险化学品生产企业(兼进口)。

4.6.5 登记企业的职责

登记企业应当对本企业的各类危险化学品进行普查，建立危险化学品管理档案。危险化学品管理档案应当包括危险化学品名称、数量、标识信息、危险性分类和化学品安全技术说明书、化学品安全标签等内容。应当按照规定向登记机构办理危险化学品登记，如实填报登记内容和提交有关材料，并接受安全生产监督管理部门依法进行的监督检查。应当指定人员负责危险化学品登记的相关工作，配合登记人员在必要时对本企业危险化学品登记内容进行核查。从事危险化学品登记的人员应当具备危险化学品登记相关知识和能力。

对危险特性尚未确定的化学品，登记企业应当按照国家关于化学品危险性鉴定的有关规定，委托具有国家规定资质的机构对其进行危险性鉴定；属于危险化学品的，应当依照本办法的规定进行登记。

危险化学品生产企业应当设立由专职人员 24 小时值守的国内固定服务电话，针对本办法第十二条规定的内容向用户提供危险化学品事故应急咨询服务，为危险化学品事故应急救援提供技术指导和必要的协助。专职值守人员应当熟悉本企业危险化学品的危险特性和应急处置技术，准确回答有关咨询问题。生产企业不能提供前款规定应急咨询服务的，应当委托登记机构代理应急咨询服务。

危险化学品进口企业应当自行或者委托进口代理商、登记机构提供应急咨询服务，并在其进口的危险化学品安全标签上标明应急咨询服务电话号码。

从事代理应急咨询服务的登记机构，应当设立由专职人员 24 小时值守的国内固定服务电话，建有完善的化学品应急救援数据库，配备在线数字录音设备和 8 名以上专业人员，能够同时受理 3 起以上应急咨询，准确提供化学品泄漏、火灾、爆炸、中毒等事故应急处置有关信息和建议。

登记企业不得转让、冒用或者使用伪造的危险化学品登记证。

4.6.6 违者罚则

登记机构的登记人员违规操作、弄虚作假、滥发证书，在规定限期内无故不予登记且无明确答复，或者泄露登记企业商业秘密的，责令改正，并追究有关责任人员的责任。

登记企业不办理危险化学品登记，登记品种发生变化或者发现其生产、进口的危险化学品有新的危险特性不办理危险化学品登记内容变更手续的，责令改正，可以处 5 万元以下的罚款；拒不改正的，处 5 万元以上 10 万元以下的罚款；情节严重的，责令停产停业整顿。

登记企业有下列行为之一的，责令改正，可以处 3 万元以下的罚款：

（1）未向用户提供应急咨询服务或者应急咨询服务不符合本办法第二十二条规定的；

（2）在危险化学品登记证有效期内企业名称、注册地址、应急咨询服务电话发生变化，未按规定按时办理危险化学品登记变更手续的；

（3）危险化学品登记证有效期满后，未按规定申请复核换证，继续进行生产或者进口的；

（4）转让、冒用或者使用伪造的危险化学品登记证，或者不如实填报登记内容、提交有关材料的；

（5）拒绝、阻挠登记机构对本企业危险化学品登记情况进行现场核查的。

4.7 《危险化学品重大危险源监督管理暂行规定》相关知识

20 世纪 70 年代以来，随着石油化工行业迅猛发展，相继发生了意大利塞维索工厂环己烷泄漏、墨西哥城液化石油气爆炸、印度博帕尔农药厂异氰酸甲酯泄漏等与危险化学品有关的恶性重特大工业事故，引起国际社会的高度关注，防范重特大工业事故成为各国特别是发达国家危险化学品安全管理工作的重要任务。发达国家和有关国际组织从立法、管理、技术、制度等多个角度反思本国危险化学品安全管理工作，研究制定防范措施，提出了“重大危害”、“重大危害设施(国内通常称为重大危险源)”等概念。各国预防重大事故的实践表明：为了有效预防重大工业事故的发生，降低事故造成的损失，必须建立重大危险源监管制度和监管机制。我国颁布的《安全生产法》和《危险化学品安全管理条例》也从法律、法规层面对重大危险源的监督和管理提出了明确要求。

近年来，我国采取了一系列措施，强化危险化学品安全监管，全国危险化学品安全生产形势呈现稳定好转的发展态势。但由于危险化学品安全生产基础薄弱、企业安全管理水平不高、监管力量不足等原因，危险化学品重特大事故还时有发生，危险化学品领域的安全生产形势依然严峻。如 2006 年 7 月 28 日江苏省盐城市射阳县某化工公司反应釜爆炸，造成 22

人死亡，29 人受伤；2008 年 8 月 26 日广西某维尼纶厂化工装置爆炸，造成 21 人死亡，60 人受伤；2009 年 7 月 15 日河南省洛阳市的某某公司硝化车间爆炸事故，造成 7 人死亡、9 人受伤；2010 年 7 月 16 日辽宁省大连保税区某公司原油罐区输油管道爆炸火灾事故，造成原油大量泄漏。这些重特大危险化学品事故反映出相关企业在重大危险源的安全管理方面存在缺陷，相关监管制度不够规范、完善。预防危险化学品重大事故的实践表明，建立重大危险源监管制度是一项十分有效的重要措施。

为贯彻落实《安全生产法》《危险化学品安全管理条例》，针对我国当前在危险化学品重大危险源管理中存在的问题，国家安监总局制定了《危险化学品重大危险源监督管理暂行规定》(国家安全监管总局令第 40 号)(以下简称《暂行规定》)。《暂行规定》包括总则、辨识与评估、安全管理、监督检查、法律责任、附则等共 6 章 36 条，还附有危险化学品重大危险源分级方法和可容许风险标准等 2 个附件。

暂行规定拓展了危险化学品重大危险源的辨识范围、加强了对危险源的监测、监控和分级管理，制定可容许风险标准、引入定量风险评价方法，实行危险化学品重大危险源的登记建档与备案、核销制度，明确了各级安监部门和相关单位、人员的职责及应负的法律责任。

暂行规定已于 2011 年 8 月 5 日公布，自 2011 年 12 月 1 日起施行。

4.7.1 《暂行规定》中需要重点说明的几个问题

(1) 适用范围

《暂行规定》适用于从事危险化学品生产、储存、使用和经营单位的危险化学品重大危险源的辨识、评估、登记建档、备案、核销及其监督管理。不适用于城镇燃气、用于国防科研生产的危险化学品重大危险源以及港区内危险化学品重大危险源。民用爆炸物品、烟花爆竹重大危险源的安全监管应依据《民用爆炸物品安全管理条例》《烟花爆竹安全管理条例》的有关要求，也应符合《暂行规定》的有关要求。

此外，《暂行规定》颁布施行后，有关危险化学品重大危险源的监管将不再执行原国家安全监管局《关于开展重大危险源监督管理工作的指导意见》(安监管协调字〔2004〕56 号)和国家安全监管总局《关于规范重大危险源监督与管理工作的通知》(安监总协调字〔2005〕125 号)相关规定。

(2) 危险化学品重大危险源的辨识

《暂行规定》中所称的危险化学品重大危险源，是指根据《危险化学品重大危险源辨识》(GB 18218—2009)标准辨识确定的危险化学品的数量等于或者超过临界量的单元。当危险化学品单位厂区内存在多个(套)危险化学品的生产装置、设施或场所并且相互之间的边缘距离小于 500m 时，都应按一个单元来进行重大危险源辨识。

GB 18218—2009 是在《重大危险源辨识》(GB 18218—2000)的基础上修订而来的。同原标准相比，新标准大大拓宽了危险化学品重大危险源的辨识范围。原标准只给出 4 大类 142 种危险物质的辨识范围；而新标准采用了列出危险化学品名称和按危险化学品类别相结合的辨识方法，其中具体列出了 78 种危险化学品，按危险类别将危险化学品分为爆炸品、气体、易燃液体、易燃固体、易于自燃的物质、遇水放出易燃气体的物质、氧化性物质、有机过氧化物和毒性物质 9 类。

(3) 危险化学品重大危险源的监测监控

安全监控系统或安全监控设施是预防事故发生、降低事故后果严重性的有效措施，也是辅助事故原因分析的有效手段，因此危险化学品重大危险源建立必要的安全监控系统或设施具有重要意义。《暂行规定》要求，危险化学品单位应当根据构成重大危险源的危险化学品种类、数量、生产、使用工艺(方式)或者相关设备、设施等实际情况，建立健全安全监测监控体系，完善控制措施。譬如，重大危险源配备温度、压力、液位、流量、组分等信息的不间断采集和监测系统，以及可燃气体和有毒有害气体泄漏检测报警装置，并具备信息远传、连续记录、事故预警、信息存储等功能；一级或者二级重大危险源应具备紧急停车功能。记录的电子数据的保存时间不少于 30 天。

特别针对危害性较大，涉及毒性气体、液化气体、剧毒液体的一级或者二级重大危险源，应当依据《石油化工安全仪表系统设计规范》《过程工业领域安全仪表系统的功能安全》等标准，配备独立的安全仪表系统(SIS)。

(4) 危险化学品重大危险源的分级管理

《暂行规定》要求对重大危险源进行分级，由高到低分为四个级别，一级为最高级别。分级目的是为对重大危险源按危险性进行初步排序，从而提出不同的管理和技术要求。

《暂行规定》中提出的重大危险源分级方法，是在近年来开展的专题研究和大量试点验证工作的基础上提出的。在起草过程中，充分吸纳了国内部分省市的一些行之有效的做法。最终，考虑各种因素，提出采用单元内各种危险化学品实际存在量(在线量)与其在《危险化学品重大危险源辨识》中规定的临界量比值，经校正系数校正后的比值之和 R 作为分级指标。事实证明，该方法简单易行、便于操作、一致性好，避免了原来依靠事故后果分级的比较复杂的方法。

校正系数主要引入了与各危险化学品危险性相对应的校正系数 β，以及重大危险源单元外暴露人员的校正系数 α。β 的引入主要考虑到毒性气体、爆炸品、易燃气体以及其他危险化学品(例如易燃液体)在危险性方面的差异，以体现区别对待的原则。α 的引入主要考虑到重大危险源一旦发生事故对周边环境、社会的影响。周边暴露人员越多，危害性越大，引入的 α 值就越大，其重大危险源分级级别就越高，以便于实施重点监管、监控。

(5) 危险化学品重大危险源的可容许风险标准与安全评估

《暂行规定》提出通过定量风险评价确定重大危险源的个人和社会风险值，不得超过本规定所列示的个人和社会可容许风险限值标准。超过个人和社会可容许风险限值标准的，危险化学品单位应当采取相应的降低风险的措施。

① 提出可容风险标准，为合理判定危险源的风险提供科学依据。通过研究和借鉴英国、荷兰、香港等国内外风险可接受标准，结合我国的现状，《暂行规定》提出以危险化学品重大危险源各种潜在的火灾、爆炸、有毒气体泄漏事故造成区域内某一固定位置人员的个体死亡概率，即单位时间内(通常为年)的个体死亡率作为可容许个人风险标准，通常用个人风险等值线表示。同时，提出能够引起大于等于 N 人死亡的事故累积频率(F)，也即单位时间内(通常为年)的死亡人数作为可容许社会风险标准，通常用社会风险曲线(F-N 曲线)表示。可容许个人风险标准和可容许社会风险标准，为定量风险评价方法结果分析提供指导。可容许个人风险和可容许社会风险标准的确定，为科学确定安全距离进行了有益尝试，也遵循了与国际接轨、符合中国国情的原则。

② 引入定量风险评价方法，提高重大危险源安全管理决策科学性。定量风险评价是准确确定重大危险源现实安全状况，提高重大危险源安全监控与管理水平的有效手段，为危险化学品重大危险源的风险控制与管理决策提供科学依据，制定科学、合理的风险降低措施。

发达工业化国家已广泛应用定量风险评价方法，大量实践证明了其科学性与合理性。近几年来，我国化工等高危行业企业逐渐应用定量风险评价方法，在涉及毒性气体、爆炸品、液化易燃气体的危险化学品重大危险源进行定量风险评价，积累了宝贵的经验。在此基础上，总局正在组织制定安全生产行业标准《化工企业定量风险评价导则》，将为重大危险源定量风险评价提供标准依据。

③ 依据《安全生产法》，《暂行规定》要求危险化学品单位应当对重大危险源进行安全评估，考虑到进一步减轻企业的负担，避免不必要的重复工作，这一评估工作可以由危险化学品单位自行组织，也可以委托具有相应资质的安全评价机构进行；安全评估可以与法律、行政法规规定的安全评价一并进行，也可以单独进行。

对于那些容易引起群死群伤等恶性事故的危险化学品，例如毒性气体、爆炸品或者液化易燃气体等，是安全监管的重点。因此，《暂行规定》中规定，如果其在一级、二级等级别较高的重大危险源中存量较高时，危险化学品单位应当委托具有相应资质的安全评价机构，采用更为先进、严格并与国际接轨的定量风险评价的方法进行安全评估，以更好地掌握重大危险源的现实风险水平，采取有效控制措施。

（6）危险化学品重大危险源的备案登记与核销

《暂行规定》规定，危险化学品单位新建、改建和扩建危险化学品建设项目，应当在建设项目竣工验收前完成重大危险源的辨识、安全评估和分级、登记建档工作，向所在地县级人民政府安全生产监督管理部门备案。另外对于现有重大危险源，当出现重大危险源安全评估已满三年、发生危险化学品事故造成人员死亡等6种情形之一的，危险化学品单位应当及时更新档案，并向所在地县级人民政府安全生产监督管理部门重新备案。

《暂行规定》要求，县级人民政府安全生产监督管理部门行使重大危险源备案和核销职责。为体现属地监管与分级管理相结合的原则，对于高级别重大危险源备案材料和核销材料下一级别安监部门也应定期报送给上一级别的安监部门。

4.7.2 具体解读

（1）政府部门监管

重大危险源的安全监督管理实行属地监管与分级管理相结合的原则。县级以上地方人民政府安全生产监督管理部门按照有关法律、法规、标准和本规定，对本辖区内的重大危险源实施安全监督管理。

国家鼓励危险化学品单位采用有利于提高重大危险源安全保障水平的先进适用的工艺、技术、设备以及自动控制系统，推进安全生产监督管理部门重大危险源安全监管的信息化建设。

县级人民政府安全生产监督管理部门应当建立健全危险化学品重大危险源管理制度，明确责任人员，加强资料归档。

县级人民政府安全生产监督管理部门应当在每年1月15日前，将辖区内上一年度重大危险源的汇总信息报送至设区的市级人民政府安全生产监督管理部门。设区的市级人民政府安全生产监督管理部门应当在每年1月31日前，将辖区内上一年度重大危险源的汇总信息报送至省级人民政府安全生产监督管理部门。省级人民政府安全生产监督管理部门应当在每年2月15日前，将辖区内上一年度重大危险源的汇总信息报送至国家安全生产监督管理总局。

重大危险源经过安全评价或者安全评估不再构成重大危险源的，危险化学品单位应当向所在地县级人民政府安全生产监督管理部门申请核销。

申请核销重大危险源应当提交下列文件、资料：

① 载明核销理由的申请书；

② 单位名称、法定代表人、住所、联系人、联系方式；

③ 安全评价报告或者安全评估报告。

县级人民政府安全生产监督管理部门应当自收到申请核销的文件、资料之日起 30 日内进行审查，符合条件的，予以核销并出具证明文书；不符合条件的，说明理由并书面告知申请单位。必要时，县级人民政府安全生产监督管理部门应当聘请有关专家进行现场核查。

县级人民政府安全生产监督管理部门应当每季度将辖区内一级、二级重大危险源的核销材料报送至设区的市级人民政府安全生产监督管理部门。设区的市级人民政府安全生产监督管理部门应当每半年将辖区内一级重大危险源的核销材料报送至省级人民政府安全生产监督管理部门。

县级以上地方各级人民政府安全生产监督管理部门应当加强对存在重大危险源的危险化学品单位的监督检查，督促危险化学品单位做好重大危险源的辨识、安全评估及分级、登记建档、备案、监测监控、事故应急预案编制、核销和安全管理工作。

首次对重大危险源的监督检查应当包括下列主要内容：

① 重大危险源的运行情况、安全管理规章制度及安全操作规程制定和落实情况；

② 重大危险源的辨识、分级、安全评估、登记建档、备案情况；

③ 重大危险源的监测监控情况；

④ 重大危险源安全设施和安全监测监控系统的检测、检验以及维护保养情况；

⑤ 重大危险源事故应急预案的编制、评审、备案、修订和演练情况；

⑥ 有关从业人员的安全培训教育情况；

⑦ 安全标志设置情况；

⑧ 应急救援器材、设备、物资配备情况；

⑨ 预防和控制事故措施的落实情况。

安全生产监督管理部门在监督检查中发现重大危险源存在事故隐患的，应当责令立即排除；重大事故隐患排除前或者排除过程中无法保证安全的，应当责令从危险区域内撤出作业人员，责令暂时停产停业或者停止使用；重大事故隐患排除后，经安全生产监督管理部门审查同意，方可恢复生产经营和使用。

县级以上地方各级人民政府安全生产监督管理部门应当会同本级人民政府有关部门，加强对工业（化工）园区等重大危险源集中区域的监督检查，确保重大危险源与周边单位、居民区、人员密集场所等重要目标和敏感场所之间保持适当的安全距离。

县级人民政府安全生产监督管理部门应当每季度将辖区内的一级、二级重大危险源备案材料报送至设区的市级人民政府安全生产监督管理部门。设区的市级人民政府安全生产监督管理部门应当每半年将辖区内的一级重大危险源备案材料报送至省级人民政府安全生产监督管理部门。

（2）辨识与评估

危险化学品单位是本单位重大危险源安全管理的责任主体，其主要负责人对本单位的重大危险源安全管理工作负责，并保证重大危险源安全生产所必需的安全投入。应按照《危险化学品重大危险源辨识》，对本单位的危险化学品生产、经营、储存和使用装置、设施或者场所进行重大危险源辨识，并记录辨识过程与结果。对重大危险源进行安全评估并确定重大危险源等级。危险化学品单位可以组织本单位的注册安全工程师、技术人员或者聘请有关专家进行安全评估，也可以委托具有相应资质的安全评价机构进行安全评估。

依照法律、行政法规的规定，危险化学品单位需要进行安全评价的，重大危险源安全评估可以与本单位的安全评价一起进行，以安全评价报告代替安全评估报告，也可以单独进行重大危险源安全评估。重大危险源根据其危险程度，分为一级、二级、三级和四级，一级为最高级别。重大危险源分级方法由本规定附件 1 列示。

重大危险源有下列情形之一的，应当委托具有相应资质的安全评价机构，按照有关标准的规定采用定量风险评价方法进行安全评估，确定个人和社会风险值：

① 构成一级或者二级重大危险源，且毒性气体实际存在（在线）量与其在《危险化学品重大危险源辨识》中规定的临界量比值之和大于或等于 1 的；

② 构成一级重大危险源，且爆炸品或液化易燃气体实际存在（在线）量与其在《危险化学品重大危险源辨识》中规定的临界量比值之和大于或等于 1 的。

重大危险源安全评估报告应当客观公正、数据准确、内容完整、结论明确、措施可行，并包括下列内容：

① 评估的主要依据；

② 重大危险源的基本情况；

③ 事故发生的可能性及危害程度；

④ 个人风险和社会风险值（仅适用定量风险评价方法）；

⑤ 可能受事故影响的周边场所、人员情况；

⑥ 重大危险源辨识、分级的符合性分析；

⑦ 安全管理措施、安全技术和监控措施；

⑧ 事故应急措施；

⑨ 评估结论与建议。

危险化学品单位以安全评价报告代替安全评估报告的，其安全评价报告中有关重大危险源的内容包含“重大危险源安全评估报告”的相关内容。

有下列情形之一的，危险化学品单位应当对重大危险源重新进行辨识、安全评估及分级：

① 重大危险源安全评估已满 3 年的；

② 构成重大危险源的装置、设施或者场所进行新建、改建、扩建的；

③ 危险化学品种类、数量、生产、使用工艺或者储存方式及重要设备、设施等发生变化，影响重大危险源级别或者风险程度的；

④ 外界生产安全环境因素发生变化，影响重大危险源级别和风险程度的；

⑤ 发生危险化学品事故造成人员死亡，或者 10 人以上受伤，或者影响到公共安全的；

⑥ 有关重大危险源辨识和安全评估的国家标准、行业标准发生变化的。

（3）安全管理

危险化学品单位应当建立完善重大危险源安全管理规章制度和安全操作规程，并采取有效措施保证其得到执行。根据构成重大危险源的危险化学品种类、数量、生产、使用工艺（方式）或者相关设备、设施等实际情况，按照下列要求建立健全安全监测监控体系，完善控制措施：

① 重大危险源配备温度、压力、液位、流量、组分等信息的不间断采集和监测系统以及可燃气体和有毒有害气体泄漏检测报警装置，并具备信息远传、连续记录、事故预警、信息存储等功能；一级或者二级重大危险源，具备紧急停车功能；记录的电子数据的保存时间不少于30天；

② 重大危险源的化工生产装置装备满足安全生产要求的自动化控制系统；一级或者二级重大危险源，装备紧急停车系统；

③ 对重大危险源中的毒性气体、剧毒液体和易燃气体等重点设施，设置紧急切断装置；毒性气体的设施，设置泄漏物紧急处置装置；涉及毒性气体、液化气体、剧毒液体的一级或者二级重大危险源，配备独立的安全仪表系统(SIS)；

④ 重大危险源中储存剧毒物质的场所或者设施，设置视频监控系统；

⑤ 安全监测监控系统符合国家标准或者行业标准的规定。

通过定量风险评价确定的重大危险源的个人和社会风险值，不得超过《暂行规定》附件2列示的个人和社会可容许风险限值标准。超过个人和社会可容许风险限值标准的，危险化学品单位应当采取相应的降低风险措施。

危险化学品单位应当按照国家有关规定，定期对重大危险源的安全设施和安全监测监控系统进行检测、检验，并进行经常性维护、保养，保证重大危险源的安全设施和安全监测监控系统有效、可靠运行。维护、保养、检测应当作好记录，并由有关人员签字。

危险化学品单位应当明确重大危险源中关键装置、重点部位的责任人或者责任机构，并对重大危险源的安全生产状况进行定期检查，及时采取措施消除事故隐患。事故隐患难以立即排除的，应当及时制定治理方案，落实整改措施、责任、资金、时限和预案。

危险化学品单位应当对重大危险源的管理和操作岗位人员进行安全操作技能培训，使其了解重大危险源的危险特性，熟悉重大危险源安全管理规章制度和安全操作规程，掌握本岗位的安全操作技能和应急措施。

危险化学品单位应当在重大危险源所在场所设置明显的安全警示标志，写明紧急情况下的应急处置办法。

危险化学品单位应当将重大危险源可能发生的事故后果和应急措施等信息，以适当方式告知可能受影响的单位、区域及人员。

危险化学品单位应当依法制定重大危险源事故应急预案，建立应急救援组织或者配备应急救援人员，配备必要的防护装备及应急救援器材、设备、物资，并保障其完好和方便使用；配合地方人民政府安全生产监督管理部门制定所在地区涉及本单位的危险化学品事故应急预案。

对存在吸入性有毒、有害气体的重大危险源，危险化学品单位应当配备便携式浓度检测设备、空气呼吸器、化学防护服、堵漏器材等应急器材和设备；涉及剧毒气体的重大危险源，还应当配备两套以上(含两套)气密型化学防护服；涉及易燃易爆气体或者易燃液体蒸气的重大危险源，还应当配备一定数量的便携式可燃气体检测设备。

危险化学品单位应当制定重大危险源事故应急预案演练计划，并按照下列要求进行事故应急预案演练：

① 对重大危险源专项应急预案，每年至少进行一次；

② 对重大危险源现场处置方案，每半年至少进行一次。

应急预案演练结束后，危险化学品单位应当对应急预案演练效果进行评估，撰写应急预案演练评估报告，分析存在的问题，对应急预案提出修订意见，并及时修订完善。

危险化学品单位应当对辨识确认的重大危险源及时、逐项进行登记建档。

重大危险源档案应当包括下列文件、资料：

① 辨识、分级记录；

② 重大危险源基本特征表；

③ 涉及的所有化学品安全技术说明书；

④ 区域位置图、平面布置图、工艺流程图和主要设备一览表；

⑤ 重大危险源安全管理规章制度及安全操作规程；

⑥ 安全监测监控系统、措施说明、检测、检验结果；

⑦ 重大危险源事故应急预案、评审意见、演练计划和评估报告；

⑧ 安全评估报告或者安全评价报告；

⑨ 重大危险源关键装置、重点部位的责任人、责任机构名称；

⑩ 重大危险源场所安全警示标志的设置情况；

⑪ 其他文件、资料。

危险化学品单位在完成重大危险源安全评估报告或者安全评价报告后15日内，应当填写重大危险源备案申请表，连同本重大危险源档案材料，报送所在地县级人民政府安全生产监督管理部门备案。

危险化学品单位新建、改建和扩建危险化学品建设项目，应当在建设项目竣工验收前完成重大危险源的辨识、安全评估和分级、登记建档工作，并向所在地县级人民政府安全生产监督管理部门备案。

（4）违者罚则

危险化学品单位有下列行为之一的，由县级以上人民政府安全生产监督管理部门责令限期改正，可以处10万元以下的罚款；逾期未改正的，责令停产停业整顿，并处10万元以上20万元以下的罚款，对其直接负责的主管人员和其他直接责任人员处2万元以上5万元以下的罚款；构成犯罪的，依照刑法有关规定追究刑事责任：

① 未按照本规定要求对重大危险源进行安全评估或者安全评价的；

② 未按照本规定要求对重大危险源进行登记建档的；

③ 未按照本规定及相关标准要求对重大危险源进行安全监测监控的；

④ 未制定重大危险源事故应急预案的。

危险化学品单位有下列行为之一的，由县级以上人民政府安全生产监督管理部门责令限期改正，可以处5万元以下的罚款；逾期未改正的，处5万元以上20万元以下的罚款，对其直接负责的主管人员和其他直接责任人员处1万元以上2万元以下的罚款；情节严重的，责令停产停业整顿；构成犯罪的，依照刑法有关规定追究刑事责任。

① 未在构成重大危险源的场所设置明显的安全警示标志的；

② 未对重大危险源中的设备、设施等进行定期检测、检验的。

危险化学品单位未按照本规定对重大危险源的安全生产状况进行定期检查，采取措施消除事故隐患的，责令立即消除或者限期消除；危险化学品单位拒不执行的责令停产停业整顿，并处10万之以上20万元以下的罚款，对其直接负责的主管人员和其他直接责任人员处2万元以下5万元以下的罚款。危险化学品单位有下列情形之一的，由县级以上人民政府安全生产监督管理部门给予警告，可以并处5000元以上3万元以下的罚款：

① 未按照标准对重大危险源进行辨识的；

② 未按照本规定明确重大危险源中关键装置、重点部位的责任人或者责任机构的；

③ 未按照本规定建立应急救援组织或者配备应急救援人员，以及配备必要的防护装备及器材、设备、物资，并保障其完好的；

④ 未按照本规定进行重大危险源备案或者核销的；

⑤ 未将重大危险源可能引发的事故后果、应急措施等信息告知可能受影响的单位、区域及人员的；

⑥ 未按照本规定要求开展重大危险源事故应急预案演练的；

⑦ 未按照本规定对重大危险源的安全生产状况进行定期检查，采取措施消除事故隐患的。

承担检测、检验、安全评价工作的机构，出具虚假证明的，没收违法所得；违法所得在10万元以上的，并处违法所得2倍以上5倍以下的罚款；没有违法所得或者违法所得不足10万元的，单处或者并处10万元以上20万元以下的罚款；对其直接负责的主管人员和其他直接责任人员处2万元以上5万元以下的罚款；给他人造成损害的，与危险化学品单位承担连带赔偿责任，构成犯罪的，依照刑法有关规定追究刑事责任。

对有前款违法行为的机构，撤销其相应资格。

4.8 《首批重点监管的危险化工工艺目录》和《首批重点监管的危险化工工艺安全控制要求、重点监控参数及推荐的控制方案》相关知识

上述文件是《国家安全监管总局关于公布首批重点监管的危险化工工艺目录的通知》(安监总管三[2009]116号)中的两个文件。

这两个文件的发布，对指导有关企业按照文件要求，对照本企业采用的危险化工工艺及其特点，确定重点监控的工艺参数，装备和完善自动控制系统，提高危险化学品生产本质安全水平有重要的指导作用。

化工企业要按照《首批重点监管的危险化工工艺目录》《首批重点监管的危险化工工艺安全控制要求、重点监控参数及推荐的控制方案》要求，对照本企业采用的危险化工工艺及其特点，确定重点监控的工艺参数，装备和完善自动控制系统，大型和高度危险化工装置要按照推荐的控制方案装备紧急停车系统。今后，采用危险化工工艺的新建生产装置原则上要由甲级资质化工设计单位进行设计。

国家安全监管总局以安监总管三〔2013〕3号文件下发了《关于公布第二批重点监管危险化工工艺目录和调整首批重点监管危险化工工艺中部分典型工艺的通知》，确定了第二批重点监管危险化工工艺，组织编制了《第二批重点监管危险化工工艺重点监控参数、安全控制基本要求及推荐的控制方案》，要求化工企业根据第二批重点监管危险化工工艺目录及其重点监控参数、安全控制基本要求和推荐的控制方案要求，对照本企业采用的危险化工工艺及其特点，确定重点监控的工艺参数，装备和完善自动控制系统，大型和高度危险的化工装置要按照推荐的控制方案装备安全仪表系统(紧急停车或安全联锁)。

4.8.1 首批重点监管的危险化工工艺目录

(1) 光气及光气化工艺
(2) 电解工艺(氯碱)
(3) 氯化工艺
(4) 硝化工艺
(5) 合成氨工艺
(6) 裂解(裂化)工艺
(7) 氟化工艺
(8) 加氢工艺
(9) 重氮化工艺
(10) 氧化工艺
(11) 过氧化工艺
(12) 胺基化工艺
(13) 磺化工艺
(14) 聚合工艺
(15) 烷基化工艺

4.8.2 第二批重点监管危险化工工艺目录

(1) 新型煤化工工艺
(2) 电石生产工艺
(3) 偶氮化工艺

4.9 《危险化学品目录》(2015 版)相关知识

按照《危险化学品安全管理条例》(国务院令第 591 号)有关规定，国家安全监管总局会同工业和信息化部、公安部、环境保护部、交通运输部、农业部、国家卫生计生委、质检总局、铁路局、民航局制定了《危险化学品目录》(2015 版)，2015 年 2 月 27 日公布，2015 年 5 月 1 日起实施。同时废止了《危险化学品名录》(2002 版)(原国家安全生产监督管理局公告 2003 年第 1 号)、《剧毒化学品目录》(2002 年版)(原国家安全生产监督管理局等 8 部门公告 2003 年第 2 号)。

《危险化学品目录》(2015 版)中危险化学品的确定原则：危险化学品的品种依据化学品分类和标签国家标准，从下列危险和危害特性类别中确定：

(1) 物理危险

爆炸物：不稳定爆炸物、1.1、1.2、1.3、1.4；

易燃气体：类别 1、类别 2、化学不稳定性气体类别 A、化学不稳定性气体类别 B；

气溶胶(又称气雾剂)：类别 1；

氧化性气体：类别 1；

加压气体：压缩气体、液化气体、冷冻液化气体、溶解气体；

易燃液体：类别 1、类别 2、类别 3；

易燃固体：类别 1、类别 2；

自反应物质和混合物：A 型、B 型、C 型、D 型、E 型；

自燃液体：类别 1；

自燃固体：类别 1；

自热物质和混合物：类别 1、类别 2；

遇水放出易燃气体的物质和混合物：类别 1、类别 2、类别 3；

氧化性液体：类别 1、类别 2、类别 3；

氧化性固体：类别 1、类别 2、类别 3；

有机过氧化物：A 型、B 型、C 型、D 型、E 型、F 型；

金属腐蚀物：类别 1。

(2) 健康危害

急性毒性：类别 1、类别 2、类别 3；

皮肤腐蚀/刺激：类别 1A、类别 1B、类别 1C、类别 2；

严重眼损伤/眼刺激：类别 1、类别 2A、类别 2B；

呼吸道或皮肤致敏：呼吸道致敏物 1A、呼吸道致敏物 1B、皮肤致敏物 1A、皮肤致敏物 1B；

生殖细胞致突变性：类别 1A、类别 1B、类别 2；

致癌性：类别 1A、类别 1B、类别 2；

生殖毒性：类别 1A、类别 1B、类别 2、附加类别；

特异性靶器官毒性-一次接触：类别 1、类别 2、类别 3；

特异性靶器官毒性-反复接触：类别 1、类别 2；

吸入危害：类别 1。

(3) 环境危害

危害水生环境-急性危害：类别 1、类别 2；危害水生环境-长期危害：类别 1、类别 2、类别 3；

危害臭氧层：类别 1。

《危险化学品目录》(2015 版)中剧毒化学品的剧烈急性毒性判定界限：急性毒性类别 1，即满足下列条件之一：大鼠实验，经口 LD_{50}≤5mg/kg，经皮 LD_{50}≤50mg/kg，吸入(4h) LC_{50}≤100mL/m^3(气体)或 0.5mg/L(蒸气)或 0.05mg/L(尘、雾)。经皮 LD_{50} 的实验数据，也可使用兔实验数据。

剧毒化学品是指具有剧烈急性毒性危害的化学品，包括人工合成的化学品及其混合物和天然毒素，还包括具有急性毒性易造成公共安全危害的化学品。

《危险化学品目录》(2015 版)共有 2828 个条目，其中剧毒化学品 148 个，危险化学品 2679 个。另外，目录中：2828 条，是指含易燃溶剂的合成树脂、油漆、辅助材料、涂料等制品闭杯闪点≤60℃。

序号 2828 是类属条目，《危险化学品目录》(2015 版)中除列明的条目外，符合相应条件的，属于危险化学品。

4.10 《首批重点监管的危险化学品名录》和《首批重点监管的危险化学品安全措施和应急处置原则》相关知识

国家安全监管总局于2011年6月21日以总局95号文公布了《首批重点监管的危险化学品名录》(以下简称《名录》)，随后又以总局142号文于2011年7月1日印发了《首批重点监管的危险化学品安全措施和应急处置原则》，从特别警示、理化特性、危害信息、安全措施、应急处置原则5个方面，对列入《名录》中的危险化学品逐一提出了安全措施和应急处置原则。

上述两个文件要求有关企业针对本企业生产特点和产品特性，落实文件提出的各项安全措施，完善事故应急预案，提高应急处置能力。

两个文件的发布对企业排查自身安全管理漏洞和薄弱环节，及时消除隐患，提高安全管理水平具有十分重要的意义。

(1) 发布《名录》目的

危险化学品应用广泛，与工业生产和人们的日常生活密切相关。由于其具有易燃、易爆、有毒、有害等危险特性，在生产、使用、储存、运输等过程中，如管理不善，一旦发生事故，后果往往非常严重，易造成人员伤亡、环境污染及财产损失。

近年来，全国危险化学品安全生产形势呈现稳定好转的发展态势。由于我国危险化学品企业80%以上是小企业，这些企业大多工艺技术落后，设备设施简陋，安全生产管理水平较低，从业人员素质不能满足安全生产需要，我国目前危险化学品安全监管体制机制也需要进一步完善，因而危险化学品较大以上事故还时有发生，危险化学品安全生产形势依然严峻。

现行《危险化学品目录》中危险化学品品种繁多，每种化学品危险特性差异很大，发生事故后的危害和对社会造成的影响也大不一样。因此，对危险性较大的危险化学品实施重点监管，目前已成为各国化学品安全管理的共识。本着全面加强监管与突出重点监管相结合的原则，研究制定并公布《名录》，指导各地安监部门和危险化学品企业采取更加有力的措施，突出加强危险性相对较大的危险化学品安全生产管理和监管工作，推动全国危险化学品安全生产形势的进一步稳定好转。

(2)《名录》中的危险化学品品种的确定

国家安监总局组织专门技术力量进行了1年多的专题研究，从现行《危险化学品目录》中进行了认真筛选，综合考虑了化学品的固有危险性、2002年以来国内化学品事故情况、近40年发生重特大事故的危险化学品品种、国内危险化学品生产量的情况、国内外危险化学品重点监管的品种等五个要素，研究了国外相关安全管理名录，包括美国职业安全健康署《高度危险化学品的工艺安全管理》中的高危化学品名录，《应急计划与公众知情权法》(EPCRA)中的关于危险源设施报告和应急反应制度的极度危险物质名录及有毒化学品释放报告管理清单(TRI)，美国环境保护署《清洁空气法》(CAA)风险管理计划(RMP)中的特定易燃和有毒化学品名录，美国国土安全部《化学品设施反恐标准》中的关注化学品名录，加拿大优先物质名单(PSL)。经有关化学品安全专家多次反复论证，最终确定了《名录》。重点监管的危险化学品包括列入《名录》的 60 种危险化学品及在温度 20℃ 和标准大气压 101. 3kPa 条件下属于以下类别的危险化学品：

① 易燃气体类别 1(爆炸下限≤13%或爆炸极限范围≥12%的气体)；

② 易燃液体类别 1(闭杯闪点<23℃并初沸点≤35℃的液体)；

③ 自燃液体类别 1(与空气接触不到 5min 便燃烧的液体)；

④ 自燃固体类别 1(与空气接触不到 5min 便燃烧的固体)；

⑤ 遇水放出易燃气体的物质类别 1(在环境温度下与水剧烈反应所产生的气体通常显示自燃的倾向，或释放易燃气体的速度等于或大于每公斤物质在任何 1min 内释放 10L 的任何物质或混合物)；

⑥ 三光气等光气类化学品。

首批重点监管的危险化学品名录如表 4-2 所示：

表 4-2　首批重点监管的危险化学品名录

序号	化学品名称	别名	CAS 号
1	氯	液氯、氯气	7782-50-5
2	氨	液氨、氨气	7664-41-7
3	液化石油气		68476-85-7
4	硫化氢		7783-06-4
5	甲烷、天然气		74-82-8(甲烷)
6	原油		
7	汽油(含甲醇汽油、乙醇汽油)、石脑油		8006-61-9(汽油)
8	氢	氢气	1333-74-0
9	苯(含粗苯)		71-43-2
10	碳酰氯	光气	75-44-5
11	二氧化硫		7446-09-5
12	一氧化碳		630-08-0
13	甲醇	木醇、木精	67-56-1
14	丙烯腈	氰基乙烯、乙烯基氰	107-13-1
15	环氧乙烷	氧化乙烯	75-21-8
16	乙炔	电石气	74-86-2
17	氟化氢、氢氟酸		7664-39-3
18	氯乙烯		75-01-4
19	甲苯	甲基苯、苯基甲烷	108-88-3
20	氰化氢、氢氰酸		74-90-8
21	乙烯		74-85-1
22	三氯化磷		7719-12-2
23	硝基苯		98-95-3
24	苯乙烯		100-42-5
25	环氧丙烷		75-56-9
26	一氯甲烷		74-87-3
27	1，3-丁二烯		106-99-0
28	硫酸二甲酯		77-78-1
29	氰化钠		143-33-9
30	1-丙烯、丙烯		115-07-1
31	苯胺		62-53-3
32	甲醚		115-10-6

续表

序号	化学品名称	别名	CAS 号
33	丙烯醛、2-丙烯醛		107-02-8
34	氯苯		108-90-7
35	乙酸乙烯酯		108-05-4
36	二甲胺		124-40-3
37	苯酚	石炭酸	108-95-2
38	四氯化钛		7550-45-0
39	甲苯二异氰酸酯	TDI	584-84-9
40	过氧乙酸	过乙酸、过醋酸	79-21-0
41	六氯环戊二烯		77-47-4
42	二硫化碳		75-15-0
43	乙烷		74-84-0
44	环氧氯丙烷	3-氯-1，2-环氧丙烷	106-89-8
45	丙酮氰醇	2-甲基-2-羟基丙腈	75-86-5
46	磷化氢	膦	7803-51-2
47	氯甲基甲醚		107-30-2
48	三氟化硼		7637-07-2
49	烯丙胺	3-氨基丙烯	107-11-9
50	异氰酸甲酯	甲基异氰酸酯	624-83-9
51	甲基叔丁基醚		1634-04-4
52	乙酸乙酯		141-78-6
53	丙烯酸		79-10-7
54	硝酸铵		6484-52-2
55	三氧化硫	硫酸酐	7446-11-9
56	三氯甲烷	氯仿	67-66-3
57	甲基肼		60-34-4
58	一甲胺		74-89-5
59	乙醛		75-07-0
60	氯甲酸三氯甲酯	双光气	503-38-8

（3）贯彻落实《名录》的具体要求

生产、储存、使用、经营重点监管危险化学品的企业，要按照《措施和原则》中提出的安全措施和应急处置原则，完善相关安全生产责任制和安全生产管理规定，切实加强对本企业涉及的《名录》中的重点监管危险化学品的安全管理。要进一步完善有关安全生产条件：对涉及重点监管危险化学品的化工装置，要增设和完善自动化控制系统，增设和完善必要的紧急停车和紧急切断系统；对储存重点监管危险化学品的设施，要增设和完善自动化监控系统，实现液位、压力、温度及泄漏报警等重要数据的连续自动监测和数据远传记录，增设和完善必要的紧急切断系统。

地方各级安监部门要按照《国家安全监管总局关于公布首批重点监管的危险化学品名录的通知》的要求，对涉及重点监管危险化学品的建设项目和有关企业，要突出加强安全生产监督管理：涉及重点监管的危险化学品的生产、储存和使用重点监管危险化学品用于化工生产的新建、扩建和改建项目，原则上应由具有甲级资质的化工行业设计单位进行设计；在行政许可方面，拟在今年制定修订发布的相关部门规章中明确，对于生产重点监管危险化学品的企业及使用重点危险化学品用于化工生产的企业，省级或设区的市级安监部门不得委托县级安监部门实施危险化学品安全生产许可或安全使用许可；地方各级安监部门要把涉及重点监管危险化学品的生产、储存、使用和运输企业，纳入重点监管的企业名单，增加执法检查的频次，加大执法检查的力度，突出加强监管，推动危险化学品安全生产形势持续稳定好转。

(4)《名录》和《措施和原则》的关系

为切实提高安全管理水平和本质安全水平，同时为指导地方安监部门增强执法检查的针对性和有效性，在编制《名录》时，组织有关单位和专家配套编制了《措施和原则》。《措施和原则》从特别警示、理化特性、危害信息、安全措施、应急处置原则等方面，对《名录》中的危险化学品逐一提出了安全措施和应急处置原则，既涵盖了化学品的理化性质、燃烧和爆炸危险性、活性反应、健康危害等基本内容，又包括针对性、操作性较强的安全措施和应急处置原则。《措施与原则》目前已经向社会公布。《措施和原则》的公布，为危险化学品的生产、储存、使用、经营、运输安全生产提供了指南，可供各级安监部门和危险化学品企业在危险化学品安全监管和安全生产管理工作中参考使用，还可以指导企业加强安全生产工作，又为各地安监部门执法检查提供参考和指导。

4.11 《第二批重点监管危险化学品名录》和《第二批重点监管的危险化学品安全措施和应急处置原则》相关知识

为进一步做好重点监管的危险化学品安全管理工作，国家安全监管总局在分析国内危险化学品生产情况和近年来国内发生的危险化学品事故情况、国内外重点监管化学品品种、化学品固有危险特性及国内外重特大化学品事故等因素的基础上，研究确定了《第二批重点监管的危险化学品名录》(国家安全监管总局安监总管三〔2013〕12 号)，制定了第二批重点监管的危险化学品安全措施和应急处置原则。第二批重点监管危险化学品名录如表 4-3 所示。

表 4-3　第二批重点监管的危险化学品名录

序号	化学品品名	CAS 号
1	氯酸钠	7775-9-9
2	氯酸钾	3811-4-9
3	过氧化甲乙酮	1338-23-4
4	过氧化(二)苯甲酰	94-36-0
5	硝化纤维素	9004-70-0
6	硝酸胍	506-93-4
7	高氯酸铵	7790-98-9
8	过氧化苯甲酸叔丁酯	614-45-9
9	*N*，*N*′-二亚硝基五亚甲基四胺	101-25-7
10	硝基胍	556-88-7
11	2，2′-偶氮二异丁腈	78-67-1
12	2，2′-偶氮-二-（2，4-二甲基戊腈）(即偶氮二异庚腈)	4419-11-8
13	硝化甘油	55-63-0
14	乙醚	60-29-7

生产、储存、使用重点监管的危险化学品的企业和化工企业和其他相关单位，应当积极开展涉及重点监管危险化学品的生产、储存设施自动化监控系统改造提升工作，高度危险和大型装置要依法装备安全仪表系统(紧急停车或安全联锁)。

4.12 《非药品类易制毒化学品生产、经营许可办法》相关知识

该办法是为了加强非药品类易制毒化学品管理，规范非药品类易制毒化学品生产、经营行为，防止非药品类易制毒化学品被用于制造毒品，维护经济和社会秩序，根据《易制毒化学品管理条例》和有关法律、行政法规而制定的。

办法包括总则、生产经营许可、生产经营备案、监督管理、罚则、附则等共6章34条。在办法的附表中列出了非药品类易制毒化学品分类和品种目录。

办法规定了申请生产、经营许可和生产、经营备案的程序和条件以及应提交的文件、资料，安监部门监管职责、有关部门、单位和人员违反规定的处罚等。

2006年4月5日国家安全生产监督管理总局令以第5号公布了《非药品类易制毒化学品生产、经营许可办法》，该办法自2006年4月15日起施行。

4.12.1 适用范围

国家对非药品类易制毒化学品的生产、经营实行许可制度，对第一类非药品类易制毒化学品的生产、经营实行许可证管理，对第二类、第三类易制毒化学品的生产、经营实行备案证明管理。

非药品类易制毒化学品，是指《条例》附表确定的可以用于制毒的非药品类主要原料和化学配剂。

非药品类易制毒化学品的分类和品种，见本办法附表《非药品类易制毒化学品分类和品种目录》。

4.12.2 政府部门分工

国家安全生产监督管理总局监督、指导全国非药品类易制毒化学品生产、经营许可和备案管理工作。

省、自治区、直辖市人民政府安全生产监督管理部门负责本行政区域内第一类非药品类易制毒化学品生产、经营的审批和许可证的颁发工作。

设区的市级人民政府安全生产监督管理部门负责本行政区域内第二类非药品类易制毒化学品生产、经营和第三类非药品类易制毒化学品生产的备案证明颁发工作。

县级人民政府安全生产监督管理部门负责本行政区域内第三类非药品类易制毒化学品经营的备案证明颁发工作，负责本行政区域内执行非药品类易制毒化学品生产、经营许可制度的监督管理工作。

省、自治区、直辖市人民政府安全生产监督管理部门对申请人提交的申请书及文件、资料，应当按照下列规定分别处理：

(1) 申请事项不属于本部门职权范围的，应当即时出具不予受理的书面凭证；

(2) 申请材料存在可以当场更正的错误的，应当允许或者要求申请人当场更正；

(3) 申请材料不齐全或者不符合要求的，应当当场或者在5个工作日内书面一次告知申

请人需要补正的全部内容，逾期不告知的，自收到申请材料之日起即为受理；

(4) 申请材料齐全、符合要求或者按照要求全部补正的，自收到申请材料或者全部补正材料之日起为受理。

对已经受理的申请材料，省、自治区、直辖市人民政府安全生产监督管理部门应当进行审查，根据需要可以进行实地核查。

自受理之日起，对非药品类易制毒化学品的生产许可证申请在60个工作日内、对经营许可证申请在30个工作日内，省、自治区、直辖市人民政府安全生产监督管理部门应当作出颁发或者不予颁发许可证的决定。

对决定颁发的，应当自决定之日起10个工作日内送达或者通知申请人领取许可证；对不予颁发的，应当在10个工作日内书面通知申请人并说明理由。

安全生产监督管理部门应当自收到报告后10个工作日内将本行政区域内上年度非药品类易制毒化学品生产、经营汇总情况报上级安全生产监督管理部门。

县级以上人民政府安全生产监督管理部门应当加强非药品类易制毒化学品生产、经营的监督检查工作。

县级以上人民政府安全生产监督管理部门对非药品类易制毒化学品的生产、经营活动进行监督检查时，可以查看现场、查阅和复制有关资料、记录有关情况、扣押相关的证据材料和违法物品；必要时，可以临时查封有关场所。

被检查的单位或者个人应当如实提供有关情况和资料、物品，不得拒绝或者隐匿。

各级安全生产监督管理部门应当建立非药品类易制毒化学品许可和备案档案并加强信息管理。

安全生产监督管理部门应当及时将非药品类易制毒化学品生产、经营许可及吊销许可情况，向同级公安机关和工商行政管理部门通报；向商务主管部门通报许可证和备案证明颁发等有关情况。

4.12.3 生产、经营许可

生产、经营第一类非药品类易制毒化学品的，必须取得非药品类易制毒化学品生产、经营许可证方可从事生产、经营活动，应当分别符合以下要求：

(1) 生产单位申请非药品类易制毒化学品生产许可证，应当向所在地的省级人民政府安全生产监督管理部门提交下列文件、资料，并对其真实性负责：

① 非药品类易制毒化学品生产许可证申请书(一式2份)；

② 生产设备、仓储设施和污染物处理设施情况说明材料；

③ 易制毒化学品管理制度和环境突发事件应急预案；

④ 安全生产管理制度；

⑤ 单位法定代表人或者主要负责人和技术、管理人员具有相应安全生产知识的证明材料；

⑥ 单位法定代表人或者主要负责人和技术、管理人员具有相应易制毒化学品知识的证明材料及无毒品犯罪记录证明材料；

⑦ 工商营业执照副本(复印件)；

⑧ 产品包装说明和使用说明书。

属于危险化学品生产单位的，还应当提交危险化学品生产企业安全生产许可证和危险化学品登记证(复印件)，免于提交上述第④、⑤、⑦项所要求的文件、资料。

（2）经营单位申请非药品类易制毒化学品经营许可证，应当向所在地的省级人民政府安全生产监督管理部门提交下列文件、资料，并对其真实性负责：

① 非药品类易制毒化学品经营许可证申请书(一式2份)；

② 经营场所、仓储设施情况说明材料；

③ 易制毒化学品经营管理制度和包括销售机构、销售代理商、用户等内容的销售网络文件；

④ 单位法定代表人或者主要负责人和销售、管理人员具有相应易制毒化学品知识的证明材料及无毒品犯罪记录证明材料；

⑤ 工商营业执照副本(复印件)；

⑥ 产品包装说明和使用说明书。

属于危险化学品经营单位的，还应当提交危险化学品经营许可证(复印件)，免于提交本条第⑤项所要求的文件、资料。

（3）许可证换证

非药品类易制毒化学品生产、经营许可证有效期为3年。许可证有效期满后需继续生产、经营第一类非药品类易制毒化学品的，应当于许可证有效期满前3个月内向原许可证颁发管理部门提出换证申请并提交相应资料，经审查合格后换领新证。

（4）变更

第一类非药品类易制毒化学品生产、经营单位在非药品类易制毒化学品生产、经营许可证有效期内出现下列情形之一的，应当向原许可证颁发管理部门申请变更许可证：

① 单位法定代表人或者主要负责人改变；

② 单位名称改变；

③ 许可品种主要流向改变；

④ 需要增加许可品种、数量。

属于本条第①、③项的变更，应当自发生改变之日起20个工作日内提出申请；属于本条第②项的变更，应当自工商营业执照变更后提出申请。

申请单位法定代表人或者主要负责人的变更，应当提供以下证明材料：

① 单位法定代表人或者主要负责人和技术、管理人员具有相应安全生产知识的证明材料；

② 单位法定代表人或者主要负责人和技术、管理人员具有相应易制毒化学品知识的证明材料及无毒品犯罪记录证明材料；

③ 单位法定代表人或者主要负责人和销售、管理人员具有相应易制毒化学品知识的证明材料及无毒品犯罪记录证明材料。

申请单位名称的变更，应当提供变更后的工商营业执照副本(复印件)。

申请许可品种主要流向改变的变更，生产、经营单位应当分别提供主要流向改变说明、易制毒化学品经营管理制度和包括销售机构、销售代理商、用户等内容的销售网络文件。

申请增加生产许可品种、数量的变更，应当提供以下资料：

① 生产设备、仓储设施和污染物处理设施情况说明材料；

② 易制毒化学品管理制度和环境突发事件应急预案；

③ 产品包装说明和使用说明书。

申请增加生产许可品种、数量的变更，应当提供以下资料：

① 经营场所、仓储设施情况说明材料；

② 易制毒化学品经营管理制度和包括销售机构、销售代理商、用户等内容的销售网络文件；

③ 产品包装说明和使用说明书。

非药品类易制毒化学品生产、经营单位原有技术或者销售人员、管理人员变动的，变动人员应当具有相应的安全生产和易制毒化学品知识。

(5) 注销

第一类非药品类易制毒化学品生产、经营单位不再生产、经营非药品类易制毒化学品时，应当在停止生产、经营后3个月内办理注销许可手续。

4.12.4 生产、经营备案

生产、经营第二类、第三类非药品类易制毒化学品的，必须进行非药品类易制毒化学品生产、经营备案。

生产第二类、第三类非药品类易制毒化学品的，应当自生产之日起30个工作日内，将生产的品种、数量等情况，向所在地的设区的市级人民政府安全生产监督管理部门备案。

经营第二类非药品类易制毒化学品的，应当自经营之日起30个工作日内，将经营的品种、数量、主要流向等情况，向所在地的设区的市级人民政府安全生产监督管理部门备案。

经营第三类非药品类易制毒化学品的，应当自经营之日起30个工作日内，将经营的品种、数量、主要流向等情况，向所在地的县级人民政府安全生产监督管理部门备案。

第二类、第三类非药品类易制毒化学品生产单位进行备案时，应当提交下列资料：

① 非药品类易制毒化学品品种、产量、销售量等情况的备案申请书；

② 易制毒化学品管理制度；

③ 产品包装说明和使用说明书；

④ 工商营业执照副本(复印件)。

属于危险化学品生产单位的，还应当提交危险化学品生产企业安全生产许可证和危险化学品登记证(复印件)，免于提交本条第④项所要求的文件、资料。

第二类、第三类非药品类易制毒化学品经营单位进行备案时，应当提交下列资料：

① 非药品类易制毒化学品销售品种、销售量、主要流向等情况的备案申请书；

② 易制毒化学品管理制度；

③ 产品包装说明和使用说明书；

④ 工商营业执照副本(复印件)。

属于危险化学品经营单位的，还应当提交危险化学品经营许可证，免于提交本条第④项所要求的文件、资料。

第二类、第三类非药品类易制毒化学品生产、经营备案证明有效期为3年。有效期满后需继续生产、经营的，应当在备案证明有效期满前3个月内重新办理备案手续。

第二类、第三类非药品类易制毒化学品生产、经营单位的法定代表人或者主要负责人、单位名称、单位地址发生变化的，应当自工商营业执照变更之日起30个工作日内重新办理备案手续；生产或者经营的备案品种增加、主要流向改变的，在发生变化后30个工作日内重新办理备案手续。

第二类、第三类非药品类易制毒化学品生产、经营单位不再生产、经营非药品类易制毒化学品时，应当在终止生产、经营后3个月内办理备案注销手续。

生产、经营单位应当于每年3月31日前，向许可或者备案的安全生产监督管理部门报告本单位上年度非药品类易制毒化学品生产经营的品种、数量和主要流向等情况。

4.12.5 违者罚则

对于有下列行为之一的，县级以上人民政府安全生产监督管理部门可以自《条例》第三十八条规定的部门作出行政处罚决定之日起的3年内，停止受理其非药品类易制毒化学品生产、经营许可或备案申请：

① 未经许可或者备案擅自生产、经营非药品类易制毒化学品的；

② 伪造申请材料骗取非药品类易制毒化学品生产、经营许可证或者备案证明的；

③ 使用他人的非药品类易制毒化学品生产、经营许可证或者备案证明的；

④ 使用伪造、变造、失效的非药品类易制毒化学品生产、经营许可证或者备案证明的。

对于有下列行为之一的，由县级以上人民政府安全生产监督管理部门给予警告，责令限期改正，处1万元以上5万元以下的罚款；对违反规定生产、经营的非药品类易制毒化学品，可以予以没收；逾期不改正的，责令限期停产停业整顿；逾期整顿不合格的，吊销相应的许可证：

① 易制毒化学品生产、经营单位未按规定建立易制毒化学品的管理制度和安全管理制度的；

② 将许可证或者备案证明转借他人使用的；

③ 超出许可的品种、数量，生产、经营非药品类易制毒化学品的；

④ 易制毒化学品的产品包装和使用说明书不符合《条例》规定要求的；

⑤ 生产、经营非药品类易制毒化学品的单位不如实或者不按时向安全生产监督管理部门报告年度生产、经营等情况的。

生产、经营非药品类易制毒化学品的单位或者个人拒不接受安全生产监督管理部门监督检查的，由县级以上人民政府安全生产监督管理部门责令改正，对直接负责的主管人员以及其他直接责任人员给予警告；情节严重的，对单位处1万元以上5万元以下的罚款，对直接负责的主管人员以及其他直接责任人员处1000元以上5000元以下的罚款。

安全生产监督管理部门工作人员在管理工作中，有滥用职权、玩忽职守、徇私舞弊行为或泄露企业商业秘密的，依法给予行政处分；构成犯罪的，依法追究刑事责任。

4.12.6 《非药品类易制毒化学品分类和品种目录》

第一类

① 1-苯基-2-丙酮

② 3,4-亚甲基二氧苯基-2-丙酮

③ 胡椒醛

④ 黄樟素

⑤ 黄樟油

⑥ 异黄樟素

⑦ *N*-乙酰邻氨基苯酸

⑧ 邻氨基苯甲酸

第二类

① 苯乙酸

② 醋酸酐☆

③ 三氯甲烷☆

④ 乙醚☆

⑤ 哌啶☆

第三类

① 甲苯☆

② 丙酮☆

③ 甲基乙基酮☆

④ 高锰酸钾☆

⑤ 硫酸☆

⑥ 盐酸☆

注：(1) 第一类、第二类所列物质可能存在的盐类，也纳入管制；

(2) 带有☆标记的品种为危险化学品。

4.13 《关于危险化学品企业贯彻落实<国务院关于进一步加强企业安全生产工作的通知>的实施意见》（安监总管三〔2010〕186号）相关知识

《实施意见》前八部分是对企业如何落实安全生产主体责任提的具体要求，共33条，需要企业具体落实；第九部分是对政府如何监督和指导企业落实主体责任提出的要求，共5条，需要各级政府有关部门组织落实。文件重点放在了危险化学品企业如何落实主体责任上，有行业指导作用：

(1) 要认真贯彻落实党和国家安全生产的方针、政策，严格执行国家有关安全生产法律法规和标准，把安全生产纳入企业发展战略和长远规划，领导企业建立并不断完善安全生产的体制机制；

(2) 建立健全安全生产责任制，建立和不断完善安全生产规章制度和操作规程；

(3) 保证安全投入满足安全生产的需要；

(4) 加强全体从业人员的安全教育和技能培训；

(5) 督促检查安全生产工作，及时消除隐患；

(6) 制定事故应急救援预案；

(7) 及时、如实报告生产安全事故；

(8) 履行安全监督与指导责任；

(9) 定期听取安全生产工作汇报，研究新情况、解决新问题；

(10) 大力推进安全管理信息化建设，积极采用先进适用技术。

4.13.1 强化安全生产体制、机制建设，建立健全企业全员安全生产责任体系(共7条，见图4-1)

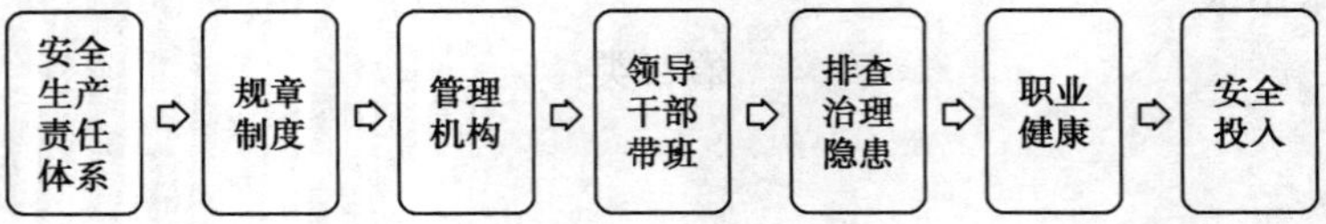

图4-1 全员安全生产责任体系

企业一把手在安全生产方面要做好的工作：

(1) 领导企业建立落实党和国家安全生产方针政策和法律法规的制度；

(2) 准确把握企业安全生产形势，做好前瞻性工作；

(3) 领导企业建立和不断完善安全生产管理的体制(机构、人员、责任制、管理制度)，选好安全管理部门主要负责人；

(4) 采取有效措施，保证安全生产管理体制的有效运行(机制问题)；

(5) 保证安全投入满足安全生产的需要；

(6) 领导企业倡导先进的安全文化，用先进的管理方法全面提升安全生产水平；

(7) 领导在安全上起决定性的作用。

4.13.2 强化工艺过程安全管理，提升本质化安全水平(共8条)

阐述了强化工艺过程安全管理，提升本质化安全水平的具体意见。分别从加强建设项目安全管理、积极开展工艺过程风险分析、确保设备设施完整性、大力提高工艺自动化控制与安全仪表水平、加强变更管理、加强重大危险源管理、高度重视储运环节的安全管理、加快安全生产先进技术研发和应用8个方面对企业提出了详细要求。

4.13.3 加强作业过程管理，确保现场作业安全(共4条)

作业许可，是个管理程序，更是发现隐患、消除事故隐患的过程，千万不要怕麻烦，千万不要抄近路，作业许可是吸取众多血的事故教训的产物，是保证安全的有效手段。作业过程见图4-2。

图4-2 作业过程

[案例] ××企业进行罐的检修，作业许可执行不严格，酿成事故

10月24日，××企业在V403罐内物料尚未倒空情况下，车间组织施工单位在现场进行检修作业准备工作。

10月27日，在对V403罐取样检测前，车间就开出“V403罐内受限空间作业票”，允许施工作业人员进入V403罐内作业。10月27日开具的动火作业票，时间为上午8：30，实际动火是9：40，动火时超过规定时限。违反火票办理程序，执行用火制度不严格。动火人未在火票相应栏目中签字确认，而由施工员代签。在动火点未作有毒有害及易燃易爆气体采样分析、动火作业措施还没有落实的情况下，就进行动火作业，没有履行相互监督的责任，违反了《动火作业管理制度》。

所有作业准备都是针对V403罐进行的，而现场作业是在V402。施工人员对V402酸性水罐存在的风险不清楚，对现场危害认识不足，没有采取有效的防控措施。

承包商管理是当前我国危化品企业安全管理的薄弱环节，承包商直接引发的安全生产事故多发，必须把企业内的所有作业环节按“属地管理”原则用同样的标准来严格管理，企业要用强有力的手段推动承包商落实安全生产主体责任，甚至实施更加严格管理，这是因为承包商引发的事故后果往往容易扩大化，多数伤及企业人员和财产、声誉。对承包商加强管理是国际通行的做法，也是企业管理水平的体现。

4.13.4 实施规范化安全培训管理，提高全员安全意识和操作技能(共3条)

分别从进一步规范和强化企业安全培训教育管理、企业主要负责人和安全生产管理人员要主动接受安全管理资格培训考核、加强特种作业人员资格培训三个方面对企业提出了详细要求 。

4.13.5 加强应急管理，提高应急响应水平(共3条)

建立安全生产预警预报体系是新要求，作为危险化学品一级企业评审的达标条件之一，是提升安全管理水平的必然要求，通过全员参与和相应的技术手段，把影响生产安全的要素变化情况综合量化，能够及时掌握企业、装置的安全风险变化趋势，起到对全员的预警作用，这是大多数危险化学品企业欠缺但必须加强的方面。

4.13.6 加强事故事件管理，进一步提升事故防范能力(共4条)

4.13.7 严格检查和考核，促进管理制度有效运行(共2条)

4.13.8 全面开展企业安全生产标准化建设，持续提升企业安全管理水平(共2条)

4.13.9 切实加强危险化学品安全生产监督和指导管理(共5条)

分别从进一步加大安全监管力度、制定落实化工行业安全发展规划，严格危险化学品安全生产准入、加强对化工园区、大型石油储罐区和危险化学品输送管道的安全监管、加强城市危险化学品安全监管、严格执行危险化学品重大隐患政府挂牌督办制度，严肃查处危险化学品生产安全事故等5个方面对政府监管提出了具体要求。

4.13.10 贯彻落实《实施意见》需要把握的原则

(1) 要充分认识《实施意见》出台的意义，牢牢把握《实施意见》的出发点和落脚点是推动企业落实安全生产主体责任。《实施意见》是《通知》在危险化学品领域的细化和延伸，既凝结了我国危险化学品安全生产工作的经验，也借鉴了国外先进做法。

（2）要充分认识《实施意见》是针对危化品重点企业——生产和储存及使用危险化学品从事化工生产的企业，落实要有针对性。

（3）要牢牢把握《实施意见》重在事前预防，重在建立安全生产长效机制。《实施意见》的每一项规定都集中体现了这一要求。进一步加强新形势下企业安全生产工作，关口前移，重心下移，切实解决一些长期以来影响和制约安全生产的关键问题、重点和难点问题。建立安全生产长效机制，在预防上下功夫。这是学习领会和贯彻落实过程中必须切实注意的方面。

4.14 《企业安全生产责任体系五落实五到位规定》相关知识

国家安全监管总局发布了《国家安全监管总局关于印发企业安全生产责任体系五落实五到位规定的通知》(安监总办〔2015〕27 号)，2015 年 3 月 16 日实施，内容如下：

（1）必须落实“党政同责”要求，董事长、党组织书记、总经理对本企业安全生产工作共同承担领导责任。

（2）必须落实安全生产“一岗双责”，所有领导班子成员对分管范围内安全生产工作承担相应职责。

（3）必须落实安全生产组织领导机构，成立安全生产委员会，由董事长或总经理担任主任。

（4）必须落实安全管理力量，依法设置安全生产管理机构，配齐配强注册安全工程师等专业安全管理人员。

（5）必须落实安全生产报告制度，定期向董事会、业绩考核部门报告安全生产情况，并向社会公示。

（6）必须做到安全责任到位、安全投入到位、安全培训到位、安全管理到位、应急救援到位。

4.15 《劳动密集型加工企业安全生产八条规定》相关知识

国家安全生产监督管理总局第 72 号令，公布《劳动密集型加工企业安全生产八条规定》，自 2015 年 2 月 15 日起施行，内容如下：

（1）必须证照齐全，确保厂房符合安全标准和设计规范，严禁违法使用易燃、有毒有害材料。

（2）必须确保生产工艺布局按规范设计，严禁安全通道、安全间距违反标准和设计要求。

（3）必须按标准选用、安装电气设备设施，规范铺设电气线路，严禁私搭乱接、超负荷运行。

（4）必须辨识危险有害因素，规范液氨、燃气、有机溶剂等危险物品使用和管理，严禁泄漏及冒险作业。

（5）必须严格执行动火、临时用电、检维修等危险作业审批监控制度，严禁违章指挥、违规作业。

（6）必须严格落实从业人员安全教育培训，严禁从业人员未经培训合格上岗和需持证人员无证上岗。

(7) 必须按规定设置安全警示标识和检测报警等装置，严禁作业场所粉尘、有毒物质等浓度超标。

(8) 必须配备必要的应急救援设备设施，严禁堵塞、锁闭和占用疏散通道及事故发生后延误报警。

4.16 《企业安全生产风险公告六条规定》相关知识

国家安全生产监督管理总局第70号令，公布《企业安全生产风险公告六条规定》，自2014年12月10日之日起施行，内容如下：

(1) 必须在企业醒目位置设置公告栏，在存在安全生产风险的岗位设置告知卡，分别标明本企业、本岗位主要危险危害因素、后果、事故预防及应急措施、报告电话等内容。

(2) 必须在重大危险源、存在严重职业病危害的场所设置明显标志，标明风险内容、危险程度、安全距离、防控办法、应急措施等内容。

(3) 必须在有重大事故隐患和较大危险的场所和设施设备上设置明显标志，标明治理责任、期限及应急措施。

(4) 必须在工作岗位标明安全操作要点。

(5) 必须及时向员工公开安全生产行政处罚决定、执行情况和整改结果。

(6) 必须及时更新安全生产风险公告内容，建立档案。

4.17 《有限空间安全作业五条规定》相关知识

国家安全生产监督管理总局第69号令公布《有限空间安全作业五条规定》，自2014年9月29日起施行，内容如下：

(1) 必须严格实行作业审批制度，严禁擅自进入有限空间作业。

(2) 必须做到“先通风、再检测、后作业”，严禁通风、检测不合格作业。

(3) 必须配备个人防中毒窒息等防护装备，设置安全警示标识，严禁无防护监护措施作业。

(4) 必须对作业人员进行安全培训，严禁教育培训不合格上岗作业。

(5) 必须制定应急措施，现场配备应急装备，严禁盲目施救。

4.18 《企业安全生产应急管理九条规定》相关知识

国家安全生产监督管理总局第74号令，《企业安全生产应急管理九条规定》，自2015年2月28日起施行，内容如下：

(1) 必须落实企业主要负责人是安全生产应急管理第一责任人的工作责任制，层层建立安全生产应急管理责任体系。

(2) 必须依法设置安全生产应急管理机构，配备专职或者兼职安全生产应急管理人员，建立应急管理工作制度。

(3) 必须建立专(兼)职应急救援队伍或与邻近专职救援队签订救援协议，配备必要的应急装备、物资，危险作业必须有专人监护。

（4）必须在风险评估的基础上，编制与当地政府及相关部门相衔接的应急预案，重点岗位制定应急处置卡，每年至少组织一次应急演练。

（5）必须开展从业人员岗位应急知识教育和自救互救、避险逃生技能培训，并定期组织考核。

（6）必须向从业人员告知作业岗位、场所危险因素和险情处置要点，高风险区域和重大危险源必须设立明显标识，并确保逃生通道畅通。

（7）必须落实从业人员在发现直接危及人身安全的紧急情况时停止作业，或在采取可能的应急措施后撤离作业场所的权利。

（8）必须在险情或事故发生后第一时间做好先期处置，及时采取隔离和疏散措施，并按规定立即如实向当地政府及有关部门报告。

（9）必须每年对应急投入、应急准备、应急处置与救援等工作进行总结评估。

4.19 《严防企业粉尘爆炸五条规定》相关知识

国家安全生产监督管理总局第 68 号令《严防企业粉尘爆炸五条规定》，2014 年 8 月 15 日施行，内容如下：

（1）必须确保作业场所符合标准规范要求，严禁设置在违规多层房、安全间距不达标厂房和居民区内。

（2）必须按标准规范设计、安装、使用和维护通风除尘系统，每班按规定检测和规范清理粉尘，在除尘系统停运期间和粉尘超标时严禁作业，并停产撤人。

（3）必须按规范使用防爆电气设备，落实防雷、防静电等措施，保证设备设施接地，严禁作业场所存在各类明火和违规使用作业工具。

（4）必须配备铝镁等金属粉尘生产、收集、贮存的防水防潮设施，严禁粉尘遇湿自燃。

（5）必须严格执行安全操作规程和劳动防护制度，严禁员工培训不合格和不按规定佩戴使用防尘、防静电等劳保用品上岗。

4.20 《化工（危险化学品）企业保障生产安全十条规定》相关知识

国家安全生产监督管理总局第 64 号令，公布《化工（危险化学品）企业保障生产安全十条规定》，自 2013 年 9 月 18 日起施行，内容如下：

（1）必须依法设立、证照齐全有效。

（2）必须建立健全并严格落实全员安全生产责任制，严格执行领导带班值班制度。

（3）必须确保从业人员符合录用条件并培训合格，依法持证上岗。

（4）必须严格管控重大危险源，严格变更管理，遇险科学施救。

（5）必须按照《危险化学品企业事故隐患排查治理实施导则》要求排查治理隐患。

（6）严禁设备设施带病运行和未经审批停用报警联锁系统。

（7）严禁可燃和有毒气体泄漏等报警系统处于非正常状态。

（8）严禁未经审批进行动火、进入受限空间、高处、吊装、临时用电、动土、检维修、盲板抽堵等作业。

（9）严禁违章指挥和强令他人冒险作业。

（10）严禁违章作业、脱岗和在岗做与工作无关的事。

4.21 《非煤矿山企业安全生产十条规定》相关内容

国家安全生产监督管理总局第67号令，公布《非煤矿山企业安全生产十条规定》，自2014年6月20日起施行，内容如下：

（1）金属非金属地下矿山企业

① 必须证照齐全有效，安全生产管理机构健全或配备专职安全生产管理人员，安全生产责任制落实，外包工程安全管理到位。

② 必须确保矿领导下井带班，全员培训合格，"三项岗位人员"持证上岗。

③ 必须按规定设置安全出口并保持畅通，严禁独头开采。

④ 必须建立机械通风系统，局部通风管理安全可靠。

⑤ 必须配齐自救器和便携式气体检测仪。

⑥ 必须加强顶板管理和采空区监测、治理。

⑦ 必须落实探放水制度，加强水害隐患治理。

⑧ 必须确保提升、运输设备安全可靠，严禁使用国家明令淘汰和未经检测检验合格的设备、材料。

⑨ 必须落实爆破器材库和爆破作业安全管理。

⑩ 必须建立专(兼)职应急救援队伍，确保救援装备和物资配备及应急演练到位。

（2）金属非金属露天矿山企业

① 必须证照齐全有效，安全生产管理机构健全或配备专职安全生产管理人员，安全生产责任制落实，外包工程安全管理到位。

② 必须确保全员培训合格，"三项岗位人员"持证上岗。

③ 必须确保相邻的采石场采矿许可范围之间最小距离大于300m。

④ 必须按设计自上而下分台阶分层开采。

⑤ 必须落实爆破作业安全管理规定，未经批准的必须采用中深孔爆破。

⑥ 必须实行湿式凿岩作业。

⑦ 必须使用机械二次破碎和铲装作业。

⑧ 必须落实边坡安全措施。

⑨ 必须按设计排土，加强排土场管理。

⑩ 必须建立专(兼)职应急救援队伍，确保应急装备和物资配备及应急演练到位。

（3）金属非金属尾矿库

① 必须证照齐全有效，安全生产责任制落实，配备专(兼)职安全技术人员。

② 必须确保全员培训合格，"三项岗位人员"持证上岗。

③ 必须按设计放矿、筑坝，确保坝体稳定性、安全超高、干滩长度、浸润线埋深符合要求。

④ 必须确保排洪、排渗设施设计规范、建设达标、运行可靠。

⑤ 必须建立监测监控系统并有效运行，落实定期巡查和值班值守制度。

⑥ 必须限期消除病库安全隐患，严禁危库、险库生产运行。

⑦ 必须加强“头顶库”安全管理。

⑧ 必须按设计及时闭库。

⑨ 必须加强闭库和回采安全管理。

⑩ 必须建立应急联动机制，确保应急装备和物资及应急演练到位。

(4) 陆上石油天然气开采企业

① 必须证照齐全有效，安全生产管理机构健全，安全生产责任制落实。

② 必须确保全员培训合格，“三项岗位人员”持证上岗。

③ 必须严格执行钻井地质设计和工程设计。

④ 必须按设计配备井控装备，落实井控防范措施。

⑤ 必须确保在含硫地区配齐硫化氢检测设备和防护用品。

⑥ 必须严格执行动火、吊装、有限空间作业等内部许可制度。

⑦ 必须使用通过安全论证的新工艺、新技术、新材料和新设备。

⑧ 必须加强重大危险源监控管理。

⑨ 必须严格落实外包工程安全管理。

⑩ 必须建立专(兼)职应急救援队伍，确保应急装备和物资配备及应急演练到位。

(5) 海洋石油天然气开采企业

① 必须证照齐全有效，安全生产管理机构健全，安全生产责任制落实。

② 必须确保出海作业人员经培训合格再上岗。

③ 必须严格落实海洋石油设施设计、建造和运行第三方发证检验制度。

④ 必须安装防喷控制系统，自溢井必须安装井下安全阀。

⑤ 必须按规定辨识拖航、动火等作业风险。

⑥ 必须确保消防、救生、逃生设备齐全完好。

⑦ 必须使用通过安全论证的新工艺、新技术、新材料和新设备。

⑧ 必须加强重大危险源监控管理。

⑨ 必须严格落实外包工程安全管理。

⑩ 必须确保应急演练到位。

第 5 章　危险化学品安全管理国家标准

国家制定的许多安全生产立法将安全生产标准作为生产经营单位必须执行的技术规范而载入法律，安全生产标准法律化是我国安全生产立法的重要趋势。

安全生产标准具有法律上的地位和效力。执行安全生产标准是生产经营单位的法定义务，违反法定安全生产标准的要求，同样要承担法律责任。法定安全生产标准主要是指强制性安全生产标准。法定安全生产标准分为国家标准和行业标准，两者对生产经营单位的安全生产具有同样的约束力。

安全生产国家标准是指国家标准化行政主管部门依照《标准化法》制定的在全国范围内适用的安全生产技术规范。

5.1　化学品分类和标签规范

化学品分类和标签规范如表 5-1 所示。

表 5-1　化学品分类和标签规范

序号	代号	标准名称	标准简介
1	GB 30000.2—2013	化学品分类和标签规范 第 2 部分：爆炸物	规定了爆炸物的术语和定义、分类、判定流程和指导、类别和警示标签、类别和标签要素的配置及警示性说明的一般规定。 适用于爆炸物按联合国《化学品分类及标记全球协调制度》的危险性分类、警示标签和警示性说明
2	GB 30000.3—2013	化学品分类和标签规范 第 3 部分：易燃气体	规定了易燃气体的术语和定义、分类、判定流程和指导、类别和警示标签、类别和警示标签要素的配置及警示性说明的一般规定。 适用于易燃气体按联合国《化学品分类及标记全球协调制度》的危险性分类、警示标签和警示性说明
3	GB 30000.4—2013	化学品分类和标签规范 第 4 部分：气溶胶	规定了易燃气溶胶的术语和定义、分类、判定流程和指导、类别和警示标签、类别和警示标签要素的配置及警示性说明的一般规定。 适用于气溶胶按联合国《化学品分类及标记全球协调制度》的危险性分类、警示标签和警示性说明
4	GB 30000.5—2013	化学品分类和标签规范 第 5 部分：氧化性气体	规定了氧化性气体的术语和定义、分类、判定流程和指导、类别和警示标签、类别和警示标签要素的配置及警示性说明的一般规定。 适用于氧化性气体按联合国《化学品分类及标记全球协调制度》的危险性分类、警示标签和警示性说明

续表

序号	代号	标准名称	标准简介
5	GB 30000.6—2013	化学品分类和标签规范 第6部分：加压气体	规定了压力下气体的术语和定义、分类、判定流程和指导、类别和警示标签、类别和标签要素的配置及警示性说明的一般规定。 适用于压力下气体按联合国《化学品分类及标记全球协调制度》的危险性分类、警示标签和警示性说明
6	GB 30000.7—2013	化学品分类和标签规范 第7部分：易燃液体	规定了易燃液体的术语和定义、分类、判定流程和指导、类别和警示标签、类别和标签要素的配置及警示性说明的一般规定。 适用于易燃液体按联合国《化学品分类及标记全球协调制度》所作的危险性分类、警示标签和警示性说明
7	GB 30000.8—2013	化学品分类和标签规范 第8部分：易燃固体	规定了易燃固体的术语和定义、分类、判定流程和指导、类别和警示标签、类别和标签要素的配置及警示性说明的一般规定。 适用于易燃固体按联合国《化学品分类及标记全球协调制度》所作的危险性分类、警示标签和警示性说明
8	GB 30000.9—2013	化学品分类和标签规范 第9部分：自反应物质和混合物	规定了自反应物质的术语和定义、分类、判定流程和指导、类别和警示标签、类别和标签要素的配置及警示性说明的一般规定。 适用于自反应物质按联合国《化学品分类及标记全球协调制度》的危险性分类、警示标签和警示性说明
9	GB 30000.10—2013	化学品分类和标签规范 第10部分：自燃液体	规定了自燃液体的术语和定义、分类、判定流程和指导、类别和警示标签、类别和标签要素的配置及警示性说明的一般规定。 适用于自燃液体按联合国《化学品分类及标记全球协调制度》的危险性分类、警示标签和警示性说明
10	GB 30000.11—2013	化学品分类和标签规范 第11部分：自燃固体	规定了自燃固体的术语和定义、分类、判定流程和指导、类别和警示标签、类别和标签要素的配置及警示性说明的一般规定。 适用于自燃固体按联合国《化学品分类及标记全球协调制度》的危险性分类、警示标签和警示性说明
11	GB 30000.12—2013	化学品分类和标签规范 第12部分：自热物质和混合物	规定了自热物质的术语和定义、分类、判定流程和指导、类别和警示标签、类别和标签要素的配置及警示性说明的一般规定。 适用于自热物质按联合国《化学品分类及标记全球协调制度》的危险性分类、警示标签和警示性说明
12	GB 30000.13—2013	化学品分类和标签规范 第13部分：遇水放出易燃气体的物质	规定了遇水放出易燃气体的术语和定义、分类、判定流程和指导、类别和警示标签、类别和标签要素的配置及警示性说明的一般规定。 适用于遇水放出易燃气体按联合国《化学品分类及标记全球协调制度》的危险性分类、警示标签和警示性说明

续表

序号	代号	标准名称	标准简介
13	GB 30000.14—2013	化学品分类和标签规范 第14部分：氧化性液体	规定了氧化性液体的术语和定义、分类、判定流程和指导、类别和警示标签、类别和标签要素的配置及警示性说明的一般规定。 适用于氧化性液体按联合国《化学品分类及标记全球协调制度》的危险性分类、警示标签和警示性说明
14	GB 30000.15—2013	化学品分类和标签规范 第15部分：氧化性固体	规定了氧化性固体的术语和定义、分类、判定流程和指导、类别和警示标签、类别和标签要素的配置及警示性说明的一般规定。 适用于氧化性固体按联合国《化学品分类及标记全球协调制度》的危险性分类、警示标签和警示性说明
15	GB 30000.16—2013	化学品分类和标签规范 第16部分：有机过氧化物	规定了有机过氧化物的术语和定义、分类、判定流程和指导、类别和警示标签、类别和标签要素的配置及警示性说明的一般规定。 适用于有机过氧化物按联合国《化学品分类及标记全球协调制度》的危险性分类、警示标签和警示性说明
16	GB 30000.17—2013	化学品分类和标签规范 第17部分：金属腐蚀物	规定了金属腐蚀物的术语和定义、分类、判定流程和指导、类别和警示标签、类别和标签要素的配置及警示性说明的一般规定。 适用于金属腐蚀物按联合国《化学品分类及标记全球协调制度》的危险性分类、警示标签和警示性说明
17	GB 30000.18—2013	化学品分类和标签规范 第18部分：急性毒性	规定了化学品引起的急性毒性的术语和定义、分类、判定流程、类别和警示标签、类别和标签要素的配置及警示性说明的一般规定。 适用于化学品引起的急性毒性按联合国《化学品分类及标记全球协调制度》的危险性分类、警示标签和警示性说明
18	GB 30000.19—2013	化学品分类和标签规范 第19部分：皮肤腐蚀/刺激	规定了化学品引起的皮肤腐蚀/刺激的术语和定义、分类、判定流程、类别和警示标签、类别和标签要素的配置及警示性说明的一般规定。 适用于化学品引起的皮肤腐蚀/刺激按联合国《化学品分类及标记全球协调制度》的危险性分类、警示标签和警示性说明
19	GB 30000.20—2013	化学品分类和标签规范 第20部分：严重眼睛损伤眼睛刺激性	规定了化学品引起的严重眼睛损伤/眼睛刺激性的术语和定义、分类、判定流程、类别和警示标签、类别和标签要素的配置及警示性说明的一般规定。 适用于化学品引起的严重眼睛损伤/眼睛刺激性按联合国《化学品分类及标记全球协调制度》的危险性分类、警示标签和警示性说明。
20	GB 30000.21—2013	化学品分类和标签规范 第21部分：呼吸道或皮肤致敏	规定了化学品引起的呼吸或皮肤过敏术语和定义、分类、判定流程和指导、类别和警示标签、类别和标签要素的配置及警示性说明的一般规定。 适用于化学品引起的呼吸或皮肤过敏按联合国《化学品分类及标记全球协调制度》的危险性分类、警示标签和警示性说明。

续表

序号	代号	标准名称	标准简介
21	GB 30000. 22—2013	化学品分类和标签规范 第22部分：生殖细胞致突变性	规定了化学品引起的生殖细胞突变性术语和定义、分类、判定流程和指导、类别和警示标签、类别和标签要素的配置及警示性说明的一般规定。 适用于化学品引起的生殖细胞突变性按联合国《化学品分类及标记全球协调制度》的危险性分类、警示标签和警示性说明
22	GB 30000. 23—2013	化学品分类和标签规范 第23部分：致癌性	规定了化学品致癌性的术语和定义、分类、判定流程和指导、类别和警示标签、类别和标签要素的配置及警示性说明的一般规定。 适用于化学品致癌性按联合国《化学品分类及标记全球协调制度》的危险性分类、警示标签和警示性说明
23	GB 30000. 24—2013	化学品分类和标签规范 第24部分：生殖毒性	规定了化学品引起的生殖毒性的术语和定义、分类、判定流程和指导、类别和警示标签、类别和标签要素的配置及警示性说明的一般规定。 适用于化学品引起的生殖毒性按联合国《化学品分类及标记全球协调制度》的危险性分类、警示标签和警示性说明
24	GB 30000. 25—2013	化学品分类和标签规范 第25部分：特异性靶器官毒性 一次接触	规定了化学品引起的特异性靶器官系统毒性一次接触的术语和定义、分类、判定流程、类别和警示标签、类别和标签要素的配置及警示性说明的一般规定。 适用于化学品引起的特异性靶器官系统毒性一次接触按联合国《化学品分类及标记全球协调制度》的危险性分类、警示标签和警示性说明
25	GB 30000. 26—2013	化学品分类和标签规范 第26部分：特异性靶器官毒性 反复接触	规定了化学品引起的特异性靶器官系统毒性反复接触的术语和定义、分类、判定流程、类别和警示标签、类别和标签要素的配置及警示性说明的规定。 适用于化学品引起的特异性靶器官系统毒性反复接触按联合国《化学品分类及标记全球协调制度》的危险性分类、警示标签和警示性说明
26	GB 30000. 27—2013	化学品分类和标签规范 第27部分：吸入危害	规定了化学品引起的对可能对人类造成吸入毒性危险的物质或混合物分类。 适用于化学品引起的吸入危害按联合国《化学品分类及标记全球协调制度》的危险性分类、警示标签和警示性说明
27	GB 30000. 28—2013	化学品分类和标签规范 第28部分：对水生环境的危害	规定了化学品引起的危害水生环境物质术语和定义、分类、判定流程和指导、类别和警示标签、类别和标签要素的配置及警示性说明的一般规定。适用于化学品引起的危害水生环境物质按联合国《化学品分类及标记全球协调制度》的危险性分类、警示标签和警示性说明
28	GB 30000. 29—2013	化学品分类和标签规范 第29部分：对臭氧层的危害	化学品分类和警示新增一类危险物质：危害臭氧层物质，规定了化学品对危害臭氧层的术语和定义、分类、判定流程、类别和警示标签、类别和标签要素的配置及警示性说明的一般规定。 适用于化学品对危害臭氧层物质按联合国《化学品分类及标记全球协调制度》的危险性分类、警示标签和警示性说明

5.2 危险化学品建设、生产、储存、使用、经营中有关的国家标准

危险化学品建设、生产、储存、使用、经营中有关的国家标准如表5-2所示。

表5-2 危险化学品建设、生产、储存、使用、经营中有关的国家标准

序号	类别	代号	名称	标准简介
1	通用设计	GB 50016—2014	建筑设计防火规范	适用于下列新建、扩建和改建的建筑：①9层及9层以下的居住建筑(包括设置商业服务网点的居住建筑)；②建筑高度小于等于24.0m的公共建筑；③建筑高度大于24.0m的单层公共建筑；④地下、半地下建筑(包括建筑附属的地下室、半地下室)；⑤厂房；⑥仓库；⑦甲、乙、丙类液体储罐(区)；⑧可燃、助燃气体储罐(区)；⑨可燃材料堆场；⑩城市交通隧道。不适用于炸药厂房(仓库)、花炮厂房(仓库)的建筑防火设计。 石油和天然气工程、石油化工企业、火力发电厂与变电站等的建筑防火设计，当有专门的国家现行标准时，宜从其规定
2	加油(气)站、油库	GB 50074—2014	石油库设计规范	适用于新建、扩建和改建石油库的设计。不适用于石油化工厂厂区内、长距离输油管道和油气田的油品储运设施的设计。亦不适用于地下水封式石油库、自然洞石油库
3	加油(气)站、油库	GB 50156—2012	汽车加油加气站设计与施工规范	适用于新建、扩建和改建的汽车加油站、液化石油气加油站、压缩天然气加气站和汽车加油加气合建站工程的设计和施工
4	通用设计	GB 50160—2008	石油化工企业设计防火规范	适用于石油化工企业新建、扩建或改建工程的防火设计
5	通用设计	GB 50183—2004	石油天然气工程设计防火规范	适用于以石油、天然气及产品为原料的石油化工新建、扩建或改建的防火设计
6	通用设计	GB 50187—2012	工业企业总平面设计规范	适用于工业企业新建、改建及扩建的总平面设计。对工业企业在总平面设计中的特殊要求，可根据本规范的规定，制定本部门、本行业的规范
7	通用设计	GB 50251—2015	输气管道工程设计规范	适用于陆上输气管道工程设计
8	通用设计	GB 50489—2009	化工企业总图运输设计规范	适用于除矿山外的化工企业的新建、扩建和改建工程的总图运输设计
9	装置和设施	GB 50493—2009	石油化工可燃气体和有毒气体检测报警设计规范	适用于石油化工企业新建、扩建及改建工程可燃气体和有毒气体检测报警的设计
10	通用安全管理	GB 15258—2009	化学品安全标签编写规定	规定了化学品安全标签的术语和定义、标签内容、制作和使用要求。 适用于化学品安全标签的编写、制作与使用。产品安全标签另有标准规定的，例如农药、气瓶等，按其标准执行

续表

序号	类别	代号	名称	标准简介
11	通用安全管理	GB 15603—1995	常用危险化学品储存通则	规定了常用化学危险品贮存的基本要求。本标准适用于常用化学危险品出、入库、贮存及养护
12	通用安全管理	GB 13690—2009	化学品分类和危险性公示通则	规定了有关 GHS 的化学品分类及其危险公示。 适用于化学品分类及其危险公示。本标准适用于化学品生产场所和消费品的标志
13	重大危险源	GB 18218—2009	危险化学品重大危险源辨识	规定了辨识危险化学品重大危险源的依据和方法。 本标准适用于危险化学品的生产、使用、储存和经营等各企业或组织。不适用于：①核设施和加工放射性物质的工厂，但这些设施和工厂中处理非放射性物质的部门除外；②军事设施；③采矿业，但涉及危险化学品的加工工艺及储存活动除外；④危险化学品的运输；⑤海上石油天然气开采活动
14	通用安全管理	GB/T 16483—2008	化学品安全技术说明书内容和项目顺序	规定了化学品安全技术说明书(SDS)的结构、内容和通用形式。 适用于化学品安全技术说明书的编制。既不规定 SDS 的固定格式，也不提供 SDS 的实际样例

5.3 危险化学品安全监管过程中可能涉及的其他标准

危险化学品安全监管过程中可能涉及的其他标准如表 5–3 所示。

表 5–3 危险化学品安全监管过程中可能涉及的其他标准

序号	代号	名称	标准简介
1	GB 50052—2009	供配电系统设计规范	本规范适用于用户端供配电系统新建、扩建和改建工程的设计
2	GB 17915—2013	腐蚀性商品储藏养护技术条件	本标准规定了腐蚀性商品的储藏条件、储藏技术、储藏期限等技术要求
3	GB 17916—2013	毒害性商品储藏养护技术条件	本标准规定了毒害性商品的储藏条件、储藏技术、储藏期限等技术要求
4	GB 17914—2013	易燃易爆性商品储藏养护技术条件	本标准规定了易燃易爆性商品的储藏条件、养护技术和储藏期限等技术要求
5	GB 18265—2000	危险化学品经营企业开业条件技术要求	本标准规定了危险化学品经营企业条件和技术要求； 本标准适用于中华人民共和国境内从事危险化学品交易和配送的任何经营企业
6	GB 19041—2003	光气及光气化产品生产安全规程	本标准规定了光气及光气化产品生产和生产装置设计的安全要求。 本标准适用于光气及光气化产品生产装置的新建、扩建和改建

序号	代号	名称	标准简介
7	GB 50177—2005	氢氧站设计规范	本规范适用于新建、改建、扩建的氢气站、供氢站及厂区和车间的氢气管道设计
8	GB 14371—2013	危险货物运输 爆炸品认可、分项程序及配装要求	本标准规定了爆炸品(GB 6944 规定的第 1 类危险货物)的认可和危险性分项的基本要求，包括认可程序、分项程序、配装组的确定和配装要求、分项试验项目； 本标准中的物质包括纯净物及其混合物； 本标准适用于各种具有爆燃或爆炸特性的物质或其制品(导弹和核武器除外)的危险性评定； 本标准不适用于对下述危险性的评定： ① 爆炸品在生产过程中的危险性； ② 无包装爆炸性物质在运输中的危险性； ③ 因受静电或电磁场影响所造成的危险； ④ 因操作不当或违章操作所引起的危险； ⑤ 其他非正常运输条件下的特殊危险性
9	GB 12268—2012	危险货物品名表	本标准规定了危险货物品名表的一般要求、结构和危险货物品名表；本标准适用于危险货物运输、储存、经销及相关活动
10	GB 4962—2008	氢气使用安全技术规程	本标准规定了气态氢在使用、置换、储存、压缩与充(灌)装、排放过程以及消防与紧急情况处理、安全防护方面的安全技术要求； 本标准适用于气态氢生产后的地面上各作业场所，不适用于液态氢、水上气态氢、航空用氢场所及车上供氢系统；氢气生产中的相应环节可参照执行
11	GB 50116—2013	火灾自动报警系统设计规范	本规范适用于工业与民用建筑内设置的火灾自动报警系统，不适用于生产和储存火药、炸药、弹药、火工品等场所设置的火灾自动报警系统
12	GB 190—2009	危险货物包装标志	本标准规定了危险货物包装图示标志(以下简称标志)的分类图形、尺寸、颜色及使用方法等
13	GB 50011—2010	建筑抗震设计规范	本规范适用于抗震设防烈度为 6、7、8 和 9 度地区建筑工程的抗震设计以及隔震、消能减震设计；建筑的抗震性能化设计，可采用本规范规定的基本方法； 抗震设防烈度大于 9 度地区的建筑及行业有特殊要求的工业建筑，其抗震设计应按有关专门规定执行

5.4 相关国家标准解读

5.4.1 《化学品分类和危险性公示 通则》(GB 13690—2009)相关知识

为了与联合国《化学品分类及标记全球协调制度》(GHS，第二修订版)的分类相一致，我国修改了《常用危险化学品的分类及标志》(GB 13690—1992)，并将标准名称改为《化学品分类和危险性公示 通则》(GB 13690—2009),该标准于2009年6月21日发布,2010年5月1日实施。

根据该新标准,化学品共分为27大类。根据《危险化学品目录》(2015版)解读文件,新增加了1类“危害臭氧层物质”。

5.4.2 《化学品安全技术说明书 内容和项目顺序》相关知识

(1)制作标准及要求

2009年2月1日实施修订的《化学品安全技术说明书 内容和项目顺序》(GB/T 16483—2008),在化学品安全技术说明书的栏目设置、项目内容、化学品危险性分类等方面,发生了较大变化。

(2)规格

《安全技术说明书》统一使用A4纸张规格。内容共十六部分,见图5-1。

图5-1 安全技术说明书

(3)发放及使用

《安全技术说明书》由危险化学品产品生产单位负责印制并分别提供给销售单位(部门)及装车、发货单位(部门);销售单位在销售危险化学品时将《安全技术说明书》提供给客户;装车、装桶单位(车间)在发货时将《安全技术说明书》提供给运输单位和提货人,并保证每台危险化学品运输车辆至少一份。

各环节相关单位(部门、车间)在发放《安全技术说明书》时必须进行登记,并由相关人员签收。

5.4.3 《化学品安全标签编写规定》相关知识

(1)制作标准及要求:依据《化学品安全标签编写规定》(GB 15258—2009),安全标签样例见图5-2。

简易标签(GB 15258—2009)样例见图5-3,适用于小于等于100mL的危险化学品小包装。

作业场所标签(GB 15258—2009)样例见图5-4。

《危险化学品安全管理条例》(591号令)第15条规定:危险化学品生产企业应当提供与

苯酚

phenol

危险

苯酚对皮肤、黏膜有强烈的腐蚀作用，可抑制中枢神经和损害肝、肾功能。吸入、食入和皮肤接触可引起中毒。

【预防措施】

·远离明火、热源、火花、热表面。工作场所禁止吸烟。

·保持容器密闭。

·使用防爆型的通风系统和设备。

·按要求使用个体防护装备。

·避免产生粉尘。避免接触眼睛、皮肤，避免粉尘/蒸气，操作后彻底清洗。

作业场所不得进食、饮水或吸烟。

·禁止排入环境。

【事故响应】

·火灾时，使用水、泡沫、干粉、二氧化碳灭火。

·如皮肤接触，立即脱去污染的衣着，用大量流动清水冲洗20~30min。如有不适感，就医。

·如眼睛接触，立即提起眼睑，用大量流动清水或生理盐水彻底冲洗10~15min，如有不适感，就医。

·如吸入，迅速脱离现场至空气新鲜处，保持呼吸道通畅，就医。

·如食入，立即给饮植物油15～30mL。催吐。口服活性炭，导泻。就医。不能使用石蜡油或酒精。

【安全储存】

·保持容器密封。储存于阴凉、通风的库房。

·远离火种、热源。避免光照。与氧化剂等隔离。

【废弃处置】

·建议用焚烧法处置。请参阅化学品安全技术说明书供应商：中国石油化工股份有限公司北京燕山分公司

电话：010-69342295;010-69342923

地　址：北京市房山区燕山岗南路1号　　　　　邮编：102500

化学事故应急咨询电话: 0532-83889090

图 5-2　安全标签样例

化学品名称

危险

极易燃液体和蒸气，食入致死，对水生生物毒性非常大

请参阅化学品安全技术说明书

供应商：*******************************　　电话：*********

化学事故应急咨询电话：××××××

图 5-3　简易标签样例

其生产的危险化学品相符的化学品安全技术说明书，并在危险化学品包装(包括外包装件)上粘贴或者拴挂与包装内危险化学品相符的化学品安全标签。

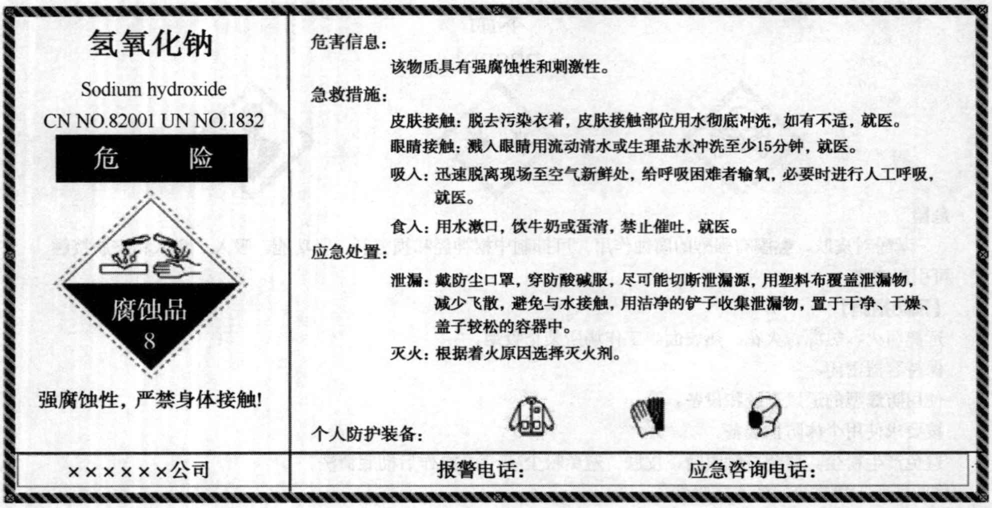

图 5-4 作业场所标签样例

5.4.4 《图形符号 安全色和安全标志 第 1 部分：安全标志和安全标记的设计原则》(GB/T 2893.1—2013)相关知识

《图形符号 安全色和安全标志 第 1 部分：安全标志和安全标记的设计原则》(GB/T 2893.1—2013)，替代 GB/T 2893.1—2004。该标准规定了不同类型安全标志和安全标记的安全色和设计原则，这些安全标志和安全标记在工作区域和公共场所中主要用于预防事故、防止火灾、传递危险情况信息和紧急疏散等。该标准也规定了在制定含有安全标志的标准时所适用的基本原则。该标准适用于需要关注与人身相关的安全问题的所有场所。该标准不适用于引导铁路、公路、内河航运、海运以及空中交通的信号，总之，不适用于法律法规中对此另有规定的领域。

引用标准：

《图形符号 安全色和安全标志 第 3 部分：安全标志用图形符号设计原则》(GB/T 2893.3—2010)(ISO 3864-3：2006，MOD)

《图形符号 安全色和安全标志 第 4 部分：安全标志材料的色度属性和光度属性》(GB/T 2893.4—2013)(ISO 3864-4：2011，MOD)

5.4.5 《工业管道的基本识别色、识别符号和安全标识》(GB 7231—2003)相关知识

（1）范围

该标准规定了工业管道的基本识别色、识别符号和安全标识；

该标准适用于工业生产中非地下埋没的气体和液体的输送管道。

（2）引用标准

《安全色》(GB 2893—1982)

《消防安全标志》(GB 13495—1992)

《常用危险化学品的分类及标志》(GB 13690—1992)

根据管道内物质的一般性能，GB 7231—2003 规定了 8 种基本识别色和相应的颜色标准

编号及色样(表 5-4)。

表 5-4　8 种基本识别色和色样及颜色标准编号

物质种类	基本识别色	色　样	颜色标准编号
水	艳绿		G03
水蒸气	大红		R03
空气	淡灰		B03
气体	中黄		Y07
酸或碱	紫		P02
可燃液体	棕		YR05
其他液体	黑		
氧	淡蓝		PB06

(3) 基本识别色标识方法

工业管道的基本识别色标识方法，使用方应从以下 5 种方法中选择。

① 管道全长上标识；

② 在管道上以宽为 150mm 的色环标识；

③ 在管道上以长方形的识别色标牌标识；

④ 在管道上以带箭头的长方形识别色标；

⑤ 在管道上以系挂的识别色。

(4) 识别符号

工业管道的识别符号由物质名称、流向和主要工艺参数等组成，识别符号见图 5-5，应符合下列要求：

① 物质名称的标识

a. 物质全称。例如：氮气、硫酸、甲醇。

b. 化学分子式。例如：N_2、H_2SO_4、CH_3OH。

② 物质流向的标识

a. 工业管道内物质的流向用箭头表示[图 5-5(a)]，如果管道内物质的流向是双向的，则以双向箭头表示[图 5-5(b)]。

b. 当基本识别色的标识方法采用④、⑤时，则标牌的指向就作为表示管道内的物质流向[图 5-5(c)、(d)]，如果管道内物质流向是双向的，则标牌指向应做成双向的[图 5-5(e)]

③ 物质的压力、温度、流速等主要工艺参数的标识，使用方可按需自行确定采用。

④ ①和③中的字母、数字的最小字体，以及②中箭头的最小外径尺寸，应以能清楚观察识别符号来确定。

(5) 安全标识

① 危险标识

a. 适用范围：管道内的物质，凡属于 GB 13690 所列的危险化学品，其管道应设置危险标识。

b. 表示方法：在管道上涂 150mm 宽黄色，在黄色两侧各涂 25mm 宽黑色的色环或色带（图 5-6），安全色范围应符合 GB 2893 的规定。

c. 表示场所：基本识别色的标识上或附近。

② 消防标识

工业生产中设置的消防专用管道应遵守 GB 13495—1992 的规定，并在管道上标识“消防专用”识别符号。

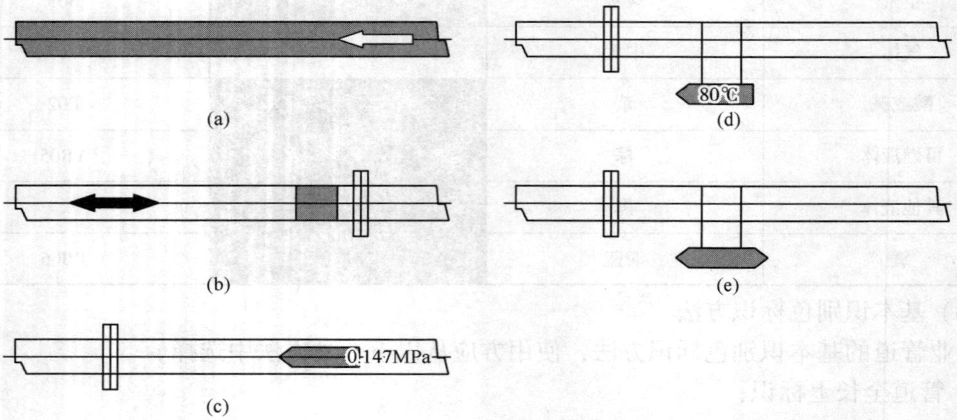

图 5-5　基本识别色和流向、压力、温度等标识方法参考图

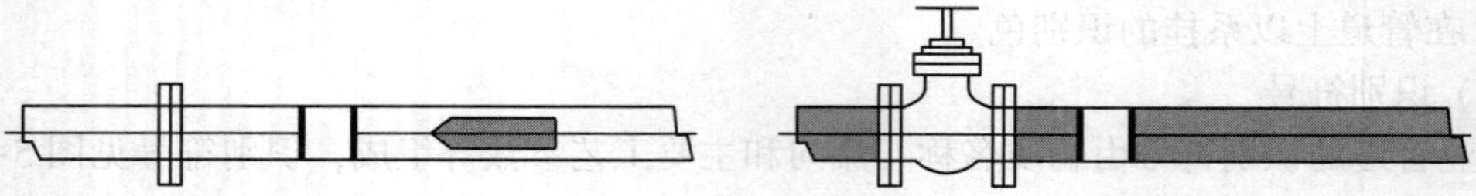

图 5-6　危险化学品和物质名称标识方法参考图

5.4.6 《气瓶颜色标志》(GB 7144—1999) 相关知识

该标准是《气瓶颜色标记》(GB 7144—1986) 的修订本。主要有四处变动：舍弃“特种气体类”的气瓶色标；增列 17 种气体的气瓶色标；二氧化氮气瓶和硫化氢气瓶互换瓶色；更改液化石油气瓶的色标。此外，从 1989 年版《气瓶安全监察规程》引入气瓶检验色标。自 2000 年 10 月 1 日起执行。

该标准规定了作为充装气体识别标志的气瓶外表面涂色和字样。

该标准适用于公称工作压力不大于 30MPa、公称容积不大于 1000L、移动式可重复使用的气瓶。

该标准不适用于灭火用的气瓶、车辆燃料气体和机器设备上附属的气瓶。

进口气瓶应按本标准的要求涂敷（或改涂、复涂）颜色标志。

充装常用气体的气瓶颜色标志如表 5-5 所示。

表 5-5　常用气体的气瓶颜色标志

序号	充装气体名称	化学式	瓶色	字体	字色	色　环
1	乙炔	$CH\equiv CH$	白	乙炔不可近火	大红	
2	氢	H_2	淡绿	氢	大红	P=20，淡黄色单环 P=30，淡黄色双环
3	氧	O_2	淡(酞)兰	氧	黑	P=20，白色单环 P=30，白色双环
4	氮	N_2	黑	氮	淡黄	
5	空气		黑	空气	白	
6	二氧化碳	CO_2	铝白	液化二氧化碳	黑	P=20，黑色单环
7	氨	NH_3	淡黄	液氨	黑	
8	氯	Cl_2	深绿	液氯	白	
9	氟	F_2	白	氟	黑	
10	一氧化氮	NO	白	一氧化氮	黑	
11	二氧化氮	NO_2	白	液化二氧化氮	黑	
12	碳酰氯	$COCl_2$	白	液化光气	黑	
13	砷化氢	AsH_3	白	液化砷化氢	大红	
14	磷化氢	PH_3	白	液化磷化氢	大红	
15	乙硼烷	B_2H_6	白	液化乙硼烷	大红	
16	四氟甲烷	CF_4	铝白	氟氯烷 14	黑	
17	二氟二氯甲烷	CCl_2F_2	铝白	液化氟氯烷 12	黑	
18	三氟溴氯甲烷	$CBrClF_2$	铝白	液化氟氯烷 12B1	黑	
19	三氟氯甲烷	$CClF_3$	铝白	液化氟氯烷 13	黑	P=12.5，深绿色单环
20	三氟溴甲烷	$CBrF_3$	铝白	液化氟溴烷 13B1	黑	
21	六氟乙烷	CF_3CF_3	铝白	液化氟氯烷 116	黑	

5.4.7 《石油化工企业设计防火规范》(GB 50160—2008)相关知识

《石油化工企业设计防火规范》(GB 50160—2008)(以下简称《石规》)的主要内容包括：第一章 总则；第二章 可燃物质为火灾危险性分类；第三章 区域规划与工厂总体布置；第四章 工艺装置；第五章 储运设施；第六章 含可燃体的生产污水管理、污水处理场与循环水场；第七章 消防；第八章 电气。其特点如下：

(1)《石规》的立足点。限于高频率、小规模、低损失。只考虑一个储罐着火对周围的影响。

(2)《石规》的总体思路。预防——隔离——扑救——避难。

(3)《石规》的适用范围。规范内容主要是针对石油化工企业加工物料及产品易燃、易爆的特性和操作条件高温、高压的特点制订的。原 1999 版为：适用于以石油、天然气及其产品为原料的石油化工新建、扩建或改建工程的防火设计。

(4)《石油化工企业设计防火规范》(GB 50160—2008)关键表格见表 5-6、表 5-7。

表 5-6 石油化工企业与相邻工厂或设施的防火间距

相邻工厂或设施		防火间距/m				
		液化烃罐组(罐外壁)	甲、乙类液体罐组(罐外壁)	可能携带可燃液体的高架火炬(火炬中心)	甲乙类工艺装置或设施(最外侧设备外缘或建筑物的最外轴线)	全厂性或区域性重要设施(最外侧设备外缘或建筑物的最外轴线)
居民区、公共福利设施、村庄		150	100	120	100	25
相邻工厂(围墙或用地边界线)		120	70	120	50	70
厂外铁路	国家铁路线(中心线)	55	45	80	35	—
	厂外企业铁路线(中心线)	45	35	80	30	—
国家或工业区铁路编组站(铁路中心线或建筑物)		55	45	80	35	25
厂外公路	高速公路、一级公路(路边)	35	30	80	30	—
	其他公路(路边)	25	20	60	20	—
变配电站(围墙)		80	50	120	40	25
架空电力线路(中心线)		1.5倍塔杆高度	1.5倍塔杆高度	80	1.5倍塔杆高度	—
Ⅰ、Ⅱ国家架空通信线路(中心线)		50	40	80	40	—
通航江、河、海岸边		25	25	80	20	—
地区埋地输油管道	原油及成品油(管道中心)	30	30	60	30	30
	液化烃(管道中心)	60	60	80	60	60
地区埋地输气管道(管道中心)		30	30	60	30	30
装卸油品码头(码头前沿)		70	60	120	60	60

注：1. 本表中相邻工厂指除石油化工企业和油库以外的工厂；

2. 括号内指防火间距起止点；

3. 当相邻设施为港区陆域、重要物品仓库和堆场、军事设施、机场等，对石油化工企业的安全距离有特殊要求时，应按有关规定执行；

4. 丙类可燃液体罐组的防火距离，可按甲、乙类可燃液体罐组的规定减少25%；

5. 丙类工艺装置或设施的防火距离，可按甲、乙类工艺装置或设施的规定减少25%；

6. 地面铺设的地区输油(输气)管道的防火距离，可按地区埋地输油(输气)管道的规定增加50%；

7. 当相邻工厂围墙内为非火灾危险性设施时，其与全厂性或区域性重要设施防火间距最小可为25m；

8. 表中"—"表示无防火间距要求或执行相关规范。

表 5-7 石油化工企业与同类企业及油库的防火间距

项　目	防火间距/m				
	液化烃罐组（罐外壁）	甲、乙类液体罐组（罐外壁）	可能携带可燃液体的高架火炬（火炬中心）	甲乙类工艺装置或设施（最外侧设备外缘或建筑物的最外轴线）	全厂性或区域性重要设施（最外侧设备外缘或建筑物的最外轴线）
液化烃罐组（罐外壁）	60	60	90	70	90
甲、乙类液体罐组（罐外壁）	60	1.5D（见注 2）	90	50	60
可能携带可燃液体的高架火炬（火炬中心）	90	90	（见注 3）	90	90
甲乙类工艺装置或设施（最外侧设备外缘或建筑物的最外轴线）	70	50	90	40	40
全厂性或区域性重要设施（最外侧设备外缘或建筑物的最外轴线）	90	60	90	40	20
明火地点	70	40	60	40	20

注：1. 括号内指防火间距起止点；
2. D 为罐体直径；
3. 辐射热不应影响相邻火炬的检修和运行。

5.4.8 《建筑设计防火规范》（GB 50016—2014）相关知识

2014 版在十余个方面做了变动，其中包括增加了灭火救援设施和木结构建筑两章，完善了有关灭火救援的要求，系统规范了木结构建筑的防火要求；补充了建筑外保温系统的防火要求，调整了两项标准间不协调的要求，将住宅建筑的分类统一按照建筑高度划分等。将消防设施的设置独立成章并完善有关内容；取消消防给水系统和防烟排烟系统设计的要求，分别由相应的国家标准作出规定；适当提高了高层住宅建筑和建筑高度大于 100m 的高层民用建筑的防火技术要求；补充了利用有顶步行街进行安全疏散时的防火要求；调整、补充了建材、家具、灯饰商店和展览厅的设计人员密度等。

GB 50016—2014 是一套偏严格的标准规范，从积极层面去理解，它要求内保温、外保温、夹层保温增加构造，安全性更强。不利完善的地方是，标准中的防火试验方法缺少有力的科学依据，而且规范偏严。

5.4.9 《石油库设计规范》（GB 50074—2014）

住房城乡建设部发布了国家标准《石油库设计规范》，编号为 GB 50074—2014，自 2015 年 5 月 1 日起实施。其中，加粗条（款）为强制性条文，必须严格执行。原国家标准《石油库设计规范》（GB 50074—2002）同时废止。

5.4.10 《生产经营单位应急预案编制导则》（GB/T 29639—2013）

《生产经营单位生产安全事故应急预案编制导则》（GB/T 29639—2013）于 2013 年 7 月 19 日发布，2013 年 10 月 1 日实施。

（1）范围

规定了生产经营单位编制生产安全事故应急预案（以下简称应急预案）的编制程序、体系构成以及综合应急预案、专项应急预案、现场处置方案和附件的主要内容。

适用于生产经营单位的应急预案编制工作，其他社会组织和单位的应急预案编制可参照该标准执行。

（2）应急预案编制程序

生产经营单位编制应急预案包括成立应急预案编制工作组、资料收集、风险评估、应急能力评估、编制应急预案和应急预案评审6个步骤。

① 成立应急预案编制工作组

生产经营单位应结合本单位部门职能和分工，成立以单位主要负责人（或分管负责人）为组长，单位相关部门人员参加的应急预案编制工作组，明确工作职责和任务分工，制定工作计划，组织开展应急预案编制工作。

② 资料收集

应急预案编制工作组应收集与预案编制工作相关的法律法规、技术标准、应急预案、国内外同行业企业事故资料，同时收集本单位安全生产相关技术资料、周边环境影响、应急资源等有关资料。

③ 风险评估

主要内容包括：

a. 分析生产经营单位存在的危险因素，确定事故危险源；

b. 分析可能发生的事故类型及后果，并指出可能产生的次生、衍生事故；

c. 评估事故的危害程度和影响范围，提出风险防控措施。

④ 应急能力评估

在全面调查和客观分析生产经营单位应急队伍、装备、物资等应急资源状况基础上开展应急能力评估，并依据评估结果，完善应急保障措施。

⑤ 编制应急预案

依据生产经营单位风险评估及应急能力评估结果，组织编制应急预案。应急预案编制应注重系统性和可操作性，做到与相关部门和单位应急预案相衔接。应急预案编制格式和要求见GB/T 29639—2013附录A。

⑥ 应急预案评审

应急预案编制完成后，生产经营单位应组织评审。评审分为内部评审和外部评审，内部评审由生产经营单位主要负责人组织有关部门和人员进行。外部评审由生产经营单位组织外部有关专家和人员进行评审。应急预案评审合格后，由生产经营单位主要负责人（或分管负责人）签发实施，并进行备案管理。

（3）应急预案体系

生产经营单位的应急预案体系主要由综合应急预案、专项应急预案和现场处置方案构成。生产经营单位应根据本单位组织管理体系、生产规模、危险源的性质以及可能发生的事故类型确定应急预案体系，并可根据本单位的实际情况，确定是否编制专项应急预案。风险因素单一的小微型生产经营单位可只编写现场处置方案。

① 综合应急预案

综合应急预案是生产经营单位应急预案体系的总纲，主要从总体上阐述事故的应急工作原则，包括生产经营单位的应急组织机构及职责、应急预案体系、事故风险描述、预警及信息报告、应急响应、保障措施、应急预案管理等内容。

② 专项应急预案

专项应急预案是生产经营单位为应对某一类型或某几种类型事故，或者针对重要生产设施、重大危险源、重大活动等内容而制定的应急预案。专项应急预案主要包括事故风险分析、应急指挥机构及职责、处置程序和措施等内容。

③ 现场处置方案

现场处置方案是生产经营单位根据不同事故类别，针对具体的场所、装置或设施所制定的应急处置措施，主要包括事故风险分析、应急工作职责、应急处置和注意事项等内容。生产经营单位应根据风险评估、岗位操作规程以及危险性控制措施，组织本单位现场作业人员及相关专业人员共同进行编制现场处置方案。

（4）综合应急预案主要内容

① 总则

a. 编制目的

简述应急预案编制的目的。

b. 编制依据

简述应急预案编制所依据的法律、法规、规章、标准和规范性文件以及相关应急预案等。

c. 适用范围

说明应急预案适用的工作范围和事故类型、级别。

d. 应急预案体系

说明生产经营单位应急预案体系的构成情况，可用框图形式表述。

e. 应急工作原则

说明生产经营单位应急工作的原则，内容应简明扼要、明确具体。

② 事故风险描述

简述生产经营单位存在或可能发生的事故风险种类、发生的可能性以及严重程度及影响范围等。

③ 应急组织机构及职责

明确生产经营单位的应急组织形式及组成单位或人员，可用结构图的形式表示，明确构成部门的职责。应急组织机构根据事故类型和应急工作需要，可设置相应的应急工作小组，并明确各小组的工作任务及职责。

④ 预警及信息报告

a. 预警

根据生产经营单位监测监控系统数据变化状况、事故险情紧急程度和发展势态或有关部门提供的预警信息进行预警，明确预警的条件、方式、方法和信息发布的程序。

b. 信息报告

按照有关规定，明确事故及事故险情信息报告程序，主要包括：

（a）信息接收与通报

明确 24 小时应急值守电话、事故信息接收、通报程序和责任人。

（b）信息上报

明确事故发生后向上级主管部门或单位报告事故信息的流程、内容、时限和责任人。

(c) 信息传递

明确事故发生后向本单位以外的有关部门或单位通报事故信息的方法、程序和责任人。

⑤ 应急响应

a. 响应分级

针对事故危害程度、影响范围和生产经营单位控制事态的能力，对事故应急响应进行分级，明确分级响应的基本原则。

b. 响应程序

根据事故级别和发展态势，描述应急指挥机构启动、应急资源调配、应急救援、扩大应急等响应程序。

c. 处置措施

针对可能发生的事故风险、事故危害程度和影响范围，制定相应的应急处置措施，明确处置原则和具体要求。

d. 应急结束

明确现场应急响应结束的基本条件和要求。

⑥ 信息公开

明确向有关新闻媒体、社会公众通报事故信息的部门、负责人和程序以及通报原则。

⑦ 后期处置

主要明确污染物处理、生产秩序恢复、医疗救治、人员安置、善后赔偿、应急救援评估等内容。

⑧ 保障措施

a. 通信与信息保障

明确与可为本单位提供应急保障的相关单位或人员通信联系方式和方法，并提供备用方案。同时，建立信息通信系统及维护方案，确保应急期间信息通畅。

b. 应急队伍保障

明确应急响应的人力资源，包括应急专家、专业应急队伍、兼职应急队伍等。

c. 物资装备保障

明确生产经营单位的应急物资和装备的类型、数量、性能、存放位置、运输及使用条件、管理责任人及其联系方式等内容。

d. 其他保障

根据应急工作需求而确定的其他相关保障措施(如：经费保障、交通运输保障、治安保障、技术保障、医疗保障、后勤保障等)。

⑨ 应急预案管理

a. 应急预案培训

明确对本单位人员开展的应急预案培训计划、方式和要求，使有关人员了解相关应急预案内容，熟悉应急职责、应急程序和现场处置方案。如果应急预案涉及到社区和居民，要做好宣传教育和告知等工作。

b. 应急预案演练

明确生产经营单位不同类型应急预案演练的形式、范围、频次、内容以及演练评估、总结等要求。

c. 应急预案修订

明确应急预案修订的基本要求，并定期进行评审，实现可持续改进。

d. 应急预案备案

明确应急预案的报备部门，并进行备案。

e. 应急预案实施

明确应急预案实施的具体时间、负责制定与解释的部门。

(5) 专项应急预案主要内容

① 事故风险分析

针对可能发生的事故风险，分析事故发生的可能性以及严重程度、影响范围等。

② 应急指挥机构及职责

根据事故类型，明确应急指挥机构总指挥、副总指挥以及各成员单位或人员的具体职责。应急指挥机构可以设置相应的应急救援工作小组，明确各小组的工作任务及主要负责人职责。

③ 处置程序

明确事故及事故险情信息报告程序和内容，报告方式和责任人等内容。根据事故响应级别，具体描述事故接警报告和记录、应急指挥机构启动、应急指挥、资源调配、应急救援、扩大应急等应急响应程序。

④ 处置措施

针对可能发生的事故风险、事故危害程度和影响范围，制定相应的应急处置措施，明确处置原则和具体要求。

(6) 现场处置方案主要内容

① 事故风险分析

a. 事故类型；

b. 事故发生的区域、地点或装置的名称；

c. 事故发生的可能时间、事故的危害严重程度及其影响范围；

d. 事故前可能出现的征兆；

e. 事故可能引发的次生、衍生事故。

② 应急工作职责

根据现场工作岗位、组织形式及人员构成，明确各岗位人员的应急工作分工和职责。

③ 应急处置

a. 事故应急处置程序。根据可能发生的事故及现场情况，明确事故报警、各项应急措施启动、应急救护人员的引导、事故扩大及同生产经营单位应急预案的衔接的程序。

b. 现场应急处置措施。针对可能发生的火灾、爆炸、危险化学品泄漏、坍塌、水患、机动车辆伤害等，从人员救护、工艺操作、事故控制，消防、现场恢复等方面制定明确的应急处置措施。

c. 明确报警负责人以及报警电话及上级管理部门、相关应急救援单位联络方式和联系人员，事故报告基本要求和内容。

④ 注意事项

a. 佩戴个人防护器具方面的注意事项；

b. 使用抢险救援器材方面的注意事项；

c. 采取救援对策或措施方面的注意事项；

d. 现场自救和互救注意事项；

e. 现场应急处置能力确认和人员安全防护等事项；

f. 应急救援结束后的注意事项；

g. 其他需要特别警示的事项。

(7) 附件

① 有关应急部门、机构或人员的联系方式

列出应急工作中需要联系的部门、机构或人员的多种联系方式，当发生变化时及时进行更新。

② 应急物资装备的名录或清单

列出应急预案涉及的主要物资和装备名称、型号、性能、数量、存放地点、运输和使用条件、管理责任人和联系电话等。

③ 规范化格式文本

应急信息接报、处理、上报等规范化格式文本。

④ 关键的路线、标识和图纸

主要包括：

a. 警报系统分布及覆盖范围；

b. 重要防护目标、危险源一览表、分布图；

c. 应急指挥部位置及救援队伍行动路线；

d. 疏散路线、警戒范围、重要地点等的标识；

e. 相关平面布置图纸、救援力量的分布图纸等。

⑤ 有关协议或备忘录

列出与相关应急救援部门签订的应急救援协议或备忘录。

(8) 应急预案编制格式和要求

① 封面

应急预案封面主要包括应急预案编号、应急预案版本号、生产经营单位名称、应急预案名称、编制单位名称、颁布日期等内容。

② 批准页

应急预案应经生产经营单位主要负责人(或分管负责人)批准方可发布。

③ 目次

应急预案应设置目次，目次中所列的内容及次序如下：

——批准页；

——章的编号、标题；

——带有标题的条的编号、标题(需要时列出)；

——附件，用序号表明其顺序。

④ 印刷与装订

应急预案推荐采用 A4 版面印刷，活页装订。

5.4.11 《危险化学品单位应急救援物资配备要求》(GB 30077—2013) 相关知识

GB 30077—2013 是一项全新的国标，规定的是危险化学品单位事故状态下应急救援物资配备的要求，而不是危险化学品单位日常安全装备物资的配备。

GB 30077—2013 规定危险化学品单位物资配备的最低要求，配备的应急救援物资并不能满足所有危险化学品单位的要求，危险化学品单位还应根据自身的特点和要求，配备其他的应急救援物资以满足救援任务的需要。

第 6 章 危险化学品安全生产行业、地方和企业标准

安全生产行业标准（AQ）是指国务院有关部门和直属机构依照《标准化法》制定的在安全生产领域内适用的安全生产技术规范。安全生产行业标准对同一安全生产事项的技术要求，可以高于国家安全生产标准但不得与其相抵触。

危险化学品安全行业标准由全国安全标准化委员会化学品分技术委员会组织制定，审查后，由国家安全监管总局发布。

国家安全生产监督管理总局第 9 号《安全生产标准制修订工作细则》已经于 2006 年 9 月 26 日国家安全生产监督管理总局局长办公会议审议通过，自 2006 年 11 月 1 日起施行。

行业标准主要有 AQ、SY、SH、HG 等。行业标准由国务院有关行政主管部门编制计划、组织草拟，统一审批、编号、发布，并报国务院标准化行政主管部门备案。

行业标准分为强制性标准和推荐性标准。从事科研、生产、经营的单位和个人，必须严格执行强制性标准。不符合强制性标准的产品，禁止生产、销售和进口。强制性标准以外的标准是推荐性标准。

6.1 危险化学品安全生产行业标准

危险化学品安全生产相关行业标准见表 6-1。

表 6-1 危险化学品安全生产行业标准

序号	类 别	代 号	名 称	标准简介
1	加油（气）站、油库	AQ 3001—2005	汽车加油（气）站、轻质燃油和液化石油汽车罐车用阻隔防爆储罐技术要求	规定了采用阻隔防爆技术的汽车加油（气）站和汽车运输用轻质燃油、液化石油气阻隔防爆储罐（罐体）的分类和标记、要求、检测方法、检验规则和技术文件。 适用于汽车加油（气）站、轻质燃油、液化石油气汽车罐车用阻隔防爆储罐（以下简称储罐）的设计、制造、安装和验收
2	加油（气）站、油库	AQ 3002—2005	阻隔防爆橇装式汽车加油（气）装置技术	规定了采用阻隔防爆技术的橇装式汽车加油（气）装置的技术要求。 适用于采用阻隔防爆技术的橇装式汽车加油（气）装置的设计、制造和安装
3	运输	AQ 3003—2005	危险化学品汽车运输安全监控系统通用规范	规定了危险化学品汽车运输安全监控系统的组成、结构、功能、性能、系统进行环境和系统测试方法等内容。 适用于危险化学品汽车运输安全监控系统的全国性、区域性、行业级或企业级的建设和应用，其他汽车安全运输监控系统可参照本标准建设和应用
4	运输	AQ 3004—2005	危险化学品汽车运输安全监控车载终端	规定了危险化学品汽车运输安全监控车载终端（以下简称车载终端）的要求、测试方法、包装、运输、储存和安装等内容。 适用于基于全球定位系统（以下简称 GPS）和无线移动通信技术的危险化学品汽车运输安全监控车载终端

续表

序号	类别	代号	名称	标准简介
5	通用安全管理	AQ/T 3005—2006	石油化工建设项目管理方安全管理实施导则	给出了项目安全管理理念、管理模式和管理方法的指南。 适用于石油化工建设项目的安全管理、对于其他行业建设项目的安全管理也有很好的参考价值
6	运输	AQ 3006—2007	危险化学品汽车运输安全监控车载终端安装规范	规定了危险化学品汽车运输安全监控车载终端安装的人员要求、环境要求、操作要求、检测规则等内容。 适用于车载终端安装操作规程
7	运输	AQ 3007—2007	危险化学品汽车运输安全监控系统—车载终端与通信中心间数据接口协议和数据交换技术规范	规定了危险化学品汽车运输监控系统中，车载终端与通信控制处理中心间经移动通信网络进行无线数据传输和数据交换的通信接口协议。 适用于危险化学品汽车运输安全监控系统的各车载终端和通信中心的开发厂商；其他汽车安全运输监控系统开发商，可参照本技术标准
8	运输	AQ 3008—2007	危险化学品汽车运输安全监控系统—通信中心与运营控制中心、客户端监控中心间数据接口和数据交换技术规范	规定了危险化学品汽车运输监控系统中，通信控制处理中心与运营控制中心、客户端监控中心间经通信网络进行数据传输和数据交换的通信接口协议的术语、定义和缩略语及接口要求。 适用于危险化学品汽车运输安全监控系统中通信控制处理中心、运营控制中心和客户端监控中心和其他汽车安全运输监控系统的软件设计和开发
9	装置和设施	AQ 3009—2007	危险场所电气防爆安全规范	规定了爆炸性气体或可燃性粉尘环境中电气设备的选型、安装、使用、维护的安全要求及检查程序。 不适用于下列环境：(1)煤矿井下；(2)炸药的制造和加工场所；(3)医疗室
10	加油(气)站、油库	AQ 3010—2007	加油站作业安全规范	规定了在加油站内进行的卸油、加油、油罐计量、设备使用、维护、检修等作业的安全要求及安全标志。 适用于加油站内的作业、不适用于撬装式加油装置、水上加油站的作业
11	产品	AQ 3011—2007	连二亚硫酸钠包装安全要求	规定了连二亚硫酸钠(以下简称保险粉)包装安全要求。 适用于保险粉储存、运输和使用
12	通用安全管理	AQ/T 3012—2008	石油化工企业安全管理体系实施导则	给出石油化工企业安全管理模式和管理方法的指南。 适用于石油化工企业全过程的安全管理。企业可根据实际情况选择适用内容，并确保符合有关法律法规和标准的要求
13	标准化	AQ 3013—2008	危险化学品从业单位安全标准化通用规范	明确了危险化学品从业单位开展安全标准化的总体原则、过程和要求，同时用于指导危险化学品从业单位安全标准化系列的编制与实施。规定了危险化学品从业单位开展安全标准化的总体原则、过程和要求。 适用于危险化学品生产、使用、储存企业及有危险化学品储存设施的经营企业

续表

序号	类　别	代　号	名　称	标 准 简 介
14	产品	AQ 3014—2008	液氯使用安全技术要求	规定了液氯使用过程中，对使用条件、操作方法、工艺设备以及作业人员的要求。 适用于使用液氯的单位
15	装置和设施	AQ 3015—2008	氯气捕消器技术要求	规定了氯气捕消器的分类、型号标记、要求、检测方法、检验规则、标志、运输、存放和产品有效期。 适用于捕消器的设计、制造、组装和检验
16	标准化	AQ/T 3016—2008	氯碱生产企业安全标准化实施指南	规定了氯碱生产企业开展安全标准化的过程和要求。 适用于采用隔膜法或离式交换膜法电解氯化钠或氯化钾水溶液工艺技术，生产氯气、氢气、氢氧化钠或氢氧化钾等产品的企业。采用其他工艺技术路线生产氯气的生产企业可参照执行
17	标准化	AQ/T 3017—2008	合成氨生产企业安全标准化实施指南	规定了合成氨生产企业开展安全标准化的技术要求。 适用于采用合成工艺生产氨、甲醇及其衍生产品的企业
18	作业规范	AQ 3018—2008	危险化学品储罐区作业安全通则	规定了危险化学品储罐区作业安全的基本要求。 适用于危险化学品储罐区内的作业，不适用于与装置一同布置的中间罐区、加装防爆材料储罐区、覆土罐区和洞罐区
19	作业规范	AQ 3019—2008	电镀化学品运输、储存、使用安全规程	规定了电镀化学品的运输、储存、使用及散落、泄漏和废弃物品处理的安全要求。 适用于电镀化学品供应单位、托运单位、道路承运单位及最终使用者的安全作业过程
20	装置和设施	AQ 3020—2008	钢制常压储罐 第一部分：储存对水有污染的易燃和不易燃液体的埋地卧式圆筒形单层和双层储罐	规定了下述范围内储存对水有污染的易燃或不易燃液体的埋地卧式圆柱形钢制焊接单层和双层罐的制造要求。 适用于常温(-20～+50℃)条件下的储罐、如果储罐运行温度超出该范围，应考虑附加要求
21	作业规范	AQ 3021—2008	化学品生产单位吊装作业安全规范	规定了化学品生产单位吊装作业分级、作业安全管理基本要求、作业前的安全检查、作业中安全措施、操作人员应遵守的规定、作业完毕作业人员应做的工作和《吊装安全作业证》的管理。 适用于化学品生产单位的检维修吊装作业
22	作业规范	AQ 3022—2008	化学品生产单位动火作业安全规范	规定了化学品生产单位动火作业分级、动火作业安全防火要求、动火分析及合格标准、职责要求及《动火安全作业证》的管理。 适用于化学品生产单位禁火区的动火作业。不适用于化学品生产单位的固定动火区作业和固定用火作业
23	作业规范	AQ 3023—2008	化学品生产单位动土作业安全规范	规定了化学品生产单位的动土作业安全要求和《动土安全作业证》的管理。 适用于化学品生产单位的动土作业
24	作业规范	AQ 3024—2008	化学品生产单位断路作业安全规范	规定了化学品生产单位断路作业的术语和定义、总则、《断路安全作业证》的办理和安全要求。 适用于化学品生产单位的断路作业

续表

序号	类 别	代 号	名 称	标 准 简 介
25	作业规范	AQ 3025—2008	化学品生产单位高处作业安全规范	规定了化学品生产单位的高处作业分级、安全要求与防护和《高处安全作业证》的管理。 适用于化学品生产单位的生产区域的高处作业
26	作业规范	AQ 3026—2008	化学品生产单位设备检修作业安全规范	规定了化学品生产单位设备检修前的安全要求、检修作业中的安全要求及检修结束后的安全要求。 适用于化学品生产单位的设备大、中、小修与抢修作业
27	作业规范	AQ 3027—2008	化学品生产单位盲板抽堵作业安全规范	规定了化学品生产单位设备管道的盲板要求、盲板抽堵作业安全要求、职责要求和《盲板抽堵安全作业证》的管理。 适用于化学品生产单位设备管道的盲板抽堵作业
28	作业规范	AQ 3028—2008	化学品生产单位受限空间作业安全规范	规定了化学品生产单位受限空间作业安全要求、职责要求和《受限空间安全作业证》的管理。 适用于化学品生产单位的受限空间作业
29	培训	AQ/T 3029—2010	危险化学品生产单位主要负责人安全生产培训大纲及考核标准	规定了危险化学品生产单位主要负责人安全生产培训的要求，培训和再培训的内容及学时安排，以及安全生产考核的方法、内容，再培训考核的方法、要求与内容。 适用于危险化学品生产单位主要负责人的安全生产培训与考核
30	培训	AQ/T 3030—2010	危险化学品生产单位安全生产管理人员安全生产培训大纲及考核标准	规定了危险化学品生产单位安全生产管理人员安全生产培训的要求，培训和再培训的内容及学时安排，以及安全生产考核的方法、内容，再培训考核的方法、要求与内容。 适用于危险化学品生产单位安全生产管理人员的安全生产培训与考核
31	培训	AQ/T 3031—2010	危险化学品经营单位主要负责人安全生产培训大纲及考核标准	规定了危险化学品经营单位主要负责人和主管人员安全培训的要求和内容及学时安排。 适用于危险化学品经营单位的主要负责人及其他单位负责危险化学品经营的主管人员的安全培训
32	培训	AQ/T 3032—2010	危险化学品经营单位生产管理人员安全生产培训大纲及考核标准	规定了危险化学品经营单位安全生产管理人员安全生产培训的要求，培训和再培训的内容及学时安排，以及安全生产考核的方法、内容，再培训考核的方法、要求与内容。 适用于危险化学品经营单位安全生产管理人员的安全生产培训与考核
33	通用设计	AQ/T 3033—2010	化工建设项目安全设计管理导则	规定了化工建设项目(以下简称，项目)安全设计管理的一般模式和基本要素的指南。 适用于新建、改建、扩建危险化学品生产、储存装置和设施，以及伴有危险化学品使用或产生的化学品生产装置和设施的建设项目。不适用于危险化学品的勘探、开采及其辅助的储存，石油、天然气长输管道及其辅助的储存，城镇燃气辅助的储存等建设项目

续表

序号	类别	代号	名称	标准简介
34	通用安全管理	AQ/T 3034—2010	化工企业工艺安全管理实施导则	规定了石油化工企业工艺安全管理的要素及要求，还给出了工艺安全管理的应用范例。 适用于石油化工企业工艺过程安全管理
35	重大危险源	AQ 3035—2010	危险化学品重大危险源安全监控通用技术规范	规定了危险化学品重大危险源安全监控预警系统的监控项目、组成和功能设计等技术要求。 适用于化工(含石油化工)行业危险化学品重大危险源新建储罐区、库区及生产场所安全监。控预警系统(以下简称系统)的设计、建设和管理，扩建或改建系统可参照执行。其他行业可参照执行
36	重大危险源	AQ 3036—2010	危险化学品重大危险源罐区现场安全监控装备设置规范	规定了危险化学品重大危险源罐区现场安全监控装备的设置要求和管理。 适用于化工(含石油化工)行业危险化学品重大危险源罐区现场安全监控设备的设置，其他行业可参照执行
37	标准化	AQ 3037—2010	硫酸生产企业安全生产标准化实施指南	规定了硫酸生产企业开展安全生产标准化的过程和要求。 适用于采用以硫铁矿(砂)、硫磺、冶炼烟气、石膏、有色金属矿为原料，生产硫酸、二氧化硫等产品的企业，该生产工艺包括原料气的制取、净化、转化、干吸、余热利用等工艺单元。采用其他原料生产硫酸、二氧化硫的企业可参照执行
38	标准化	AQ 3038—2010	电石生产企业安全生产标准化实施指南	规定了电石生产企业安全生产标准化管理的技术要求。 适用于采用密闭炉、内燃式电石炉生产电石的企业。生产工艺主要以石灰、炭素材料为原料，采用电阻电弧炉生产工业电石的企业
39	标准化	AQ 3039—2010	溶解乙炔生产企业安全生产标准实施指南	规定了溶解乙炔生产企业开展安全生产标准化的过程和技术要求。 适用于采用碳化钙或天然气裂解生产粗乙炔气，经过净化、干燥、加压工序，生产溶解乙炔的企业
40	标准化	AQ 3040—2010	涂料生产企业安全生产标准化实施指南	规定了属于危险化学品行业的涂料生产企业开展安全生产标准化的过程和要求。 适用于原料、中间产品或产品属于危险化学品的涂料生产企业，其生产过程包括配料、分散、研磨、调漆、检验、包装、储运等，以及相关的树脂合成或油脂热炼等操作工艺和作业过程
41	标准化	AQ/T 9006—2010	企业安全生产标准化基本规范	适用于工矿企业开展安全生产标准化工作以及对标准化工作的咨询、服务和评审；其他企业和生产经营单位可参照执行。 有关行业制定安全生产标准化标准应满足本标准的要求；已经制定行业安全生产标准化标准的，优先适用行业安全生产标准化标准

6.2 行业标准解读

6.2.1 《化工建设项目安全设计管理导则》(AQ/T 3033—2010)相关知识

2010年9月6日发布，2011年5月1日实施。

该标准规定了化工建设项目安全设计管理的一般模式和基本要求的指南。适用于新建、改建、扩建危险化学品生产、储存装置和设施，以及伴有危险化学品使用或产生的化学品生产装置和设施的建设项目。化工建设项目安全设计的范围包括业主委托的设计前期、基础工程设计和详细工程设计三个阶段。不适用于危险化学品的勘探、开采及其辅助的储存，石油、天然气长输管道及其辅助的储存、城镇燃气辅助的储存等建设项目。

6.2.2 《化工企业工艺安全管理实施导则》(AQ/T 3034—2010)相关知识

2010年9月6日发布，2011年5月1日实施。

该标准规定了石油化工企业工艺安全管理的要素及要求，并给出了工艺安全管理的应用范例，适用于石油化工企业工艺过程安全管理。

《化工企业工艺安全管理实施导则》(AQ/T 3034—2010)是继《化工建设项目安全设计导则》(AQ/T 3033—2010)之后，又一项重要的旨在提高我国化工工艺安全管理水平的安全管理标准。工艺安全管理是化工企业安全管理的重点难点，只有提高工艺安全管理水平，才能从根本上增强化工企业防范生产安全事故的能力。

(1) 工艺安全信息管理

企业可以通过以下途径获得所需的工艺安全信息：①从制造商或供应商处获得物料安全技术说明书(MSDS)；②从项目工艺技术包的提供商或工程项目总承包商处可以获得基础的工艺技术信息；③从设计单位获得详细的工艺系统信息，包括各专业的详细图纸、文件和计算书等；④从设备供应商处获取主要设备的资料，包括设备手册或图纸，维修和操作指南、故障处理等相关的信息；⑤机械完工报告、单机和系统调试报告、监理报告、特种设备检验报告、消防验收报告等文件和资料；⑥为了防止生产过程中误将不相容的化学品混合，宜将企业范围内涉及的化学品编制成化学品互相反应的矩阵表；通过查阅矩阵表确认化学品之间的相容性。工艺安全信息通常包含在技术手册、操作规程、培训材料或其他工艺文件中。工艺安全信息文件应纳入企业文件控制系统予以管理，保持最新版本。

(2) 工艺危害分析步骤

① 建立管理程序。企业应建立管理程序，明确工艺危害分析过程、方法、人员以及结论和改进建议。

② 明确小组成员及负责人。工艺危害分析最好是由一个小组来完成并应明确一名负责人，小组成员由具备工程和生产经验、掌握工艺系统相关知识以及工艺危害分析方法的人员组成。

③ 工艺危害分析频次与更新。企业应在工艺装置建设期间进行一次工艺危害分析，识别、评估和控制工艺系统相关的危害，所选择的方法要与工艺系统的复杂性相适应。企业应每三年对以前完成的工艺危害分析重新进行确认和更新，涉及剧毒化学品的工艺可结合法规

对现役装置评价要求频次进行。

④ 文件记录。企业应确保这些建议可以及时得到解决，并且形成相关文件和记录。如：建议采纳情况、改进实施计划、工作方案、时间表、验收、告知相关人员等。

企业可选择采取下列方法的一种或几种，来分析和评价工艺危害：①故障假设分析(What…if)；②检查表(Checklist)；③"如果……怎么样?""What…if"+"检查表""Checklist"；④预先危险分析(PHA)；⑤危险及可操作性研究(HAZOP)；⑥故障类型及影响分析(FMEA)。

工艺危害分析都应涵盖以下内容：①工艺系统的危害；②对以往发生的可能导致严重后果的事件的审查；③控制危害的工程措施和管理措施，以及失效时的后果；④现场设施；⑤人为因素；⑥失控后可能对人员安全和健康造成影响的范围。

在装置投产后，需要与设计阶段的危害分析比较；由于经常需要对工艺系统进行更新，对于复杂的变更或者变更可能增加危害的情形，需要对发生变更的部分进行危害分析。在役装置的危害分析还需要审查过去几年的变更、本企业或同行业发生的事故和严重未遂事故。

6.2.3 《危险化学品重大危险源安全监控通用技术规范》(AQ 3035—2010)相关知识

2010年9月6日发布，2011年5月1日实施。规定了危险化学品重大危险源安全监控预警系统的监控项目、组成和功能设计等技术要求。

该标准适用于化工(含石油化工)行业危险化学品重大危险源新建储罐区、库区及生产场所安全监控预警系统(以下简称系统)的设计、建设和管理，扩建或改建系统可参照执行。

6.2.3.1 技术要求

危险化学品重大危险源涉及生产、使用和储存大量易燃、易爆及毒性物质，易发生燃烧、爆炸和中毒等重大事故，故监控预警系统需解决下列问题：

(1) 充分考虑生产过程复杂的工艺安全因素、物料危险特性、被保护对象的事故特殊性、事故联锁反应以及环境影响等问题，根据工程危险及有害因素分析完成安全分析和系统设计；

(2) 通过计算机、通信、控制与信息处理技术的有机结合，建设现场数据采集与监控网络，实时监控与安全相关的监测预警参数，实现不同生产单元或区域、不同安全监控设备的信息融合，并通过人机友好的交互界面提供可视化、图形化的监控平台；

(3) 通过对现场采集的监控数据和信息的分析处理，完成故障诊断和事故预警，及时发现异常，为操作人员进行现场故障的排除和应急处置提供指导；

(4) 安全监控预警系统应有与企业级各类安全管理系统及政府各类安全监管系统进行联网预警的接口及网络发布和通讯联网功能；

(5) 根据现场情况和监控对象的特性，合理选择、设计、安装、调试和维护监控设备和设施；

(6) 除本标准外，尚应遵守国家现行的有关法律、法规和标准的规定。

6.2.3.2 一般要求

(1) 重大危险源(储罐区、库区和生产场所)应设有相对独立的安全监控预警系统，相关现场探测仪器的数据宜直接接入到系统控制设备中，系统应符合本标准的规定。

（2）系统中的设备应符合有关国家法规或标准的规定，按照经规定程序批准的图样及文件制造和成套，并经国家权威部门检测检验认证合格。

（3）系统所用设备应符合现场和环境的具体要求，具有相应的功能和使用寿命。在火灾和爆炸危险场所设置的设备，应符合国家有关防爆、防雷、防静电等标准和规范的要求。

（4）控制设备应设置在有人值班的房间或安全场所。

（5）系统报警等级的设置应同事故应急处置与救援相协调，不同级别的事故分别启动相对应的应急预案。

（6）对于容易发生燃烧、爆炸和毒物泄漏等事故的高度危险场所、远距离传输、移动监测、无人值守或其他不宜于采用有线数据传输的应用环境，应选用无线传输技术与装备。

6.2.3.3 监控项目

（1）监控项目的分类

对于储罐区（储罐）、库区（库）、生产场所三类重大危险源，因监控对象不同，所需要的安全监控预警参数有所不同。主要可分为：

① 储罐以及生产装置内的温度、压力、液位、流量、阀位等可能直接引发安全事故的关键工艺参数；

② 当易燃易爆及有毒物质为气态、液态或气液两相时，应监测现场的可燃/有毒气体浓度；

③ 气温、湿度、风速、风向等环境参数；

④ 音视频信号和人员出入情况；

⑤ 明火和烟气；

⑥ 避雷针、防静电装置的接地电阻以及供电状况。

罐区监测预警项目主要根据储罐的结构和材料、储存介质特性以及罐区环境条件等的不同进行选择。一般包括罐内介质的液位、温度、压力，罐区内可燃/有毒气体浓度、明火、环境参数以及音视频信号和其他危险因素等。

库区（库）监测预警项目主要根据储存介质特性、包装物和容器的结构形式和环境条件等的不同进行选择。一般包括库区室内的温度、湿度、烟气以及室内外的可燃/有毒气体浓度、明火、音视频信号以及人员出入情况和其他危险因素等。

生产场所监测预警项目主要根据物料特性、工艺条件、生产设备及其布置条件等的不同进行选择。一般包括温度、压力、液位、阀位、流量以及可燃/有毒气体浓度、明火和音视频信号和其他危险因素等。

（2）系统组成

系统一般由监测器、隔离变送器、摄像机、二次仪表、现场监控器、执行机构（包括报警器等）、视频处理设备、监控计算机、传输接口、电源、线缆、防雷装置、防静电装置、其他必要设备等和软件组成。

其中，监控中心硬件一般包括传输接口、监控计算机、显示设备、服务器、网络设备、大容量储存设备、UPS 电源、打印机、空调等其他配套设备等。现场设备包括传感器、隔离变送设备、摄像机、二次仪表、现场监控器、执行机构等。

（3）数据采集

系统应具有温度、压力、液位和可燃/有毒气体浓度等模拟量，以及液位高低报警等开关量的采集功能。

数据采集时间的间隔应可调。

系统应具有巡检功能。

（4）显示

系统应具有模拟动画显示功能，在界面中依据系统实际情况显示各测点的参数及各设备的运行状态。

系统应具有监控设备和监控对象平面布置图显示功能。

系统应具有监控参数列表显示功能，同一参数各量值应统一采用标准计算单位，包括模拟量、模拟量累计值和开关量等。

系统应具有监控参数图形显示功能

（5）存储

系统应具有监控数据的存储功能：

将数据加工处理后以数据文件形式存储在现场或监控中心的外存储器内并保留一定的时间，包括监控参数、报警及处置、视频图像、故障及排除以及相关系统信息等，所有数据应附带时间信息；

系统宜具有事故追忆功能；

存储器应支持合法的读取操作，并应采取可靠的软硬件安全设计，防止非法篡改。

（6）统计查询与数据分析

系统应提供对实时和历史数据的多条件复合查询和分类统计功能，应支持模糊查询，查询信息包括：

① 模拟量实时监测值及其最大、最小、平均和累计值；

② 开关量状态及变化时刻；

③ 视频录像；

④ 报警及警报解除信息；

⑤ 系统操作日志；

⑥ 系统故障及恢复情况等；

⑦ 系统宜具有数据分析的功能，包括生产储运装置运行情况、系统运行、报警种类和分布、故障和事故原因以及处置情况等。

（7）报警

系统应具有根据设定的报警条件进行报警及提示的功能。

（8）故障诊断与事故预警

系统应具有故障诊断与事故预警功能。对所采集的现场数据进行综合处理，在线智能分析重大危险源的安全状况包括运行状态和安全等级等，提供原因分析和处置的建议，指导有关人员正确迅速地排除设备故障及重大事故隐患，同时及时识别错误报警信号，确保系统可靠稳定运行。

（9）控制

系统的控制对象指的是其所属的安全监控设备或装置以及带有安全功能的执行机构等。

系统应具有对系统所属设备或装置进行控制的功能。

不属于系统但与系统相关联的其他系统或设备，以及不为系统独有的子系统或设备的控制权应明确，不得互相干扰或影响各自系统的运行。

气体泄漏报警、紧急停车、安全联锁和故障安全控制等应作为独立的子系统纳入安全监控预警系统的整体设计，并保证其可靠地发挥各自的安全功能。

所有自动控制的设备或装置宜同时设计手动控制机构，并可通过切换确保系统控制权的唯一性和有效性。

(10) 输出

系统应具有报表和打印的功能

(11) 人机对话

系统应具有人机对话功能，除键盘、鼠标和按钮等输入装置和显示器等输出装置外，提供图形化和可视化界面，方便系统管理、设置、功能调用和命令及文本输入等。

(12) 信息发布

系统应具有信息发布的功能。通过传输接口，将允许外部访问的信息进行发布，实现监控预警系统与企业管理系统及重大危险源各级政府监管网络的连接；遵循国内外主流工业网络标准的通讯协议、数据编码或接口规范，完成数据上报或部分界面和功能的授权共享，实现政府和企业对现场工况及视频的实时监管与监控，服务于重大事故预防及应急救援。并应采用防火墙等技术手段确保数据及系统安全。

(13) 安全管理

系统应提供可设置的安全级，控制级和区域设定，限制用户对系统功能模块、设备和系统资源的访问，通过权限管理确保系统安全。包括：

① 系统应实现对每个操作员和每台现场监控器的设置；

② 系统应有不少于 5 个的安全访问级别用来限制操作员对监控计算机功能模块的访问；

③ 系统应有多个控制级，用来限制操作员对各台设备的控制；

④ 系统应有设备区域设定，用来将操作员对系统资源的访问限制在指派给他们的区域；

⑤ 如系统内存在安全相关系统，应遵循功能安全相关的国际和国内标准保证其安全。

(14) 存储时间

无报警稳定运行期间，重要监测点的实时监控数据应保存 7 天以上，否则应保存 30 天以上。音视频信息应保存 7 天以上。报警信息应保存 1 年以上。

6.2.4 《危险化学品重大危险源罐区现场安全监控装备设置规范》(AQ 3036—2010)相关知识

2010 年 9 月 6 日发布，2011 年 5 月 1 日实施，规定了危险化学品重大危险源罐区现场安全监控装备的设置要求和管理。

该标准适用于化工(含石油化工)行业危险化学品重大危险源罐区现场安全监控设备的设置。

6.2.4.1 罐区安全监测仪器的设置要求

罐区监控预警参数的选择主要以预防和控制重大工业事故为出发点，根据对罐区危险及有害因素的分析，结合储罐的结构和材料、储存介质特性以及罐区环境条件等的不同，选取不同的监控预警参数。

罐区的监控预警参数一般有罐内介质的液位、温度、压力等工艺参数，罐区内可燃/有毒气体的浓度、明火以及气象参数和音视频信号等。主要的预警和报警指标包括与液位相关的高低液位超限，温度、压力、流速和流量超限，空气中可燃和有毒气体浓度、明火源和风速等超限及异常情况。

6.2.4.2　联锁控制装备的设置要求

可根据实际情况设置储罐的温度、液位、压力以及环境温度等参数的联锁自动控制装备，包括物料的自动切断或转移以及喷淋降温装备等。

紧急切换装置应同时考虑对上下游装置安全生产的影响，并实现与上下游装置的报警通讯、延迟执行功能。必要时，应同时设置紧急泄压或物料回收设施。

原则上，自动控制装备应同时设置就地手动控制装置或手动遥控装置备用。就地手动控制装置应能在事故状态下安全操作。

不能或不需要实现自动控制的参数，可根据储罐的实际情况设置必要的监测报警仪器，同时设置相关的手动控制装置。

安全控制装备应符合相关产品的技术质量要求和使用场所的防爆等级要求。

6.2.4.3　储罐内安全监控装备的设置

（1）温度监控装备的设置

一般采用双金属温度计和热电阻温度计，优先采用铂热电阻温度计。

（2）压力监控装备的设置

压力监测仪表选型时应主要考虑仪表的类型、型号、量程、精度等级和材质，兼顾气体特性对测量的影响。

仪表的量程根据所测压力的大小确定。

（3）液位监控装备的设置

储罐应设置液位监测器，应具备高低位液位报警功能。

新建储罐区宜优先采用雷达等非接触式液位计及磁致伸缩、光纤液位计。

监测和报警精度：≤±5 %。有计量功能的，应执行相关规范中的高精度规定。

（4）监测报警点的确定

① 可燃气体或易燃液体储罐场所，在防火堤内每隔 20~30m 设置一台可燃气体报警仪，且监测报警器与储罐的排水口、连接处、阀门等易释放物料处的距离不宜大于 15m。

② 可燃气体或易燃液体鹤管装卸栈台，应设置可燃气体监测报警仪。

③ 液化烃的灌装站，应设置可燃气体监测报警器。

④ 封闭或半封闭氢气灌瓶间，应在灌装口上方的室内高点等易于滞留气体处设置监测报警器。

⑤ 压缩机或输送泵所在场所，设置可燃气监测报警器。

⑥ 罐区的地沟、电缆沟或其他可能积聚可燃气体处，宜设置可燃气体监测报警器；在未设置可燃气体监测报警器的场所进行相关作业时，可配置便携式可燃气体监测仪进行现场监测。

（5）有毒气体监测报警点的确定

有毒气体释放源处于封闭或半封闭场所时，每个释放源与有毒气体监测报警器的距离不大于 1m。

有毒气体释放源处于露天或半露天的场所时，有毒气体监测报警器宜设置在该场所主风向的下风侧，每个释放源距离监测报警器不宜大于 2m，如设置在上风侧，每个释放源距离监测报警器不宜大于 1m。

（6）可燃气体和有毒气体监测报警器的安装要求

可燃气体监测探头安装可采用房顶吊装、墙壁安装或抱管安装等方式，应确保安装牢固可靠，同时应考虑便于维护、标定。

可燃气及有毒气体浓度报警器的安装高度，应按探测介质的密度以及周围状况等因素来确定。当被监测气体的密度小于空气的密度时，可燃气体监测探头的安装位置应高于泄漏源0.5m以上；被监测气体的密度大于空气的密度时，安装位置应在泄漏源下方，但距离地面不得小于0.3m。

(7) 罐区气象监测、防雷和防静电装备的设置

应设置风力、风向和环境温度等参数的监测仪器，并与罐区安全监控系统联网。

压力储罐的环境温度监测仪器宜与喷淋水系统联锁(或者手动)，抑制储罐压力的升高。

防雷装备按GB 50074—2014设置。定期监测避雷针(网、带)的接地电阻，不得大于10 Ω。

易产生静电的危险化学品装卸系统，应设置接地装置，执行SH 3097—2000的规定。

(8) 罐区火灾监控装置的设置

罐区火灾监测报警系统的设置应符合GB 50116—2013的规定。易于发生火灾且难以快速报警的场所，应按要求设置火灾报警按钮，控制室、操作室应设置声光报警控制装置。

(9) 自动报警控制系统的设置

易于发生火灾的场所，可设置火焰、温度或感光火灾监测器，与火灾自动监控系统联网，实现火灾自动监控报警。

有24h连续职守的控制室、操作室可不设火焰、温度或感光火灾自动监测器。

(10) 罐区消防灭火装备的设置

罐区消防灭火装备的设置应符合GB 50160—2008和GB 50074—2014的要求。

自动灭火控制系统：在易于发生火灾并需快速灭火的高风险场所，应根据物料性质选择设置气体、干粉或水的自动灭火控制系统。

远程灭火控制系统：对于在储罐着火后，由于高温和有毒等不易靠近灭火的罐区、罐组，应设置远程灭火控制系统，灭火介质应依危险物料性质而定。

远程水喷淋控制系统：在储罐着火后会引起相邻的储罐受高温辐射影响而产生次生灾害的罐区，应设置远程水喷淋控制系统，并要求水源充足，能及时快捷喷淋降温。

(11) 音视频监控装备的设置

罐区应设置音视频监控报警系统，监视突发的危险因素或初期的火灾报警等情况。摄像头的设置个数和位置，应根据罐区现场的实际情况而定，既要覆盖全面，也要重点考虑危险性较大的区域。摄像视频监控报警系统应可实现与危险参数监控报警的联动。摄像监控设备的选型和安装要符合相关技术标准，有防爆要求的应使用防爆摄像机或采取防爆措施。摄像头的安装高度应确保可以有效监控到储罐顶部。

(12) 安全监控装备的检查和维护

安全监控装备，应定期进行检查、维护和校验，保持其正常运行。强制计量检定的仪器和装置，应按有关标准的规定进行计量检定，保持其监控的准确性。安全监控项目中，对需要定期更换的仪器或设备应根据相关规定处理。

(13) 安全监控装备的日常管理

安全监控项目应建立档案，内容包括：监控对象和监控点所在位置，监控方案及其主要装备的名称，监控装备运行和维修记录。在安全监控点宜设立醒目的标志。安全监控设备的表面宜涂醒目漆色，包括接线盒与电缆，易于与其他设备区分，利于管理维护。安全监控装

备应分类管理，并根据类级别制定相应的管理方案。建立安全监控装备的管理责任制，明确各级管理人员、仪器的维护人员及其责任。

6.2.5 《企业安全生产标准化基本规范》(AQ/T 9006—2010)相关知识

《企业安全生产标准化基本规范》(以下简称《基本规范》)由国家安全监管总局于2010年4月15日发布，2010年6月1日正式实施。适用于工矿企业开展安全生产标准化工作以及对标准化工作的咨询、服务和评审；其他企业和生产经营单位可参照执行。

《基本规范》共分为范围、规范性引用文件、术语和定义、一般要求、核心要求5章。在核心要求这一章，对企业安全生产工作的目标、组织机构、安全投入、安全管理制度、人员教育培训、设备设施运行管理、作业安全管理、隐患排查和治理、重大危险源监控、职业健康、应急救援、事故的报告和调查处理、绩效评定和持续改进13个方面的内容作了具体规定。

"安全生产标准化"是指通过建立安全生产责任制，制定安全管理制度和操作规程，排查治理隐患和监控重大危险源，建立预防机制，规范生产行为，使各生产环节符合有关安全生产法律法规和标准规范的要求，人、机、物、环处于良好的生产状态，并持续改进，不断加强企业安全生产规范化建设。

这一定义涵盖了企业安全生产工作的全局，是企业开展安全生产工作的基本要求和衡量尺度，也是企业加强安全管理的重要方法和手段。而《标准化法》中的"标准化"，主要是通过制定、实施国家、行业等标准，来规范各种生产行为，以获得最佳生产秩序和社会效益的过程，二者有所不同。

有三大特点：

(1) 采用了PDCA采用了国际通用的策划(P-Plan)、实施(D-Do)、检查(C-Check)、改进(A-Act)动态循环的PDCA现代安全管理模式。通过企业自我检查、自我纠正、自我完善这一动态循环的管理模式，能够更好地促进企业安全绩效的持续改进和安全生产长效机制的建立。

(2) 广泛适用性

对各行业、各领域普遍适用。《基本规范》总结归纳了煤矿、危险化学品、金属非金属矿山、烟花爆竹、冶金、机械等已经颁布的行业安全生产标准化标准中的共性内容，提出了企业安全生产管理的共性基本要求，既适应各行业安全生产工作的开展，又避免了自成体系的局面。

(3) 体现了企业主体责任与外部监督相结合的思想

《基本规范》要求企业对安全生产标准化工作进行自主评定，自主评定后申请外部评审定级，并由安全生产监督管理部门对评审定级进行监督。

有三大意义：

(1) 有利于进一步规范企业的安全生产工作

《基本规范》涉及企业安全生产工作的方方面面，提出的要求明确、具体，较好地解决了企业安全生产工作干什么和怎么干的问题，能够更好地引导企业落实安全生产责任，做好安全生产工作。

(2) 有利于进一步维护从业人员的合法权益

安全生产工作的最终目的都是为了保护人民群众的生命财产安全，《基本规范》的各项规定，尤其是关于教育培训和职业健康的规定，可以更好地保障从业人员安全生产方面的合法权益。

（3）有利于进一步促进安全生产法律法规的贯彻落实

安全生产法律法规对安全生产工作提出了原则要求，设定了各项法律制度。《基本规范》是对这些相关法律制度内容的具体化和系统化，并通过运行使之成为企业的生产行为规范，从而更好地促进安全生产法律法规的贯彻落实。

6.2.6 《危险化学品应急救援管理人员培训及考核要求》(AQ/T 3043—2013)相关知识

该标准规定了危险化学品应急救援管理人员的培训要求、培训内容、考核办法、考核要点、再培训内容及考核要求。适用于危险化学品应急救援管理人员的培训及考核。

学时安排：危险化学品应急救援管理人员的培训时间不少于48学时。危险化学品应急救援管理人员的再培训时间不少于16学时。

基础知识考试主要包括应急管理、化学品危险性基础知识、危险化学品应急处置、危险化学品应急防护与装备、典型危险化学品应急处置等内容。

实际应用能力考核要求如下：

① 能正确指挥、协调危险化学品应急救援工作；

② 能正确制定危险化学品应急救援方案；

③ 能有效开展危险化学品应急救援工作。

再培训考核要求如下：

① 了解有关危险化学品安全生产、应急管理等方面的法律、法规、规章、标准和政策；

② 熟悉、掌握危险化学品应急救援的新理论、新技术和新方法；

③ 了解重大危险化学品事故应急救援典型案例的经验与教训。

6.2.7 《生产安全事故应急演练指南》(AQ/T 9007—2011)相关知识

《生产安全事故应急演练指南》规定了生产安全事故应急演练(以下简称应急演练)的目的、原则、类型、内容和综合应急演练的组织与实施。适用于针对生产安全事故所开展的应急演练活动。应急演练按照演练内容分为综合演练和单项演练，按照演练形式分为现场演练和桌面演练，不同类型的演练可相互组合。

应急演练目的主要包括：①检验预案。发现应急预案中存在的问题，提高应急预案的科学性、实用性和可操作性。②锻炼队伍。熟悉应急预案，提高应急人员在紧急情况下妥善处置事故的能力。③磨合机制。完善应急管理相关部门、单位和人员的工作职责，提高协调配合能力。④宣传教育。普及应急管理知识，提高参演和观摩人员风险防范意识和自救互救能力。⑤完善准备。完善应急管理和应急处置技术，补充应急装备和物资，提高其适用性和可靠性。⑥其他需要解决的问题。

应急演练应符合以下原则：①符合相关规定。按照国家相关法律、法规、标准及有关规定组织开展演练。②切合企业实际。结合企业生产安全事故特点和可能发生的事故类型组织开展演练。③注重能力提高。以提高指挥协调能力、应急处置能力为主要出发点组织开展演练。④确保安全有序。在保证参演人员及设备设施的安全的条件下组织开展演练。

6.2.7.1　应急演练内容

（1）预警与报告：根据事故情景，向相关部门或人员发出预警信息，并向有关部门和人员报告事故情况。

（2）指挥与协调：根据事故情景，成立应急指挥部，调集应急救援队伍和相关资源，开展应急救援行动。

（3）应急通信：根据事故情景，在应急救援相关部门或人员之间进行音频、视频信号或数据信息互通。

（4）事故监测：根据事故情景，对事故现场进行观察、分析或测定，确定事故严重程度、影响范围和变化趋势等。

（5）警戒与管制：根据事故情景，建立应急处置现场警戒区域，实行交通管制，维护现场秩序。

（6）疏散与安置：根据事故情景，对事故可能波及范围内的相关人员进行疏散、转移和安置。

（7）医疗卫生：根据事故情景，调集医疗卫生专家和卫生应急队伍开展紧急医学救援，并开展卫生监测和防疫工作。

（8）现场处置：根据事故情景，按照相关应急预案和现场指挥部要求对事故现场进行控制和处理。

（9）社会沟通：根据事故情景，召开新闻发布会或事故情况通报会，通报事故有关情况。

（10）后期处置：根据事故情景，应急处置结束后，所开展的事故损失评估、事故原因调查、事故现场清理和相关善后工作。

（11）其他：根据相关行业（领域）安全生产特点所包含的其他应急功能。

6.2.7.2　综合演练组织与实施

（1）演练计划：演练计划应包括演练目的、类型（形式）、时间、地点，演练主要内容、参加单位和经费预算等。

（2）演练准备

① 成立演练组织机构：综合演练通常成立演练领导小组，下设策划组、执行组、保障组、评估组等专业工作组。根据演练规模大小，其组织机构可进行调整。a. 领导小组负责演练活动筹备和实施过程中的组织领导工作，具体负责审定演练工作方案、演练工作经费、演练评估总结以及其他需要决定的重要事项等。b. 策划组：负责编制演练工作方案、演练脚本、演练安全保障方案或应急预案、宣传报道材料、工作总结和改进计划等。c. 执行组：负责演练活动筹备及实施过程中与相关单位、工作组的联络和协调、事故情景布置、参演人员调度和演练进程控制等。d. 保障组：负责演练活动工作经费和后勤服务保障，确保演练安全保障方案或应急预案落实到位。e. 评估组：负责审定演练安全保障方案或应急预案，编制演练评估方案并实施，进行演练现场点评和总结评估，撰写演练评估报告。

② 编制演练文件

a. 演练工作方案：演练工作方案内容主要包括：应急演练目的及要求；应急演练事故情景设计；应急演练规模及时间；参演单位和人员主要任务及职责；应急演练筹备工作内容；应急演练主要步骤；应急演练技术支撑及保障条件；应急演练评估与总结。

b. 演练脚本：根据需要，可编制演练脚本。演练脚本是应急演练工作方案具体操作实施的文件，帮助参演人员全面掌握演练进程和内容。演练脚本一般采用表格形式，主要内容包括：演练模拟事故情景；处置行动与执行人员；指令与对白、步骤及时间安排；视频背景与字幕；演练解说词等。

c. 演练评估方案：演练评估方案通常包括：演练信息：应急演练目的和目标、情景描述，应急行动与应对措施简介等；评估内容：应急演练准备、应急演练组织与实施、应急演练效果等；评估标准：应急演练各环节应达到的目标评判标准；评估程序：演练评估工作主要步骤及任务分工；附件：演练评估所需要用到的相关表格等。

d. 演练保障方案：针对应急演练活动可能发生的意外情况制定演练保障方案或应急预案，并进行演练，做到相关人员应知应会，熟练掌握。演练保障方案应包括应急演练可能发生的意外情况、应急处置措施及责任部门，应急演练意外情况中止条件与程序等。

e. 演练观摩手册根据演练规模和观摩需要，可编制演练观摩手册。演练观摩手册通常包括应急演练时间、地点、情景描述、主要环节及演练内容、安全注意事项等。

③ 演练工作保障

a. 人员保障：按照演练方案和有关要求，策划、执行、保障、评估、参演等人员参加演练活动，必要时考虑替补人员。b. 经费保障：根据演练工作需要，明确演练工作经费及承担单位。c. 物资和器材保障：根据演练工作需要，明确各参演单位所准备的演练物资和器材等。d. 场地保障：根据演练方式和内容，选择合适的演练场地。演练场地应满足演练活动需要，避免影响企业和公众正常生产、生活。e. 安全保障：根据演练工作需要，采取必要安全防护措施，确保参演、观摩等人员以及生产运行系统安全。f. 通信保障：根据演练工作需要，采用多种公用或专用通信系统，保证演练通信信息通畅。g. 其他保障：根据演练工作需要，提供的其他保障措施。

（3）应急演练的实施

① 熟悉演练任务和角色：组织各参演单位和参演人员熟悉各自参演任务和角色，并按照演练方案要求组织开展相应的演练准备工作。

② 组织预演：在综合应急演练前，演练组织单位或策划人员可按照演练方案或脚本组织桌面演练或合成预演，熟悉演练实施过程的各个环节。

③ 安全检查：确认演练所需的工具、设备、设施、技术资料以及参演人员到位。对应急演练安全保障方案以及设备、设施进行检查确认，确保安全保障方案可行，所有设备、设施完好。

④ 应急演练：应急演练总指挥下达演练开始指令后，参演单位和人员按照设定的事故情景，实施相应的应急响应行动，直至完成全部演练工作。演练实施过程中出现特殊或意外情况，演练总指挥可决定中止演练。

⑤ 演练记录：演练实施过程中，安排专门人员采用文字、照片和音像等手段记录演练过程。

⑥ 评估准备：演练评估人员根据演练事故情景设计以及具体分工，在演练现场实施过程中展开演练评估工作，记录演练中发现的问题或不足，收集演练评估需要的各种信息和资料。

⑦ 演练结束：演练总指挥宣布演练结束，参演人员按预定方案集中进行现场讲评或者有序疏散。

6.2.7.3 应急演练评估与总结

(1) 应急演练评估

① 现场点评应急演练结束后，在演练现场，评估人员或评估组负责人对演练中发现的问题、不足及取得的成效进行口头点评。

② 书面评估

评估人员针对演练中观察、记录以及收集的各种信息资料，依据评估标准对应急演练活动全过程进行科学分析和客观评价，并撰写书面评估报告。评估报告重点对演练活动的组织和实施、演练目标的实现、参演人员的表现以及演练中暴露的问题进行评估。

(2) 应急演练总结

演练结束后，由演练组织单位根据演练记录、演练评估报告、应急预案、现场总结等材料，对演练进行全面总结，并形成演练书面总结报告。报告可对应急演练准备、策划等工作进行简要总结分析。参与单位也可对本单位的演练情况进行总结。演练总结报告的内容主要包括：演练基本概要；演练发现的问题，取得的经验和教训；应急管理工作建议。

(3) 演练资料归档与备案

① 应急演练活动结束后，将应急演练工作方案以及应急演练评估、总结报告等文字资料，以及记录演练实施过程的相关图片、视频、音频等资料归档保存。

② 对主管部门要求备案的应急演练资料，演练组织部门(单位)应将相关资料报主管部门备案。

6.2.7.4 持续改进

(1) 应急预案修订完善　根据演练评估报告中对应急预案的改进建议，由应急预案编制部门按程序对预案进行修订完善。

(2) 应急管理工作改进

① 应急演练结束后，组织应急演练的部门(单位)应根据应急演练评估报告、总结报告提出的问题和建议对应急管理工作(包括应急演练工作)进行持续改进。

② 组织应急演练的部门(单位)应督促相关部门和人员，制定整改计划，明确整改目标，制定整改措施，落实整改资金，并应跟踪督查整改情况。

6.2.8 《生产安全事故应急演练评估规范》(AQ/T 9009—2015)相关知识

6.2.8.1 演练评估准备

(1) 成立评估机构和确定评估人员

按照要求，成立演练评估组和确定评估人员，评估人员应有明显标识。

(2) 演练评估需求分析

制定演练评估方案之前，应确定评估工作目的、内容和程序。

(3) 演练评估资料的收集

依据要求，收集演练评估所需要的相关资料和文件。

(4) 选择评估方式和方法

演练评估主要是通过对演练活动或参演人员的表现进行的观察、提问、听对方陈述、检查、比对、验证、实测而获取客观证据，比较演练实际效果与目标之间的差异，总结演练中好的做法，查找存在的问题。

演练评估应以演练目标为基础，每项演练目标都要设计合理的评估项目方法、标准。根据演练目标的不同，可以用选择项(如：是/否判断，多项选择)、评分(如：0-缺项、1-较差、3-一般、5-优秀)、定量测量(如：响应时间、被困人数、获救人数)等方法进行评估。

(5) 编写评估方案和评估标准

① 编写评估方案

内容通常包括：

——概述：演练模拟的事故名称、发生的时间和地点、事故过程的情景描述、主要应急行动等；

——目的：阐述演练评估的主要目的；

——内容：演练准备和实施情况的评估内容；

——信息获取：主要说明如何获取演练评估所需的各种信息；

——工作组织实施：演练评估工作的组织实施过程和具体工作安排；

——附件：演练评估所需相关表格等。

注：该部分内容引自 AQ/T 9007。

② 制定评估标准

演练评估组召集有关方面和人员，根据演练总体目标和各参演机构的目标，以及具体演练情景事件、演练流程和保障方案，明确演练评估内容及要求。演练评估参照本标准附录A、B 事先制定好演练评估表格，包括演练目标、评估方法、评估标准和相关记录项等。

(6) 培训评估人员

演练评估人员应听取演练组织或策划人员介绍演练方案以及组织和实施流程，并可进行交互式讨论，进一步明晰演练流程和内容。同时，评估组内部应围绕以下内容开展内部专题培训：

① 演练组织和实施的相关文件；

② 演练评估方案；

③ 演练单位的应急预案和相关管理文件；

④ 熟悉演练场地，了解有关参演部门和人员的基本情况、相关演练设施，掌握相关技术处置标准和方法；

⑤ 其他有关内容。

(7) 准备评估材料、器材

根据演练需要，准备评估工作所需的相关材料、器材，主要包括演练评估方案文本、评估表格、记录表、文具、通信设备、计时设备、摄像或录音设备、计算机或相关评估软件等。

6.2.8.2 演练评估实施

(1) 评估人员就位

根据演练评估方案安排，评估人员提前就位，做好演练评估准备工作。

(2) 观察记录和收集数据、信息和资料

演练开始后，演练评估人员通过观察、记录和收集演练信息和相关数据、信息和资料，观察演练实施及进展、参演人员表现等情况，及时记录演练过程中出现的问题。在不影响演练进程的情况下，评估人员可进行现场提问并做好记录。

(3) 演练评估

根据演练现场观察和记录，依据制定的评估表，逐项对演练内容进行评估，及时记录评估结果。

6.2.8.3 演练评估总结

(1) 演练点评

演练结束后，可选派有关代表(演练组织人员、参演人员、评估人员或相关方人员)对演练中发现的问题及取得的成效进行现场点评。

(2) 参演人员自评

演练结束后，演练单位应组织各参演小组或参演人员进行自评，总结演练中的优点和不足，介绍演练收获及体会。演练评估人员应参加参演人员自评会并做好记录。

(3) 评估组评估

参演人员自评结束后，演练评估组负责人应组织召开专题评估工作会议，综合评估意见。评估人员应根据演练情况和演练评估记录发表建议并交换意见，分析相关信息资料，明确存在问题并提出整改要求和措施等。

(4) 编制演练评估报告

① 报告编写要求

演练现场评估工作结束后，评估组针对收集的各种信息资料，依据评估标准和相关文件资料对演练活动全过程进行科学分析和客观评价，并撰写演练评估报告，评估报告应向所有参演人员公示。

② 报告主要内容

——演练基本情况：演练的组织及承办单位、演练形式、演练模拟的事故名称、发生的时间和地点、事故过程的情景描述、主要应急行动等；

——演练评估过程：演练评估工作的组织实施过程和主要工作安排；

——演练情况分析：依据演练评估表格的评估结果，从演练的准备及组织实施情况、参演人员表现等方面具体分析好的做法和存在的问题以及演练目标的实现、演练成本效益分析等；

——改进的意见和建议：对演练评估中发现的问题提出整改的意见和建议；

——评估结论：对演练组织实施情况的综合评价，并给出优(无差错地完成了所有应急演练内容)、良(达到了预期的演练目标，差错较少)、中(存在明显缺陷，但没有影响实现预期的演练目标)、差(出现了重大错误，演练预期目标受到严重影响，演练被迫中止，造成应急行动延误或资源浪费)等评估结论。

(5) 整改落实

演练组织单位应根据评估报告中提出的问题和不足，制定整改计划，明确整改目标，制定整改措施，并跟踪督促整改落实，直到问题解决为止。同时，总结分析存在问题和不足的原因。

6.3 国家安全监管总局相关文件

6.3.1 《危险化学品企业事故隐患排查治理实施导则》相关知识

(1) 定义

《危险化学品企业事故隐患排查治理实施导则》适用于生产、使用和储存危险化学品企业(以下简称企业)的事故隐患排查治理工作。

事故隐患(以下简称隐患)，是指不符合安全生产法律、法规、规章、标准、规程和安全生产管理制度的规定，或者因其他因素在生产经营活动中存在可能导致事故发生或导致事故后果扩大的物的危险状态、人的不安全行为和管理上的缺陷，包括：

① 作业场所、设备设施、人的行为及安全管理等方面存在的不符合国家安全生产法律法规、标准规范和相关规章制度规定的情况。

② 法律法规、标准规范及相关制度未作明确规定，但企业危害识别过程中识别出作业场所、设备设施、人的行为及安全管理等方面存在的缺陷。

(2) 基本要求

隐患排查治理是企业安全管理的基础工作，是企业安全生产标准化风险管理要素的重点内容，应按照“谁主管、谁负责”和“全员、全过程、全方位、全天候”的原则，明确职责，建立健全企业隐患排查治理制度和保证制度有效执行的管理体系，努力做到及时发现、及时消除各类安全生产隐患，保证企业安全生产。

企业应建立和不断完善隐患排查体制机制，主要包括：

企业主要负责人对本单位事故隐患排查治理工作全面负责，应保证隐患治理的资金投入，及时掌握重大隐患治理情况，治理重大隐患前要督促有关部门制定有效的防范措施，并明确分管负责人。分管负责隐患排查治理的负责人，负责组织检查隐患排查治理制度落实情况，定期召开会议研究解决隐患排查治理工作中出现的问题，及时向主要负责人报告重大情况，对所分管部门和单位的隐患排查治理工作负责。其他负责人对所分管部门和单位的隐患排查治理工作负责。

隐患排查要做到全面覆盖、责任到人，定期排查与日常管理相结合，专业排查与综合排查相结合，一般排查与重点排查相结合，确保横向到边、纵向到底、及时发现、不留死角。

隐患治理要做到方案科学、资金到位、治理及时、责任到人、限期完成。能立即整改的隐患必须立即整改，无法立即整改的隐患，治理前要研究制定防范措施，落实监控责任，防止隐患发展为事故。

技术力量不足或危险化学品安全生产管理经验欠缺的企业应聘请有经验的化工专家或注册安全工程师指导企业开展隐患排查治理工作。

涉及重点监管危险化工工艺、重点监管危险化学品和重大危险源(以下简称“两重点一重大”)的危险化学品生产、储存企业应定期开展危险与可操作性分析(HAZOP)，用先进科学的管理方法系统排查事故隐患。

企业要建立健全隐患排查治理管理制度，包括隐患排查、隐患监控、隐患治理、隐患上报等内容。隐患排查要按专业和部位，明确排查的责任人、排查内容、排查频次和登记上报的工作流程。

隐患监控要建立事故隐患信息档案，明确隐患的级别，按照“五定”(定整改方案、定资金来源、定项目负责人、定整改期限、定控制措施)的原则，落实隐患治理的各项措施，对隐患治理情况进行监控，保证隐患治理按期完成。

隐患治理要分类实施：能够立即整改的隐患，必须确定责任人组织立即整改，整改情况要安排专人进行确认；无法立即整改的隐患，要按照评估——治理方案论证——资金落实——限期治理——验收评估——销号的工作流程，明确每一工作节点的责任人，实行闭环管理；重大隐患治理工作结束后，企业应组织技术人员和专家对隐患治理情况进行验收，保证按期完成和治理效果。

隐患上报要按照安全监管部门的要求，建立与安全生产监督管理部门隐患排查治理信息管理系统联网的“隐患排查治理信息系统”，每个月将开展隐患排查治理情况和存在的重大事故隐患上报当地安全监管部门，发现无法立即整改的重大事故隐患，应当及时上报。

要借助企业的信息化系统对隐患排查、监控、治理、验收评估、上报情况实行建档登记，重大隐患要单独建档。

(3) 隐患排查方式及频次

隐患排查工作可与企业各专业的日常管理、专项检查和监督检查等工作相结合，科学整合下述方式进行：

① 日常隐患排查；

② 综合性隐患排查；

③ 专业性隐患排查；

④ 季节性隐患排查；

⑤ 重大活动及节假日前隐患排查；

⑥ 事故类比隐患排查。

企业进行隐患排查的频次应满足：

① 装置操作人员现场巡检间隔不得大于2h，涉及“两重点一重大”的生产、储存装置和部位的操作人员现场巡检间隔不得大于1h，宜采用不间断巡检方式进行现场巡检。

② 基层车间(装置，下同)直接管理人员(主任、工艺设备技术人员)、电气、仪表人员每天至少两次对装置现场进行相关专业检查。

③ 基层车间应结合岗位责任制检查，至少每周组织一次隐患排查，并和日常交接班检查和班中巡回检查中发现的隐患一起进行汇总；基层单位(厂)应结合岗位责任制检查，至少每月组织一次隐患排查。

④ 企业应根据季节性特征及本单位的生产实际，每季度开展一次有针对性的季节性隐患排查；重大活动及节假日前必须进行一次隐患排查。

⑤ 企业至少每半年组织一次，基层单位至少每季度组织一次综合性隐患排查和专业隐患排查，两者可结合进行。

⑥ 当获知同类企业发生伤亡及泄漏、火灾爆炸等事故时，应举一反三，及时进行事故类比隐患专项排查。

⑦ 对于区域位置、工艺技术等不经常发生变化的，可依据实际变化情况确定排查周期，如果发生变化，应及时进行隐患排查。

当发生以下情形之一，企业应及时组织进行相关专业的隐患排查：

① 颁布实施有关新的法律法规、标准规范或原有适用法律法规、标准规范重新修订的；

② 组织机构和人员发生重大调整的；

③ 装置工艺、设备、电气、仪表、公用工程或操作参数发生重大改变的，应按变更管理要求进行风险评估；

④ 外部安全生产环境发生重大变化；

⑤ 发生事故或对事故、事件有新的认识；

⑥ 气候条件发生大的变化或预报可能发生重大自然灾害。

涉及“两重点一重大”的危险化学品生产、储存企业应每5年至少开展一次危险与可操作性分析(HAZOP)。

(4) 隐患排查内容

根据危险化学品企业的特点，隐患排查包括但不限于以下内容：

① 安全基础管理；

② 区域位置和总图布置；

③ 工艺；

④ 设备；

⑤ 电气系统；

⑥ 仪表系统；

⑦ 危险化学品管理；

⑧ 储运系统；

⑨ 公用工程；

⑩ 消防系统。

(5) 隐患治理与上报

① 隐患级别

事故隐患可按照整改难易及可能造成的后果严重性，分为一般事故隐患和重大事故隐患。

一般事故隐患，是指能够及时整改，不足以造成人员伤亡、财产损失的隐患。对于一般事故隐患，可按照隐患治理的负责单位，分为班组级、基层车间级、基层单位(厂)级直至企业级。

重大事故隐患，是指无法立即整改且可能造成人员伤亡、较大财产损失的隐患。

② 隐患治理

企业应对排查出的各级隐患，做到"五定"，并将整改落实情况纳入日常管理进行监督，及时协调在隐患整改中存在的资金、技术、物资采购、施工等各方面问题。

对一般事故隐患，由企业(基层车间、基层单位〈厂〉)负责人或者有关人员立即组织整改。

对于重大事故隐患，企业要结合自身的生产经营实际情况，确定风险可接受标准，评估隐患的风险等级。评估风险的方法可参考附录A。

重大事故隐患的治理应满足以下要求：

a. 当风险处于很高风险区域时，应立即采取充分的风险控制措施，防止事故发生，同时编制重大事故隐患治理方案，尽快进行隐患治理，必要时立即停产治理；

b. 当风险处于一般高风险区域时，企业应采取充分的风险控制措施，防止事故发生，并编制重大事故隐患治理方案，选择合适的时机进行隐患治理；

c. 对于处于中风险的重大事故隐患，应根据企业实际情况，进行成本—效益分析，编制重大事故隐患治理方案，选择合适的时机进行隐患治理，尽可能将其降到低风险。

对于重大事故隐患，由企业主要负责人组织制定并实施事故隐患治理方案。重大事故隐患治理方案应包括：

a. 治理的目标和任务；

b. 采取的方法和措施；

c. 经费和物资的落实；

d. 负责治理的机构和人员；

e. 治理的时限和要求；

f. 防止整改期间发生事故的安全措施。

事故隐患治理方案、整改完成情况、验收报告等应及时归入事故隐患档案。隐患档案应包括以下信息：隐患名称、隐患内容、隐患编号、隐患所在单位、专业分类、归属职能部门、评估等级、整改期限、治理方案、整改完成情况、验收报告等。事故隐患排查、治理过程中形成的传真、会议纪要、正式文件等，也应归入事故隐患档案。

③ 隐患上报

企业应当定期通过“隐患排查治理信息系统”向属地安全生产监督管理部门和相关部门上报隐患统计汇总及存在的重大隐患情况。

对于重大事故隐患，企业除依照前款规定报送外，应当及时向安全生产监督管理部门和有关部门报告。重大事故隐患报告的内容应当包括：

a. 隐患的现状及其产生原因；

b. 隐患的危害程度和整改难易程度分析；

c. 隐患的治理方案。

6.3.2 《国家安全监管总局关于加强化工安全仪表系统管理的指导意见》(安监总管三〔2014〕116 号)相关知识

为加强化工安全仪表系统管理，防止和减少危险化学品事故发生，国家总局就加强化工安全仪表系统管理提出了 15 条意见：

(1) 化工安全仪表系统(SIS)包括安全联锁系统，紧急停车系统和有毒有害、可燃气体及火灾检测保护系统等。安全仪表系统独立于过程控制系统(例如分散控制系统等)，生产正常时处于休眠或静止状态，一旦生产装置或设施出现可能导致安全事故的情况时，能够瞬间准确动作，使生产过程安全停止运行或自动导入预定的安全状态，必须有很高的可靠性(即功能安全)和规范的维护管理，如果安全仪表系统失效，往往会导致严重的安全事故。近年来发达国家发生的重大化工(危险化学品)事故大都与安全仪表失效或设置不当有关。根据安全仪表功能失效产生的后果及风险，将安全仪表功能划分为不同的安全完整性等级(SIL1-4，最高为 4 级)。不同等级安全仪表回路在设计、制造、安装调试和操作维护方面技术要求不同。

目前，我国安全仪表系统及其相关安全保护措施在设计、安装、操作和维护管理等生命周期各阶段，还存在危险与风险分析不足、设计选型不当、冗余容错结构不合理、缺乏明确的检验测试周期、预防性维护策略针对性不强等问题，规范安全仪表系统管理工作亟待加强。随着我国化工装置、危险化学品储存设施规模大型化、生产过程自动化水平逐步提高，同步加强和规范安全仪表系统管理，十分紧迫和必要。

(2) 加快安全仪表系统功能安全相关技术和管理人才的培养。化工设计、施工单位和危险化学品生产、储存单位要组织对相关负责人、工艺和仪表等工程技术人员开展安全仪表专业培训，普及功能安全相关知识，学习有关标准规范。要针对安全仪表系统全生命周期不同的环节，分别对设计、安装调试和操作维护管理人员进行具有针对性的培训，使相关人员熟练掌握安全仪表系统、风险分析和控制、风险降低等相关专业技术。各化工设计单位要用一年左右的时间，培养一支胜任安全仪表系统功能安全设计的技术骨干队伍。涉及“两重点一重大”(即重点监管危险化学品、重点监管危险化工工艺和危险化学品重大危险源)在役生产装置的化工企业和危险化学品储存单位要加快人才培养工作，培养一批具备专业技术能力、掌握相关标准规范的工程技术人员，满足开展和加强化工安全仪表系统功能安全管理工作的需要。

(3) 进一步完善化工安全仪表系统技术标准和认证体系。加快制修订化工安全仪表系统技术标准体系。要组织研究、规划我国化工功能安全技术标准体系，有关部门和单位要制定工作计划，组织制定符合我国化工行业企业安全发展现状的功能安全相关技术标准及应用指南。推动形成并完善符合我国国情的功能安全认证体制机制。依据《电气 \ 电子 \ 可编程电子安全相关系统的功能安全》(GB/T 20438—2006)和《过程工业领域安全仪表系统的功能安全》(GB/T 21109—2007)，逐步建立相关人员、产品以及组织机构功能安全认证服务体系。

(4) 设计安全仪表系统之前要明确安全仪表系统过程安全要求、设计意图和依据。要通过过程危险分析，充分辨识危险与危险事件，科学确定必要的安全仪表功能，并根据国家法律法规和标准规范对安全风险进行评估，确定必要的风险降低要求。根据所有安全仪表功能的功能性和完整性要求，编制安全仪表系统安全要求技术文件。

(5) 规范化工安全仪表系统的设计。严格按照安全仪表系统安全要求技术文件设计与实现安全仪表功能。通过仪表设备合理选择、结构约束(冗余容错)、检验测试周期以及诊断技术等手段，优化安全仪表功能设计，确保实现风险降低要求。要合理确定安全仪表功能(或子系统)检验测试周期，需要在线测试时，必须设计在线测试手段与相关措施。详细设计阶段要明确每个安全仪表功能(或子系统)的检验测试周期和测试方法等要求。

(6) 严格安全仪表系统的安装调试和联合确认。应制定完善的安装调试与联合确认计划并保证有效实施，详细记录调试(单台仪表调试与回路调试)、确认的过程和结果，并建立管理档案。施工单位按照设计文件安装调试完成后，企业在投运前应依据国家法律法规、标准规范、行业和企业安全管理规定以及安全要求技术文件，组织对安全仪表系统进行审查和联合确认，确保安全仪表功能具备既定的功能和满足完整性要求，具备安全投用条件。

(7) 加强化工企业安全仪表系统操作和维护管理。化工企业要编制安全仪表系统操作维护计划和规程，保证安全仪表系统能够可靠执行所有安全仪表功能，实现功能安全。

要按照符合安全完整性要求的检验测试周期，对安全仪表功能进行定期全面检验测试，并详细记录测试过程和结果。要加强安全仪表系统相关设备故障管理(包括设备失效、联锁动作、误动作情况等)和分析处理，逐步建立相关设备失效数据库。要规范安全仪表系统相关设备选用，建立安全仪表设备准入和评审制度以及变更审批制度，并根据企业应用和设备失效情况不断修订完善。

(8) 逐步完善安全仪表系统管理制度和内部规范。企业要制定和完善安全仪表系统相关管理制度或企业内部技术规范，把功能安全管理融入企业安全管理体系，不断提升过程安全管理水平。

(9) 加强过程报警管理，制定企业报警管理制度并严格执行。与安全仪表功能安全完整性要求相关的报警可以参照安全仪表功能进行管理和检验测试。

(10) 加强基本过程控制系统的管理，与安全完整性要求相关的控制回路，参照安全仪表功能进行管理和检验测试，并保证自动控制回路的投用率。

(11) 严格按照相关标准设计和实施有毒有害和可燃气体检测保护系统，为确保其功能可靠，相关系统应独立于基本过程控制系统。

(12) 从 2016 年 1 月 1 日起，大型和外商独资合资等具备条件的化工企业新建涉及“两重点一重大”的化工装置和危险化学品储存设施，要按照本指导意见的要求设计符合相关标准规定的安全仪表系统。

(13) 从 2018 年 1 月 1 日起，所有新建涉及“两重点一重大”的化工装置和危险化学品储存设施要设计符合要求的安全仪表系统。其他新建化工装置、危险化学品储存设施安全仪表系统，从 2020 年 1 月 1 日起，应执行功能安全相关标准要求，设计符合要求的安全仪表系统。

(14) 涉及“两重点一重大”在役生产装置或设施的化工企业和危险化学品储存单位，要在全面开展过程危险分析(如危险与可操作性分析)基础上，通过风险分析确定安全仪表功能及其风险降低要求，并尽快评估现有安全仪表功能是否满足风险降低要求。

(15) 企业应在评估基础上，制定安全仪表系统管理方案和定期检验测试计划。对于不满足要求的安全仪表功能，要制定相关维护方案和整改计划，2019 年底前完成安全仪表系统评估和完善工作。其他化工装置、危险化学品储存设施，要参照本意见要求实施。

6.3.3 《国家安全监管总局关于加强化工企业泄漏管理的指导意见》(安监总管三〔2014〕94 号)相关知识

为进一步加强化工企业安全生产基础工作，推动企业落实安全生产主体责任，有效预防和控制泄漏，防止和减少由泄漏引起的事故，提升企业本质安全水平，国家安全监管总局提出了 22 条意见：

(1) 加强泄漏管理是确保化工企业安全生产的必然要求。化工企业生产工艺过程复杂，工艺条件苛刻，设备管道种类和数量多，工艺波动、违规操作、使用不当、设备失效、缺乏正确维护等情况均可造成易燃易爆、有毒有害介质泄漏，从而导致事故发生。

(2) 加强泄漏管理是预防事故发生的有效措施。泄漏是引起化工企业火灾、爆炸、中毒事故的主要原因，要树立“泄漏就是事故”的理念，从源头上预防和控制泄漏，减少作业人员接触有毒有害物质，提升化工企业本质安全水平。

(3) 化工企业泄漏的表现形式。化工生产过程中的泄漏主要包括易挥发物料的逸散性泄漏和各种物料的源设备泄漏两种形式。逸散性泄漏主要是易挥发物料从装置的阀门、法兰、机泵、人孔、压力管道焊接处等密闭系统密封处发生非预期或隐蔽泄漏；源设备泄漏主要是物料非计划、不受控制地以泼溅、渗漏、溢出等形式从储罐、管道、容器、槽车及其他用于转移物料的设备进入周围空间，产生无组织形式排放(设备失效泄漏是源设备泄漏的主要表现形式)。

(4) 化工企业泄漏管理的主要内容。化工泄漏管理主要包括泄漏检测与维修和源设备泄漏管理两个方面。要通过预防性、周期性的泄漏检测发现早期泄漏并及时处理，避免泄漏发展为事故。泄漏检测与维修管理工作包括：配备监测仪器、培训监测人员、建立泄漏检测目录、编制泄漏检测与维修计划、验证维修效果等。源设备泄漏管理工作包括：泄漏根原因的调查和处理、泄漏事件的评定和上报、泄漏率统计、泄漏绩效考核等。泄漏检测维修工作要实行 PDCA 循环(戴明环)管理方式，对所有的泄漏事件都要参照事故调查要求严格管理。

(5) 优化设计以预防和控制泄漏。在设计阶段，要全面识别和评估泄漏风险，从源头采取措施控制泄漏危害。要尽可能选用先进的工艺路线，减少设备密封、管道连接等易泄漏点，降低操作压力、温度等工艺条件。在设备和管线的排放口、采样口等排放阀设计时，要通过加装盲板、丝堵、管帽、双阀等措施，减少泄漏的可能性，对存在剧毒及高毒类物质的工艺环节要采用密闭取样系统设计，有毒、可燃气体的安全泄压排放要采取密闭措施设计。

（6）优化设备选型。企业要严格按照规范标准进行设备选型，属于重点监控范围的工艺以及重点部位要按照最高标准规范要求选择。设计要考虑必要的操作裕度和弹性，以适应加工负荷变化的需要。要根据物料特性选用符合要求的优质垫片，以减少管道、设备密封泄漏。

新建和改扩建装置的管道、法兰、垫片、紧固件选型，必须符合安全规范和国家强制性标准的要求；压力容器与压力管道要严格按照国家标准要求进行检验。选型不符合现行安全规范和强制性标准要求的已建成装置，泄漏率符合规定的，企业要加强泄漏检测，监护运行；泄漏率不符合要求的，企业要限期整改。

（7）科学选择密封配件及介质。动设备选择密封介质和密封件时，要充分兼顾润滑、散热。使用水作为密封介质时，要加强水质和流速的检测。输送有毒、强腐蚀介质时，要选用密封油作为密封介质，同时要充分考虑针对密封介质侧大量高温热油泄漏时的收集、降温等防护措施，对于易汽化介质要采用双端面或串联干气密封。

（8）完善自动化控制系统。涉及重点监管危险化工工艺和危险化学品的生产装置，要按安全控制要求设置自动化控制系统、安全联锁或紧急停车系统和可燃及有毒气体泄漏检测报警系统。紧急停车系统、安全联锁保护系统要符合功能安全等级要求。危险化学品储存装置要采取相应的安全技术措施，如高、低液位报警和高高、低低液位联锁以及紧急切断装置等。

（9）全面开展泄漏危险源辨识与风险评估。企业要依据有关标准、规范，组织工程技术和管理人员或委托具有相应资质的设计、评价等中介机构对可能存在的泄漏风险进行辨识与评估，结合企业实际设备失效数据或历史泄漏数据分析，对风险分析结果、设备失效数据或历史泄漏数据进行分析，辨识出可能发生泄漏的部位，结合设备类型、物料危险性、泄漏量对泄漏部位进行分级管理，提出具体防范措施。当工艺系统发生变更时，要及时分析变更可能导致的泄漏风险并采取相应措施。

（10）全面开展化工设备逸散性泄漏检测及维修。企业要根据逸散性泄漏检测的有关标准、规范，定期对易发生逸散性泄漏的部位（如管道、设备、机泵等密封点）进行泄漏检测，排查出发生泄漏的设备要及时维修或更换。企业要实施泄漏检测及维修全过程管理，对维修后的密封进行验证，达到减少或消除泄漏的目的。

（11）加强化工装置源设备泄漏管理，提升泄漏防护等级。企业要根据物料危险性和泄漏量对源设备泄漏进行分级管理、记录统计。对于发生的源设备泄漏事件要及时采取消除、收集、限制范围等措施，对于可能发生严重泄漏的设备，要采取第一时间能切断泄漏源的技术手段和防护性措施。企业要实施源设备泄漏事件处置的全过程管理，加强对生产现场的泄漏检查，努力降低各类泄漏事件发生率。

（12）规范工艺操作行为，降低泄漏几率。操作人员要严格按操作规程进行操作，避免工艺参数大的波动。装置开车过程中，对高温设备要严格按升温曲线要求控制温升速度，按操作规程要求对法兰、封头等部件的螺栓进行逐级热紧；对低温设备要严格按降温曲线要求控制降温速度，按操作规程要求对法兰、封头等部件的螺栓进行逐级冷紧。要加强开停车和设备检修过程中泄漏检测监控工作。

（13）加强泄漏管理培训。企业要开展涵盖全员的泄漏管理培训，不断增强员工的泄漏管理意识，掌握泄漏辨识和预防处置方法。新员工要接受泄漏管理培训后方能上岗。当工艺、设备发生变更时，要对相关人员及时培训。对负责设备泄漏检测和设备维修的员工进行泄漏管理专项培训。

（14）建立泄漏常态化管理机制。要根据企业实际情况制定泄漏管理的工作目标，制定工作计划，责任落实到人，保证资金投入，统筹安排、严格考核，将泄漏管理与工艺、设备、检修、隐患排查等管理相结合，并在岗位安全操作规程中体现查漏、消漏、动静密封点泄漏率控制等要求。

（15）建立和完善泄漏管理责任制。建立健全并严格执行以企业主要负责人为第一责任人、分管负责人为责任人、相关部门及人员责任明确的泄漏管理责任制。

（16）建立和不断完善泄漏检测、报告、处理、消除等闭环管理制度。建立定期检测、报告制度，对于装置中存在泄漏风险的部位，尤其是受冲刷或腐蚀容易减薄的物料管线，要根据泄漏风险程度制定相应的周期性测厚和泄漏检测计划，并定期将检测记录的统计结果上报给企业的生产、设备和安全管理部门，所有记录数据要真实、完整、准确。企业发现泄漏要立即处置、及时登记、尽快消除，不能立即处置的要采取相应的防范措施并建立设备泄漏台账，限期整改。加强对有关管理规定、操作规程、作业指导书和记录文件以及采用的检测和评估技术标准等泄漏管理文件的管理。

（17）建立激励机制。企业要鼓励员工积极参与泄漏隐患排查、报告和治理工作，充分调动全体员工的积极性，实现全员参与。

（18）建立和完善化工装置泄漏报警系统。企业要按照《石油化工可燃气体和有毒气体检测报警设计规范》（GB 50493—2009）和《工作场所有毒气体检测报警装置设置规范》（GBZ/T 223—2009）等标准要求，在生产装置、储运、公用工程和其他可能发生有毒有害、易燃易爆物料泄漏的场所安装相关气体监测报警系统，重点场所还要安装视频监控设备。要将法定检验与企业自检相结合，现场检测报警装置要设置声光报警，保证报警系统的准确、可靠性。

（19）建立规范、统一的报警信息记录和处理程序。操作人员接到报警信号后，要立即通过工艺条件和控制仪表变化判别泄漏情况，评估泄漏程度，并根据泄漏级别启动相应的应急处置预案。操作人员和管理人员要对报警及处理情况做好记录，并定期对所发生的各种报警和处理情况进行分析。

（20）建立泄漏事故应急处置程序，有效控制泄漏后果。企业要充分辨识安全风险，完善应急预案，对于可能发生泄漏的密闭空间，应当编制专项应急预案并组织进行预案演练，完善事故处置物资储备。要设置符合国家标准规定的泄漏物料收集装置，对泄漏物料要妥善处置，如采取带压堵漏、快速封堵等安全技术措施。对于高风险、不能及时消除的泄漏，要果断停车处置。处置过程中要做好检测、防火防爆、隔离、警戒、疏散等相关工作。

（21）加强泄漏管理内部审核。企业要对泄漏台账、目标责任书、作业文件、现场检测或检查记录等泄漏管理文件定期进行审核，对作业现场进行抽检抽查，核实检测或检查记录的可靠性，对泄漏管理系统进行内部审计。

（22）加强对泄漏管理的检查考核。企业要加强对泄漏管理过程、结果的检查考核，确保泄漏管理实现持续改进。企业要按泄漏控制目标的量化要求，对各部门和岗位的泄漏管理状况进行绩效考核。

6.3.4《关于在用液体危险货物罐车加装紧急切断装置有关事项的通知》(安监总管三〔2014〕74号)相关知识

为深刻吸取晋济高速公路山西晋城段岩后隧道“3·1”特别重大道路交通危化品燃爆事故的教训，贯彻落实《国务院安委会办公室关于加强危险化学品道路运输和公路隧道安全工作的紧急通知》(安委办明电〔2014〕4号)的要求，切实做好液体危险货物罐车紧急切断装置加装工作，有效减少液体危险货物罐车安全隐患，国家安全监管总局、工业和信息化部、公安部、交通运输部、国家质检总局就有关事项提出了相关要求。

(1) 液体危险货物罐车生产企业、改装企业和使用单位要认真做好紧急切断装置加装工作

① 根据《道路运输液体危险货物罐式车辆 第1部分：金属常压罐体技术要求》(GB 18564.1—2006)，2006年11月1日以后出厂的液体危险货物罐车应当安装紧急切断装置，否则是不合格产品。液体危险货物罐车生产企业、改装企业要制定详细的加装工作方案，采取发布公告或者逐车落实的方式，合理安排加装时间，按期分批通知罐车使用单位回厂免费安装紧急切断装置，并承担由此支出的合理开支。罐车使用单位要配合罐车生产企业和改装企业做好紧急切断装置加装工作。

② 在销售合同或技术确认书中没有明确为运输液体危险货物但实际用于运输液体危险货物、没有安装紧急切断装置的液体危险货物罐车，或者罐车生产企业已经倒闭的，以及2006年11月1日以前出厂仍在使用的、没有安装紧急切断装置的液体危险货物罐车，罐车使用单位要出资委托符合条件的罐车生产企业或改装企业认定可以运输液体危险货物并加装紧急切断装置。

③ 液体危险货物罐车生产企业、改装企业和使用单位必须依据标准规范要求限期加装紧急切断装置。紧急切断装置应符合《道路运输液体危险货物罐式车辆紧急切断阀》(QC/T 932—2012)的要求，加装要由改装单位重新设计核定后实施，并出具改装检验合格证明。

④ 液体危险货物罐车生产企业生产的罐车、改装企业改装的罐车要符合工业和信息化部公告的车型。罐体容积、壁厚、允许装载的介质等应与该车型公告参数保持一致。未经过公告的车型不得生产或改装。

液体危险货物罐车生产企业要建立液体危险货物罐车生产销售台账，一车一档，准确记录车辆设计、生产、安全附件加装、维修、买方信息等情况，确保液体危险货物罐车身份明确、可追溯。

改装的液体危险货物罐车要依法经具备相应液体危险货物罐体检验资质(指危险化学品包装物、容器产品生产许可证检验资质或压力容器汽车罐体检验资质，下同)的检验机构检验合格，并获得检验合格证明。

液体危险货物罐车使用单位要依法取得交通运输部门颁发的道路运输经营许可证或者道路危险货物运输许可证以及道路运输证。

(2) 液体危险货物罐车使用单位和改装单位要切实加强罐车紧急切断装置加装过程安全管理

① 液体危险货物罐车使用单位和改装单位要建立完善安全生产责任制、安全管理制度和针对涉及的液体危险货物的操作规程、应急预案等，落实安全生产主体责任，加强液体危险货物罐车改装过程的安全管理，严控改装过程中的事故风险。

② 液体危险货物罐车使用单位在委托进行车辆改装前，要严格按照操作规程要求对液体危险货物罐车进行倒空、置换、清洗工作，并检测分析合格。委托改装时要将车辆运输液体危险货物种类、危险性、检测分析结果等相关信息向改装单位交底。

③ 液体危险货物罐车改装单位要严格按照操作规程要求完成液体危险货物罐车改装等工作，改装前要再次进行检测分析，依照《化学品生产单位动火作业安全规范》(AQ 3022—2008)等标准要求，加强动火及进入受限空间等特殊作业环节的安全管理，保障改装工作的安全。

④ 液体危险货物罐车使用单位和改装单位应组织员工分别就倒空、置换、清洗和改装过程中涉及到的液体危险货物的危险性、操作规程、应急处置措施等进行培训，提升员工的安全意识和能力。

6.3.5 《国家安全监管总局办公厅关于明确石油天然气长输管道安全监管有关事宜的通知》(安监总厅管三〔2014〕78 号)相关知识

为贯彻落实《国家安全监管总局办公厅关于调整油气管道安全监管职责的通知》(安监总厅〔2014〕57 号，以下简称《通知》)要求，进一步做好陆上石油天然气(城镇燃气除外)长输管道及其辅助储存设施(包括地下储气库，在港区范围内的除外，以下简称油气管道)安全监管工作，国家总局就有关事项提出要求：

(1) 监管依据

根据《通知》要求，油气管道安全监管纳入危险化学品安全监管范畴，要严格按照有关危险化学品安全监管法律法规、规范标准实施监管。

(2) 监管范围

纳入危险化学品安全监管范围的油气管道范围为：陆上油气田长输管道，以油气长输管道首站为起点；海上油气田输出的长输管道，以陆岸终端出站点为起点；进口油气长输管道，以进国境首站为起点。

(3) 监管工作的衔接

对于新建或已按照《非煤矿矿山建设项目安全设施设计审查与竣工验收办法》(原国家安全监管局〈国家煤矿安监局〉令第 18 号，以下简称 18 号令)备案的油气管道建设项目，按照《危险化学品建设项目安全监督管理办法》(国家安全监管总局令第 45 号)开展安全审查；对于已进入《安全专篇》审查、竣工验收程序的油气管道建设项目，仍按照 18 号令完成该项目的安全设施设计审查和竣工验收工作；对于已取得非煤矿矿山企业安全生产许可证的油气管道企业，有效期满后按照危险化学品安全监管有关规定进行安全监管；对于已提交评审组织单位申请评审安全生产标准化等级的油气管道企业，按照《企业安全生产标准化评审工作管理办法(试行)》(安监总办〔2014〕49 号)、《石油行业安全生产标准化管道储运实施规范》(AQ 2045—2012)和《石油行业管道储运安全生产标准化评分办法》(安监总厅管一〔2013〕16 号)进行评审和公告。

6.3.6 《企业非药品类易制毒化学品规范化管理指南的通知》(安监总厅管三〔2014〕70 号)相关知识

为深入贯彻执行《易制毒化学品管理条例》(国务院令第 445 号)，加强企业非药品类易制毒化学品管理工作，国家安全监管总局制定了《企业非药品类易制毒化学品规范化管理指南》，国家安全监管总局办公厅2014年6月16日印发实施。

《企业非药品类易制毒化学品规范化管理指南》主要内容如下：

（1）总则

企业生产、经营非药品类易制毒化学品（以下简称易制毒化学品）的管理，适用本指南。

企业从事易制毒化学品生产、经营活动，应当办理国家规定的易制毒化学品行政许可或备案手续。

企业应当履行易制毒化学品管理的社会责任，积极向公安、安全生产监督管理等主管部门（以下简称有关行政主管部门）举报并鼓励员工举报涉及易制毒化学品的违法行为，及时反映易制毒化学品可疑交易线索等异常情况。

（2）责任制

企业应当认真履行易制毒化学品管理责任，建立健全包括主要负责人、分管负责人、销售负责人及其他有关人员在内的责任体系，明确各级人员职责；员工在5人以内的微型企业至少应当明确主要负责人和销售人员的易制毒化学品管理职责。

① 企业主要负责人是易制毒化学品管理第一责任人。企业主要负责人应当了解有关易制毒化学品管理的法律法规，了解本企业易制毒化学品的基本知识，使企业严格遵守国家易制毒化学品管理各项规定；建立健全易制毒化学品管理责任体系，批准实施企业易制毒化学品管理制度，设置易制毒化学品管理机构，保证易制毒化学品生产、储存等设备设施符合国家规定和要求；保证向有关行政主管部门提交的报告等资料的内容真实；检查各项易制毒化学品管理制度的执行与完善情况；积极推进易制毒化学品管理信息化工作。

② 企业易制毒化学品分管负责人协助主要负责人分管易制毒化学品管理工作。分管负责人应当学习并组织本企业贯彻落实易制毒化学品管理的法律法规和国家有关规定，学习并掌握本企业易制毒化学品基本知识，组织制定和审核易制毒化学品管理分部门规章制度、各岗位责任制度，组织企业易制毒化学品从业人员的教育培训工作，组织检查易制毒化学品各项管理制度的执行和生产、储存等设备设施的使用情况，组织从生产（或采购）、储存到销售（或自用）的易制毒化学品流向清查工作，组织易制毒化学品管理的持续改进和信息化工作，及时通报、报告易制毒化学品管理情况，组织编制提交有关行政主管部门的定期报告等资料。

③ 销售负责人全面负责易制毒化学品的销售管理工作。销售负责人应当严格执行易制毒化学品管理的法律法规和国家有关规定，学习并掌握本企业易制毒化学品基本知识，组织制定易制毒化学品销售程序及管理制度并监督销售人员严格遵守，组织建立健全销售台账、档案及销售信息系统，检查台账记录和档案整理情况，定期组织易制毒化学品库存销售盘点，及时通报、报告易制毒化学品销售管理情况。

④ 销售人员应当了解易制毒化学品管理法律法规有关规定，掌握本企业易制毒化学品基本知识，严格遵守易制毒化学品销售管理制度和程序，做到按规定留存的买方资料完整有效，销售记录无漏项，台账、档案整齐有序，保证易制毒化学品销售记录清晰、相互衔接可追溯。

⑤ 储存管理人员负责易制毒化学品的保管工作，应当熟悉本企业易制毒化学品的物理性质和化学性质，严格执行易制毒化学品存储和出入库制度，做到出入库记录完整、记录台账清晰，做到票据、账面记录与实物相符，要经常检查易制毒化学品的存放和安全设施情况，发现异常要及时报告、采取措施处理。

⑥ 生产管理人员负责易制毒化学品的产出管理工作，应当严格执行易制毒化学品产成品登记入账制度，做到准确、及时记录每班次投料、产成品数量等，做到及时办理产成品入库和签收，做到产成品记录和入库签收凭证账目完整、清晰。

⑦ 采购人员负责易制毒化学品、易制毒化学品原料的购入管理工作，应当了解易制毒化学品管理法律法规有关规定，掌握本企业所购易制毒化学品基本知识，应严格执行易制毒化学品、易制毒化学品原料入库入账制度，做到货物来源合法、货物与卖方发货凭证相符，做到及时办理货物入库和签收。

⑧ 接触易制毒化学品的其他相关人员应当了解易制毒化学品管理法律法规有关规定，掌握本企业易制毒化学品的基本知识，严格遵守企业易制毒化学品管理规章制度，按照本岗位职责做好易制毒化学品管理相关工作。

（3）管理机构及职责

① 企业应当设置易制毒化学品管理机构。根据企业实际，可以设专门机构、挂靠机构或者非常设机构，由易制毒化学品分管负责人领导，至少配置一名专职或者固定人员负责易制毒化学品管理机构日常工作。

② 易制毒化学品管理机构负责本企业易制毒化学品管理的组织、监督工作，承办企业易制毒化学品分管负责人交办的工作，检查易制毒化学品管理制度执行及各类台账记录情况，开展易制毒化学品从业人员的教育培训，编制、报送企业易制毒化学品情况报告和信息报表等。

（4）采购管理

① 企业采购易制毒化学品，应选择有相应易制毒化学品经营许可或备案资质的供货方，依法办理易制毒化学品购买、运输等相关手续。

② 企业采购易制毒化学品原料，其原料属于危险化学品的，应选择有相应危险化学品经营资质的供货方，按照危险化学品有关安全要求进行运输。

③ 采购的易制毒化学品，其包装必须标明易制毒化学品的规范名称、化学分子式、成分和含量。采购的易制毒化学品、易制毒化学品原料属于危险化学品的，必须附有按照国家标准编制的化学品安全技术说明书和安全标签。

④ 采购的易制毒化学品、易制毒化学品原料须及时入库入账。入库时应严格核对品种、数量、规格、包装等情况，并做好相应记录。

（5）生产和储存管理

① 建立易制毒化学品产成品登记入账管理制度。应记录每班次生产易制毒化学品的投料、产量等数据，办理产成品入库手续，记录资料和入库单及签收凭证应整理为产成品登记台账及档案。

② 易制毒化学品储存由专人管理，第一类易制毒化学品应实行“双人双锁，双人领取”。

③ 企业应根据生产、经营的易制毒化学品品种，编制易制毒化学品储存禁配表，由储存管理人员严格执行。同时属于危险化学品的，要储存在专用仓库、专用场地内，并按照相关技术标准规定的储存方法、储存数量和安全距离，实行隔离、隔开、分离储存。

④ 建立易制毒化学品出入库管理制度。须凭出入库单据办理出入库，查验出入库易制毒化学品品种和数量，履行出入库签收手续。应记录易制毒化学品出入库时间、品种、数量，以及入库时来源和出库时去向等要素。记录资料和出入库单据应整理为出入库台账及档案。

⑤ 每月至少进行一次库存盘点，认真核对账面数与实物数并记录清查结果。发现易制毒化学品库存量与出入库数量不符时应及时查找原因，发现被盗、丢失应立即向有关行政主管部门报案。

⑥ 企业应当保证易制毒化学品生产、储存设备设施的完整性。生产、储存设备设施要符合安全生产等有关要求。要定期检查设备设施使用状况，做好日常维护保养，必要时进行更新。

⑦ 储存设施应符合国家标准要求和有关规定。企业的储存设施(包括租赁的)要保证符合易制毒化学品的安全储存要求。无封闭墙体的简易棚不得用做仓库，仓库应配置防盗报警等监控设施，并有专人值守。

(6) 销售管理

① 销售管理是企业易制毒化学品管理的重要环节，要严格按照许可或备案范围销售易制毒化学品。当需要销售许可或备案范围外的品种或者销售数量发生较大变化的，要办理许可证或备案证明变更手续；企业不再生产、经营易制毒化学品的，要及时办理证件注销手续。

② 依法核验购买方资质。销售易制毒化学品时，应按规定查验购买方的购买许可、备案证和购买经办人身份证。对符合条件的购买方，如实记录销售的品种、数量、日期和购买方的详细地址、联系方式等情况，留存上述资质证明和身份证的复印件。

③ 规范销售资料的管理。应根据销售记录、留存的复印件、销售合同、发货单等销售资料，填写、建立销售台账及档案。销售资料存放设施、计算机销售信息系统要安全可靠。

④ 企业销售的易制毒化学品，其包装必须可靠，符合国家有关规定。包装必须标明易制毒化学品的规范名称、化学分子式、成分和含量；属于危险化学品的，必须附有按照国家标准编制的化学品安全技术说明书和安全标签。

(7) 培训教育

① 企业要建立易制毒化学品管理培训教育制度。依据不同岗位类型，制定培训教育目标和考核要求，制定包括学习内容、时间安排、参加人员范围等事项的年度培训教育计划。要建立从业人员培训教育档案，记录培训情况。企业每年应至少进行一次全员易制毒化学品管理方面的遵纪守法教育活动。

② 易制毒化学品管理培训教育应以法律法规和有关行政主管部门规定、企业规章制度、岗位责任制及工作程序为内容，结合新形势要求，注重联系实际。要对培训教育效果进行评价并不断改进。

③ 企业主要负责人、分管负责人要带头参加本企业易制毒化学品管理培训教育活动；生产、储存、销售部门负责人及管理、技术人员，每年至少要参加一次易制毒化学品管理培训教育，经考核合格后方可任职。

④ 第一类易制毒化学品企业主要负责人和分管技术、生产、销售的负责人还应当参加专门的考核，取得安全生产监管部门颁发的易制毒化学品知识考核合格证明后方可任职。

(8) 信息填报和违法违规行为举报

① 企业应当在每年 3 月 31 日前，以纸质和登录安全监管部门易制毒化学品管理信息系统填报两种方式，提交包括本企业上年度易制毒化学品生产经营品种、数量和主要流向等情况的年报。应当按照有关行政主管部门的要求，上报本企业易制毒化学品管理情况。

② 企业上报易制毒化学品管理情况和年报要做到及时、准确，上报材料和年报须有企

业签章或主要负责人的签名等确认手续。

③ 企业要建立易制毒化学品违法违规举报奖励制度。举报情况属实的，企业应对举报人进行奖励；属于严重违法的，报有关行政主管部门处理。

(9) 企业易制毒化学品生产、经营的各项台账及档案、资料，至少应保存3年备查。要逐步建立各项台账及档案、资料的电子文档，实现信息化、动态化管理。

6.3.7 《国家安全监管总局关于进一步严格危险化学品和化工企业安全生产监督管理的通知》(安监总管三〔2014〕46号)相关知识

为进一步加强对危险化学品和化工企业的安全生产监督管理，有效遏制事故多发势头，国家安全监管总局就进一步严格危险化学品和化工企业安全生产监督管理提出要求。

(1) 总局要求要提高对危险化学品和化工企业安全监管极端重要性的认识。加强对危险化学品安全生产政策法规的培训力度。

要进一步加大有关法律、法规和规范性文件的宣贯培训工作力度，要把重大危险源、输送管道、安全生产标准化、隐患排查治理、化工过程安全管理，特别是《化工(危险化学品)企业保障生产安全十条规定》(国家安全监管总局令第64号)等方面规定要求纳入再培训内容。

(2) 总局要求强化执法检查，严格对危险化学品和化工企业的监督管理。

各地区要抓住行业特点，强化对动火、进入受限空间等直接作业现场的执法检查，增强执法检查的针对性和有效性。对发生事故和存在重大隐患的、多次查出问题的以及涉及“两重点一重大”(即重点监管危险化学品、重点监管危险化工工艺和危险化学品重大危险源)的企业，要加大检查的频次，凡是违反《化工(危险化学品)企业保障生产安全十条规定》的和反复查出同样问题的企业，要按照经济处罚上限依法进行处罚。

(3) 总局要求对发生生产安全事故的危险化学品和化工企业，地方各级安全监管部门要严肃查处、依法进行处罚。

对取得危险化学品安全生产许可证、危险化学品安全使用许可证或危险化学品经营许可证(以下统称安全许可证)，且事故调查认定对事故发生负有责任的企业：发生死亡事故的，要依法暂扣其安全许可证1个月以上6个月以下；在动火、进入受限空间等直接作业环节发生死亡事故的，要依法暂扣其安全许可证2个月以上6个月以下；发生较大事故或一年内发生2次人员死亡事故的，要依法暂扣其安全许可证3个月以上6个月以下；发生重大以上事故及一年内发生2次较大事故的，要依法吊销其安全许可证。对事故调查认定为不具备安全生产条件的危险化学品和化工企业：要责令其停产停业整顿，停产整顿后须经省级安全监管部门验收合格后方可复产。经停产停业整顿仍不具备安全生产条件的，要报请有关地方政府予以关闭，对取得安全许可证的企业还要依法吊销其安全许可证。

6.4 地方标准解读

地方标准由省、自治区、直辖市人民政府标准化行政主管部门编制计划，组织草拟，统一审批、编号、发布，并报国务院标准化行政主管部门和国务院有关行政主管部门备案。

DB11/T 1000.1—2009 企业产品标准编写指南 第1部分：标准的结构和通用内容的编写

DB11/T 1000.2—2009 企业产品标准编写指南 第2部分：主要技术内容的编写

DB11/T 1001—2009 企业标准制定原则和程序

DB11/T 1002—2009 企业产品标准备案

6.5 企业标准解读

企业标准由企业组织制定(农业企业标准制定办法另定)，并按省、自治区、直辖市人民政府的规定备案。

第 7 章　法规识别及符合性管理

为确保安全生产符合法律法规标准要求，企业应及时获取和识别最新的适用于安全生产的法律法规标准，并将具体要求传达给全体员工，使企业制定的安全管理规定符合国家和地方的法律法规、国际惯例及行业的要求。

7.1　法律法规标准的收集范围

(1) 国际公约；
(2) 全国人民代表大会及人大常委会通过并颁布的法律；
(3) 国务院发布的法规；
(4) 国务院行政部门颁布的规章和国家安全卫生消防技术标准；
(5) 地方政府安全卫生消防法规、地方政府安全卫生消防技术标准；
(6) 各级行政管理部门的规定、要求、通知、公告等；
(7) 相关行业、专业管理部门颁布制定的行业标准、管理规范等；
(8) 集团公司及上级主管单位的规章、制度和要求遵守的其他要求。

7.2　法律法规标准的获取途径

(1) 访问各级政府部门及其网站；
(2) 访问行业主管部门及其网站；
(3) 访问国内外行业协会、团体或其网站；
(4) 订购报刊杂志等社会媒体；
(5) 订购商业数据库；
(6) 订购专业性服务；
(7) 咨询机构提供的信息；
(8) 外来文件(政府文件、集团公司法律事务部门提供的相关信息等)；
(9) 其他获取途径。

7.3　法律法规标准的获取频率

法律法规标准的获取频率一般至少为每季度一次。

7.4　法律法规的识别

企业各职能部门将获取的法律法规进行识别，确定其是否适用于本企业；将适用的法律法规及时发送至法规主管部门，法规主管部门再次进行评审；评审结果送交企业主管领导审批，审批后的法律法规由法规主管部门在企业内部通过期刊、网站平台或办公系统等进行发布。

7.5　危险化学品相关工作适用标准

7.5.1　涉及危险化学品安全一般类技术标准

《安全色》(GB 2893—2001)

《安全标志及其使用导则》(GB 2894—2008)

《化学品分类和危险性公示通则》(GB 13690—2009)

《化学品安全技术说明书内容和项目顺序》(GB 16483—2008)

《化学品安全标签编写规定》(GB 15258—2009)

《危险货物分类和品名编号》(GB 6944—2012)

7.5.2　涉及危险化学品安全特殊类技术标准

(1) 平面布局设计方面

《工业企业总平面设计规范》(GB 50187—2012)

适用于工业企业新建、改建及扩建的总平面设计。对工业企业在总平面设计中的特殊要求，可根据该规范的规定，制定部门、行业的规范。

《化工企业总图运输设计规范》(GB 50489—2009)

适用于除矿山外的化工企业的新建、扩建和改建工程的总图运输设计。

《石油化工企业总体布置设计规范》(SH/T 3032—2002)

《石油库设计规范》(GB 50074—2014)

(2) 防火设计方面

《石油化工企业设计防火规范》(GB 50160—2008)

《建筑设计防火规范》(GB 50016—2014)

《石油天然气工程设计防火规范》(GB 50183—2004)

《储罐区防火堤设计规范》(GB 50351—2014)

《石油化工全厂性仓库及堆场设计规范》(GB 50475—2008)

《混凝土结构设计防火规范》(GB 50010—2010)

(3) 安全卫生设计方面

《工业企业设计卫生标准》(GBZ 1—2010)

《生产设备安全卫生设计导则》(GB 5083—1999)

《职业性接触毒物危害程度分级》(GBZ 230—2010)

《工业企业照明设计标准》(GB 50034—2013)

《石油化工企业职业安全卫生设计规范》(SH 3047—93)

《工业企业噪声控制设计规范》(GB/T 50087—2013)

《工作场所有害因素职业接触限值　第1部分：化学有害因素》(GBZ 2.1—2007)

《工作场所有害因素职业接触限值　第2部分：物理有害因素》(GBZ 2.2—2007)

(4) 防静电防雷设计

《防止静电事故通用导则》(GB 12158—2006)
《液体石油产品静电安全规程》(GB 13348—2009)
《石油化工静电接地设计规范》(SH 3097—2000)
《防静电推荐作法》(SY/T 6340—2010)
《石油与石油设施雷电安全规范》(GB 15599—2009)
《建筑物防雷设计规范》(GB 50057—2000)
《建筑抗震设计规范》(GB 50011—2010)
(5) 检测报警方面
《爆炸危险环境电力装置设计规范》(GB 50058—2014)
《氧气站设计规范》(GB 50030—2013)
《汽车加油加气站设计与施工规范》(GB 50156—2012)
《火灾自动报警系统设计规范》(GB 50116—2013)
《可燃气体报警控制器》(GB 16808—2008)
《石油化工可燃气体和有毒气体检测报警设计规范》(GB 50493—2009)
《石油天然气工程可燃气体检测报警系统安全技术规范》(SY 6503—2008)
(6) 安全防护距离方面
《石油加工业卫生防护距离》(GB 8195—2011)
《石油化工企业卫生防护距离》(附条文说明)(SH 3093—1999)
《油漆厂卫生防护距离标准》(GB 18070—2000)
另外，GB 50160、GB 50016、GB 50156 等也有距离的要求。
(7) 储存方面
《常用危险化学品贮存通则》(GB 15603—1995)
《易燃易爆性商品储藏凝养护技术条件》(GB 17914—2013)
《腐蚀性商品储藏凝养护技术条件》(GB 17915—2013)
《毒害性商品储藏凝养护技术条件》(GB 17916—2013)
《钢制常压储罐》(AQ 3020—2008)
《危险化学品经营企业开业条件和技术要求》(GB 18265—2000)
《易燃易爆罐区安全监控预警系统验收技术要求》(GB 17681—1999)
(8) 技术规程
《光气及光气化产品生产安全技术规程》(GB 19041—2003)
《加油站作业安全规程》(AQ 3010—2007)
《危险化学品罐区作业安全通则》(AQ 3018—2008)
《电石乙炔法生产氯乙烯安全技术规程》(GB 14544—2008)
《氢气使用安全技术规程》(GB 4962—2008)
《氯气安全规程》(GB 11984—2008)
《液氯使用安全技术要求》(AQ 3014—2008)
《电镀化学品运输、储存、使用安全规程》(AQ 3019—2008)
《生产过程安全卫生要求总则》(GB/T 12801—2008)
《危险场所电气防爆安全规范》(AQ 3009—2007)
《工业企业煤气安全规程》(GB 6222—2005)

《涂料生产企业安全技术规程》(AQ 5204—2008)

(9) 重大危险源方面

《危险化学品重大危险源辨识》(GB 18218—2009)

《危险化学品重大危险源安全监控通用技术规范》(AQ 3035—2010)

《危险化学品重大危险源 罐区现场安全监控装备设置规范》(AQ 3036—2010)

(10) 危化品车辆运输方面

《道路运输爆炸品和剧毒化学品车辆安全技术条件》(GB 20300—2006)

《道路运输液体危险货物罐式车辆　第 1 部分：金属常压罐体技术要求》(GB 18564. 1—2006)

道路运输液体危险货物罐式车辆　第 2 部分：非金属常压罐体技术要求》(GB 18564. 2—2008)

《道路运输危险货物车辆标志》(GB 13392—2005)

《危险化学品汽车运输安全监控系统通用规范》(AQ 3003—2005)

《危险化学品汽车运输安全监控车载终端》(AQ 3004—2005)

《工业企业内铁路、道路运输安全规程》(GB 4387—2009)

(11) 建设项目、安全仪表方面

《化工建设项目安全设计管理导则》(AQ/T 3033—2010)

《石油化工建设项目管理方安全管理实施导则》(AQ/T 3005—2006)

《石油化工企业安全管理体系实施导则》(AQ/T 3012—2008)

《石油化工安全仪表系统设计规范》(SH/T 3018—2003)

《安全评价通则》(AQ 8001—2007)

(12) 安全管理方面

《化工企业工艺安全管理实施导则》(AQ/T 3034—2010)

《化学防护服的选择、使用和维护》(AQ/T 6107—2008)

《防护服装 化学防护服的选择、使用和维护》(GB/T 24536—2009)

《防护服装 化学防护服通用技术要求》(GB 24539—2009)

《防护服装 酸碱类化学品防护服》(GB 24540—2009)

(13) 安全标准化方面

《企业安全生产标准化基本规范》(AQ/T 9006—2010)

《危险化学品从业单位安全标准化通用规范》(AQ 3013—2008)

《氯碱生产企业安全标准化实施指南》(AQ/T 3016—2008)

《合成氨生产企业安全标准化实施指南》(AQ/T 3017—2008)

《硫酸生产企业安全标准化实施指南》(AQ 3037—2008)

《电石生产企业安全标准化实施指南》(AQ 3038—2010)

《溶解乙炔生产企业安全标准化实施指南》(AQ 3039—2008)

《涂料生产企业安全标准化实施指南》(AQ 3040—2010)

(14) 安全培训方面

《危险化学品生产单位主要负责人安全生产培训大纲及考核标准》(AQ/T 3029—2010)

《危险化学品生产单位安全生产管理人员安全生产培训大纲及考核标准》(AQ/T 3030—2010)

《危险化学品经营单位主要负责人安全生产培训大纲及考核标准》(AQ/T 3031—2010)

《危险化学品经营单位安全生产管理人员安全生产培训大纲及考核标准》(AQ/T 3032—2010)

(15) 应急方面

《生产经营单位安全生产事故应急预案编制导则》(GB/T 29639—2013)

《生产安全事故应急演练指南 》(AQ/T 9007—2011)

7.6 法律法规的符合性评审

各职能部门在获取法律法规及相关要求的同时，对照本部门业务活动进行法律法规符合性评审，并依据评审结果建立、修改和完善规章制度。必要时，可组织评审会，对评审结果进行确认，并协调安排评审结果的有效处理。符合性评审应采用事先设计的评审表，评审时应对照法规条文逐条进行，以避免遗漏。符合性评审应留下记录。

第 8 章　安全管理制度

建立健全安全管理制度，是贯彻国家安全生产法律法规，建立企业良好安全生产秩序，防范生产经营过程安全风险，保障从业人员安全和健康，加强安全生产管理的重要措施。

《安全生产法》第四条规定："生产经营单位必须遵守本法和其他有关安全生产的法律、法规，加强安全生产管理，建立、健全安全生产责任制度，完善安全生产条件，确保安全生产。"第十七条规定："生产经营单位的主要负责人组织制定本单位安全生产规章制度和操作规程。"

安全管理制度的建设与管理是安全管理工作人员的一项基本管理技能。

8.1　安全管理制度建设的依据

安全规章制度建设应依据：

(1) 安全生产法律法规、国家和行业标准、地方政府的法规、标准；

(2) 企业生产、经营过程中存在的危险有害因素和主要安全风险；

(3) 企业内外发生的典型事故教训；

(4) 国际、国内先进、有效的安全管理方法；

(5) 安全管理和绩效提升的实际需要。

8.2　安全管理制度建设的原则

(1) 主要负责人负责的原则：《安全生产法》规定"建立、健全本单位安全生产责任制；组织制定本单位安全生产规章制度和操作规程，是生产经营单位的主要负责人的职责"。

(2) 安全第一的原则："安全第一，预防为主，综合治理"是我国的安全生产方针，也是安全生产客观规律的具体要求。

(3) 系统性原则：按照安全系统工程的原理，建立涵盖全员、全过程、全方位的安全规章制度。

(4) 规范化和标准化原则：安全规章制度的建设应实现规范化和标准化管理，以确保其严密、完整、有序，其编制要做到目的明确、流程清晰、标准明确，具有可操作性。

8.3　安全管理制度的制定程序

(1) 起草制度。由负有安全生产管理职能的部门负责起草。起草前应首先进行现场管理调研，以征求管理意见、确定管理需求、明确管理要求。其次要收集国家有关安全生产法律法规、国家行业标准、地方政府的有关法规、标准等。在此基础上根据上级及主管部门的管理意图，完成安全管理制度的起草工作。

技术规程、安全操作规程的编制应按照企业标准的格式进行起草。其他规章制度格式可根据内容多少分章节、条、款、目结构表达，内容单一的也可直接以条的方式表达。规章制度中的序号可用中文数字和阿拉伯数字依次表述。

规章制度的草案应对起草目的、适用范围、主管部门、具体规范、解释部门和施行日期等做出明确的规定。

新的规章制度代替原有规章制度时，应在草案中标明原规定废止的内容。

(2) 征求意见。由制度编制部门和制度归口部门负责征求意见。安全管理制度草案经编制部门内部通过后，应通过网络发布和会议审查的形式，进一步征求基层单位、管理部门对安全管理制度在操作性、可行性、职责权限等方面的意见。

(3) 部门会签。应根据制度内容确定的管理部门，组织会签。安全部门收集会签部门意见并与会签部门协商，确定意见的采纳情况。

(4) 规范性审核。规章制度归口管理部门组织应从信息化角度、合法合规性角度、程序履行情况、异议的协商情况、行文规范性情况进行审核。

(5) 签发、发布。技术规程规范、安全操作规程等技术性安全规章制度由生产经营单位分管安全生产的负责人签发，涉及全局性的综合管理类安全规章制度应由生产经营单位主要负责人签发。

企业主管负责人签发后，应采用固定的发布方式。如通过红头文件形式在企业内部办公网络发布或纸质文件发布。发布的范围应覆盖与制度相关的部门及人员，失效和过期版本应及时作废处理。

(6) 宣传培训。安全管理制度发布后，只将制度文本简单的交给员工是远远不够的，只有通过培训让员工完全理解安全管理制度的意图，彻底地了解和认知安全制度的要求，从而明确职责，自觉的遵章执行。安全管理制度培训的基本要求：

① 制度所涉及的所有相关人员都应得到培训；

② 为什么要做出制度规定；

③ 每项工作应遵循的程序；

④ 每项工作应达到的标准和要求；

⑤ 提出及时反馈意见的要求。

(7) 评估。企业的安全管理制度应在实施 2 年内，每 1 年评估 1 次。制度运行稳定后，可根据实际情况进行评估，确定是否需进行修订。实施满 5 年的制度应进行评估。

8.4 健全的安全管理制度

健全的安全生产规章制度，至少应包括下列内容：

(1) 岗位安全生产责任制；

(2) 安全法规的识别及其他要求；

(3) 安全生产会议管理；

(4) 安全生产费用；

(5) 安全生产奖惩管理；

(6) 管理制度评审和修订；

(7) 安全培训教育；

（8）特种作业人员管理；
（9）管理部门、基层班组安全活动管理；
（10）危害识别与风险控制；
（11）隐患排查治理；
（12）重大危险源管理；
（13）变更管理；
（14）事故管理；
（15）防火、防爆管理，包括禁烟管理；
（16）消防气防管理；
（17）仓库、罐区安全管理；
（18）关键装置、重点部位安全管理；
（19）生产设施管理，包括安全设施、特种设备等管理；
（20）监视和测量设备管理；
（21）安全作业管理，包括动火作业、进入受限空间作业、临时用电作业、高处作业、起重吊装作业、破土作业、断路作业、设备检维修作业、高温作业、抽堵盲板作业管理等；
（22）危险化学品安全管理，包括剧毒化学品安全管理及危险化学品储存、出入库、运输、装卸等；
（23）装置检维修管理；
（24）生产设施拆除和报废管理；
（25）承包商管理；
（26）供应商管理；
（27）职业卫生管理，包括防尘、防毒管理；
（28）劳动防护用品（具）和保健品管理；
（29）作业场所职业危害因素检测管理；
（30）应急救援管理；
（31）安全检查管理。

8.5 制度编制要点

危险化学品经营单位（以下简称经营单位）在建立健全安全管理制度方面应该达到的基本要求，也是各安全评价机构评价经营单位安全管理制度符合性的基本标准。

各经营单位应根据各自的经营特点和实际情况，确定适合本单位的安全管理制度种类；在编制安全管理制度过程中，要结合各单位实际情况将下列各项安全管理制度的要点加以细化，充实和完善具体内容。各安全评价机构可以据此对经营单位建立健全安全管理制度的情况进行评价，以确保评价质量。

8.5.1 安全管理制度种类

根据经营单位的特点，按经营范围将安全管理制度分为公共、经营、储存、运输和加油站五类。“公共”是指所有经营单位都必须建立的管理制度；“经营”是指涉及经营环节的管理制度；“储存”是指涉及储存环节的管理制度；“运输”是指涉及运输环节的管理制度；“加油站”是指涉及加油站特点的管理制度。各经营单位应根据本单位的经营特点和实际情况，选择《危险化学品经营单位安全管理制度一览表》(表8-1)列出的涉及本单位所有经营范围的制度进行组合和增加，制定能够满足本单位经营需要的各项安全管理制度。

表8-1　危险化学品经营单位安全管理制度一览表

类别	序号	名 称	备注
安全生产责任制	1	决策层安全生产责任制	公共
	2	管理层安全生产责任制	
	3	岗位安全生产责任制	
安全生产规章制度	1	危险化学品购销管理制度	经营
	2	剧毒化学品购销管理制度(如有剧毒化学品)	
	3	危险化学品经营手续环节交接责任管理制度	
	4	危险化学品储存保管制度	储存
	5	出入库登记管理制度	
	6	危险化学品养护管理制度	
	7	易燃易爆危险化学品管理制度	
	8	毒害性危险化学品管理制度	
	9	腐蚀性危险化学品管理制度	
	10	危险化学品运输管理制度	运输
	11	废弃危险化学品处理办法	公共
	12	危险化学品安全技术说明书和安全标签管理办法	
安全生产规章制度	13	安全检查管理制度	公共
	14	安全教育培训制度	
	15	安全奖惩制度	
	16	消防制度	
	17	事故报告处理制度	
	18	设备管理制度	
	19	特种作业人员安全管理制度	
	20	劳动保护用品发放制度	
	21	危险化学品安全事故应急救援预案	
	22	动火管理制度	
	23	重大危险源管理制度(如有重大危险源)	
	24	用电管理制度	
	25	加油站储油罐区管理制度	加油站
	26	加油站进出车辆、人员管理制度	
	27	装卸油安全管理制度	
岗位安全操作规程	1	市场开发岗位；定货岗位；验货及验票岗位；发货岗位	经营
	2	出入库岗位；库房管理岗位；库房养护岗位；巡检岗位；搬运、装卸岗位	储存
	3	司机岗位；押运员岗位；车辆保养维修岗位	运输

8.5.2 安全管理制度编写要点

经营单位的安全管理制度主要包括安全生产责任制、安全生产规章制度和岗位安全操作规程3部分。

(1) 安全生产责任制

安全生产责任制是各项安全生产规章制度的核心，是明确单位各级领导、各个部门、各类人员在各自职责范围内对安全生产应负责任的制度。在编制安全生产责任制时，应根据各部门和人员职责分工来确定具体内容，要充分体现责权利相统一的原则，要"横向到边、纵向到底，不留死角"，形成全员、全面、全过程安全管理的完整制度体系。

对身兼数职的人员，可根据其兼职情况，承担其相应各职位的安全生产责任。

① 决策层安全生产责任制

a. 明确决策层包括哪些人员。

b. 明确上述人员的职责范围、所分管的工作内容及对其的资格要求。

c. 应涉及的责任制内容：

(a) 明确对安全生产责任制责任主体和工作内容的要求(包括建立、健全、执行、检查和修订各阶段)。

(b) 明确对安全生产规章制度和岗位安全操作规程责任主体和工作内容的要求(包括建立、健全、执行、检查和修订各阶段)。

(c) 明确体现在生产经营活动中安全生产工作应同时计划、布置、检查、总结、评比。

(d) 明确对安全生产投入的要求(必要资源、安全组织机构、人员配置等)。

(e) 明确对安全检查及事故隐患处理的要求。

(f) 明确对事故应急救援预案的要求(组织、制定、实施、完善等)。

(g) 明确对生产安全事故处置的要求(调查、处理、上报)。

② 管理层安全生产责任制

a. 明确管理层包括哪些人员。

b. 明确上述人员的职责范围、所分管的工作内容及资格要求。

c. 应涉及的责任制内容：

(a) 明确对各阶段安全生产责任制责任主体和工作内容的要求(包括制定、执行、检查和修订等阶段)。

(b) 明确对各阶段安全生产规章制度和操作规程(包括制定、执行、检查和修订等阶段)。

(c) 明确体现在生产经营活动中安全生产工作应同时计划、布置、检查、总结、评比。

(d) 明确对贯彻执行上级指示的要求。

(e) 明确对安全检查(检查、落实、监督、检查记录等)及重大事故隐患管理的要求。

(f) 明确对事故应急救援预案的要求(组织制定、落实)。

(g) 明确对化学品安全技术说明书和安全标签管理的要求。

(h) 明确对年度经营、安全、事故情况总结的要求(调查、处理、上报)。

(i) 完成领导临时交办的工作。

③ 岗位安全生产责任制

a. 明确岗位职责范围。

b. 明确岗位人员安全生产责任及资格要求。

c. 应涉及的责任制内容：

(a) 明确认真学习规章制度及业务知识的要求。

(b) 明确遵守规章制度和操作规程的要求。

(c) 明确有拒绝违章指挥、违章作业的权力。

(d) 明确有阻止他人违章作业的权力。

(e) 明确认真学习和提高事故预防及应急处理能力的要求。

(f) 明确岗位安全检查的要求。

(g) 明确事故隐患上报的要求。

(h) 明确本岗位设备设施保养的要求。

(i) 明确如实做好本岗位记录的要求。

④ 领导干部带班制度

a. 领导带班制度的好处

结合化工企业的实际情况而制定领导带班制度，重在了解基层落实责任制情况和第一时间掌握隐患排查治理情况和及时处理异常和突发事件。带班制度五大好处 ：有利于日常决策、密切干群关系、及时发现问题、及时解决问题和快速应急指挥。带班领导负责指挥企业重大异常生产情况和突发事件的应急处置，抽查企业各项制度的执行情况，保障企业的连续安全生产；

b. 副总工程师以上领导干部要轮流带班；生产车间也要建立由管理人员参加的车间值班制度。

c. 应涉及的责任制内容：

(a) 带班时机：对装置重点和要害部位进行特殊作业(开停车、停工抢修、重大工艺调整、特级动火等)、发生重大异常生产情况和突发事件及在特殊时段(重大活动、节假日、夜间)，企业领导干部应轮流带(值)班。

(b) 要切实加强企业夜间和节假日值班工作，及时报告和处理异常情况和突发事件。

(2) 安全生产规章制度

安全生产规章制度是国家安全生产法律法规的延伸，也是各单位贯彻执行法律法规的具体体现，是保障职工人身安全健康以及财产安全的最基本的规定。各经营单位应当在本纲要的基础上，根据各单位特点，制定具体且操作性强的规章制度。

① 危险化学品购销管理制度

a. 明确适用范围(涉及采购、运输、销售等环节)。

b. 明确承担主体的职责范围(如采购、销售人员职责范围)及资格要求。

c. 购销管理应涉及的内容：

(a) 明确经政府相关部门许可的经营范围。

(b) 明确采购时对供货方资格的要求。

(c) 明确销售时对购买方资格的要求。

(d) 明确承担运输、储存的单位和人员应具备的条件及资格要求。

(e) 明确购买时对索取化学品安全技术说明书和安全标签的要求。

(f) 明确销售时对化学品安全技术说明书和安全标签的下传责任。

(g) 明确在操作过程中应注意的问题。

② 剧毒化学品购销管理制度

a. 明确适用范围(涉及采购、销售、出入库管理、运输等环节)。

b. 明确承担主体的职责范围(如采购、保管、运输及销售人员的职责范围)及资格要求。

c. 购销管理应涉及的内容

剧毒化学品购销管理的内容除应执行《危险化学品购销管理制度》的基本要求外,还应包括:

(a) 明确购买剧毒品前,应办理的证件及手续。

(b) 审验采购合同文本,明确从供货方,应获取的资料内容(资格、安全技术说明书和安全标签等)。

(c) 明确销售环节的工作内容。

(d) 明确销售剧毒危险品的记录要求(内容、保存期限等)。

(e) 明确发生异常情况的处理要求(如误售、泄漏、被盗等)。

(f) 明确与运输、储存部门的交接内容。

(g) 明确剧毒化学品的管理要求,体现"五双"管理。

(h) 明确操作程序和防护用品穿戴要求。

(i) 明确经营情况向主管部门备案的要求。

(j) 购销环节中涉及的各相关资料、记录的要求。

③ 危险化学品经营手续环节交接责任管理制度

a. 明确适用范围(涉及采购、运输、入库、销售等环节)。

b. 明确承担主体的职责范围(如采购、保管、运输及销售等人员的职责范围)及资格要求。

c. 经营手续环节交接管理应涉及的内容:

(a) 审验采购合同文本。

(b) 索取化学品安全技术说明书和安全标签。

(c) 与运输储存部门的交接手续。

(d) 明确销售环节的工作内容。

(e) 明确经营手续各环节涉及到的各相关资料、记录管理的要求。

④ 危险化学品储存保管制度

a. 明确适用范围(涉及出入库、保管等环节)。

b. 明确承担主体的职责范围(如储存保管人员的职责范围)及资格要求。

c. 储存保管应涉及的内容:

(a) 审核储存合同文本或任务单、储存单位资格。

(b) 明确出入库应交接的内容。

(c) 明确对储存危险化学品库房(场所)的要求(温度、湿度、标志、耐火等级等)。

(d) 明确存储方式和禁配要求。

(e) 明确储存物品的堆垛要求、检查要求。

(f) 明确发生异常情况下,应采取的应急措施。

(g) 明确储存经营涉及的相关资料、记录管理的要求。

⑤ 危险化学品出入库管理制度

a. 明确适用范围(涉及货物的出入库管理各个环节)。

b. 明确承担主体的职责范围(如验收、保管、发货等人员的职责范围)及资格要求。

c. 出入库管理应涉及的内容:

(a) 明确货物的验收程序、方式、地点等。

(b) 明确出入库应查验的内容(品种、数量、规格、包装、标志等)。

(c) 明确上账内容(包括品名、数量、经手人等)、账物必须相符。

(d) 明确不符合入库规定货物的处理原则。

(e) 明确出库的顺序原则。

(f) 明确对进入储存区域的人员、车辆的要求。

(g) 明确对储存库房的消防设施的要求及检查要求。

(h) 明确对储存保管涉及的相关资料、记录管理的要求。

⑥ 危险化学品养护管理制度

a. 明确适用范围(自有仓库和租赁仓库的危险化学品的养护管理环节)。

b. 明确承担主体的职责范围(如从事危险化学品养护活动的自有人员、委托单位的人员的职责范围)及资格要求。

c. 危险化学品养护管理应涉及的内容:

(a) 明确入库时的检验内容(品名、规格、数量、质量、包装、标志、化学品安全技术说明书和安全标签等)。

(b) 明确储存中应检查的内容和周期。

(c) 明确安全操作要求。

(d) 明确对检查结果的处理方式或方法。

(e) 明确对养护管理相关资料、记录管理的要求。

⑦ 易燃易爆危险化学品管理制度

a. 明确适用范围。

b. 明确承担主体的职责范围及资格要求。

c. 易燃易爆危险化学品管理应涉及的内容:

(a) 明确各类易燃易爆危险化学品存储库房的要求(耐火等级、温度、湿度、电气、通风、库房周边、卫生等)。

(b) 明确储存中的禁忌要求(写明禁配物料名称)和储存方式。

(c) 明确储存中的堆垛要求。

(d) 明确运输要求和运输方法。

(e) 明确安全操作要求。

(f) 明确对易燃易爆危险化学品相关资料、记录管理的要求。涉及爆炸品的要体现"五双"管理要求。

⑧ 毒害性危险化学品管理制度

a. 明确适用范围。

b. 明确承担主体的职责范围及资格要求。

c. 毒害性危险化学品管理应涉及的内容:

(a) 明确各种毒害性危险化学品存储库房的要求(耐火等级、温度、湿度、电气、通风、库房周边、卫生等)。

(b) 明确储存中的禁忌要求(写明禁配物料名称)和储存方式。

(c) 明确储存中的堆垛要求。

(d) 明确运输要求和运输方法。

(e) 明确安全操作要求。

(f) 明确对毒害品相关资料、记录管理的要求。涉及剧毒化学品的要体现“五双”管理要求。

⑨ 腐蚀性危险化学品管理制度

a. 明确适用范围。

b. 明确承担主体的职责范围及资格要求。

c. 腐蚀性危险化学品管理应涉及的内容:

(a) 明确各种腐蚀性危险化学品存储库房(棚)的要求(耐火等级、温度、湿度、电气、通风、库房周边、卫生等)或罐区设备设施要求。

(b) 明确储存中的禁忌要求(写明禁配物料名称)和储存方式。

(c) 明确储存中的堆垛要求。

(d) 明确运输要求和运输方法。

(e) 明确安全操作要求。

(f) 明确对腐蚀性危险化学品相关资料、记录管理的要求。

⑩ 危险化学品运输管理制度

a. 明确适用范围(涉及与运输有关的人员和单位)。

b. 明确承担主体的职责范围(如司机、押运员等的职责范围)及资格要求。

c. 运输管理具体内容要点:

(a) 审验运输合同文本或任务单、运输单位资格。

(b) 明确运输工具、包装物应符合的要求。

(c) 明确对运输单位和从业人员的告知义务及告知内容(禁忌、标志、防护、应急处理等)。

(d) 明确运输、装卸作业中,应注意的问题。

(e) 明确剧毒化学品运输时的特殊要求和管理规定。

⑪ 废弃危险化学品处理办法

a. 明确适用范围(自有仓库和租赁仓库的废弃危险化学品处理环节)。

b. 明确承担主体的职责范围(如从事危险化学品废弃活动的自有人员、委托单位的人员的职责范围)及资格要求。

c. 废弃危险化学品处理环节管理的具体内容要点:

(a) 审验合同文本(安全责任界定、废弃危险化学品品名是否明确)或任务来源。

(b) 搜集与废弃活动有关的国家法律法规和其他要求。

(c) 明确实施处理地点。

(d) 明确废弃处理环节的具体工作内容。

(e) 明确对废弃处理环节相关资料、记录管理的要求。

⑫ 化学品安全技术说明书和安全标签管理办法

a. 明确适用范围。

b. 明确承担主体的职责范围。

c. 化学品安全技术说明书和安全标签管理应涉及的内容：

(a) 明确索取化学品安全技术说明书和安全标签的内容和要求。

(b) 明确化学品安全技术说明书和安全标签的传递程序和方法。

(c) 明确化学品安全技术说明书和安全标签的建档和更新要求。

(d) 明确与相关部门(培训、储存、养护、运输、应急救援等)进行信息沟通的途径和方法。

⑬ 安全检查制度

a. 明确适用范围。

b. 明确承担主体的职责范围。

c. 安全检查应涉及的内容：

(a) 明确安全检查方式(如日常、定期、季节性、节假日前后或者一般性、专业性的)及检查周期。

(b) 明确安全检查内容(包括对思想认识、管理制度、现场环境、安全标志、问题整改、工艺、检测仪表等方面的检查内容)。

(c) 明确检查内容及记录保存时限。

(d) 明确对检查中发现问题的处理原则。

(e) 明确对事故隐患下发限期整改要求及复查要求。

⑭ 安全教育培训制度

a. 明确适用范围。

b. 明确承担主体的职责范围。

c. 安全教育培训管理应涉及的内容：

(a) 明确安全教育培训的对象(如负责人、管理人员、一般员工、新进员工、外来人员、临时工作人员等)。

(b) 明确各类人员接受安全教育的内容(思想、政策、法律法规、事故教训、安全基本技能、常识等)。

(c) 明确培训应达到的目的及资格要求。

(d) 明确安全教育培训方式(脱产学习或日常教育等)。

(e) 明确培训时间、考核方式。

(f) 明确哪些人员必须持证上岗(如危险化学品经营单位的法定代表人或主要负责人及安全生产管理人员应经过国家授权部门的专业培训，取得合格证书方能从事经营活动；单位其他从业人员应经过专业培训，取得合格证书方能上岗；特种作业人员经国家授权部门的专业培训，取得合格证书方能上岗)。

⑮ 安全奖惩制度

a. 明确适用范围。

b. 明确承担主体(考核部门)的职责范围。

c. 安全奖惩应涉及的内容：

(a) 明确应当受到奖励或处罚的人员及行为(如对安全生产工作做出贡献的部门和个人、违反各项规章制度的部门和个人等)。

(b) 明确具体奖惩办法。

(c) 明确考核方法(如平时的安全检查、抽查、培训考核等)。

⑯ 消防(防火)管理制度

a. 明确适用范围。

b. 明确承担主体的职责范围。

c. 消防(防火)管理应涉及的内容：

(a) 消防(防火)管理组织机构。

(b) 明确各级人员的责任。

(c) 明确义务消防组织。

(d) 明确建立消防档案及档案内容。

(e) 明确消防检查要求。

(f) 明确防火的基本要求(如防雷、防静电、用火管理等)。

(g) 明确消防器材的放置地点、器材种类的要求、数量的要求。

(h) 明确消防设施的维护保养方式、方法。

⑰ 生产安全事故管理规定

生产安全事故管理规定应依据《企业职工伤亡事故报告和处理规定》(1991 年 2 月 22 日国务院令第 75 号发布)及《特别重大事故调查程序暂行规定》(1989 年 1 月 3 日国务院第 31 次常务会议通过 1989 年 3 月 29 日国务院令第 34 号发布)进行编制。其要点包括：

a. 明确适用范围。

b. 明确承担主体的职责范围。

c. 生产安全事故管理应涉及的内容：

(a) 依据政府有关规定及单位特点，划分事故等级及类别。

(b) 按事故种类，明确事故的主管部门或负责人。

(c) 对正在发生的事故，明确报告程序(如当事人直接或逐级上报主管负责人，发生火灾或人身事故应先报火警或医疗救护)。

(d) 对正在发生的事故，明确处理原则。

(e) 根据事故等级，确定是否上报政府主管部门。

(f) 明确上报内容(事故发生的时间、地点、单位；事故的简要经过、伤亡人数，直接经济损失的初步估计；事故发生原因的初步判断；事故发生后采取的措施及事故控制情况；事故报告单位等)。

(g) 明确调查程序(一般事故及重大事故分别由谁组织调查、参加人)。

(h) 明确对事故直接责任者、管理者等的处理原则(“四不放过”原则)。

(i) 明确对发生过的事故进行登记的内容(时间、地点、事故经过、伤亡情况或经济损失、原因分析、防范措施、处理意见等)。

⑱ 设备管理规定

a. 明确适用范围。

b. 明确承担主体的职责范围。

c. 设备管理应涉及的内容：

(a) 明确应建立设备档案。

(b) 明确设备的定期检查要求。

(c) 明确设备维护应达到的要求(如正常运转、没有泄漏、没有严重腐蚀等)。

(d) 明确设备问题的处理原则或程序。

(e) 明确设备检修的基本要求。

(f) 明确验收中应注意的问题。

(g) 明确对强检设备的检测检修要求。

(h) 明确重点设备有专门的管理方式。

(i) 明确设备的报废要求。

⑲ 特种作业人员安全管理规定

a. 明确适用范围。

b. 明确承担主体的职责范围。

c. 特种作业人员安全管理应涉及的内容:

(a) 明确特种作业人员的种类。

(b) 明确特种作业人员应具备的基本要求(身体健康、没有职业禁忌症等)。

(c) 明确特种作业人员上岗必须符合国家及北京市对特种作业人员培训、考核(包括复审)管理规定的要求。

(d) 明确证件管理的内容。

⑳ 劳动保护用品管理规定

a. 明确适用范围。

b. 明确承担主体的职责范围。

c. 劳动保护用品管理应涉及的内容:

(a) 确定劳动保护用品的发放对象及发放周期。

(b) 明确劳动保护用品选用原则和要求，劳动保护用品的种类应与作业项目相适应。

(c) 明确劳动保护用品的使用及检查的要求。

(d) 明确劳动保护用品失效、报废要求。

㉑ 危险化学品安全事故应急预案

a. 明确适用范围。

b. 明确承担主体的职责范围。

c. 危险化学品安全事故应急预案应涉及的内容:

(a) 基本情况介绍(企业的周边环境、原材料的性质与数量、生产工艺、人员情况、现有安全措施、管理制度等)。

(b) 可能事故及其危险、危害程度(范围)的预测(如火灾、爆炸、泄漏、自然灾害等，事故预测应符合实际情况)。

(c) 应急救援的组成和职责(明确组织机构、内部分工、各自职责、负责人等内容)。

(d) 报警与通讯(明确报警方式、救援中的相互联系方式、对外信息发布等)。

(e) 现场抢救(针对事故预测，确定应急处置方案。包括：工程抢险、医疗救护、交通管制、人员疏散、现场监测等方案)。

(f) 条件保障(包括：抢险队伍的组织、调集、物资及器材的供应保障等)。

(g) 培训、演练及其记录(对应急人员的培训、预案的演练、预案的修订有明确的要求)。

㉒ 动火安全管理制度

a. 明确适用范围。

b. 明确承担主体的职责范围。

c. 动火安全管理应涉及的内容：

(a) 明确申报程序。

(b) 明确作业现场的检查内容。

(c) 根据动火对象(盛装过危险化学品的工艺设施、容器或一般性作业)确定审批的权限，没有审批不得用火。

(d) 明确对动火监护人的要求。

(e) 明确对动火人的要求。

(f) 明确一般应采取的安全防火措施(对设备、环境、器材、人员的要求等)。

(g) 明确动火结束后检查确认的内容。

㉓ 重大危险源管理制度

a. 明确适用范围。

b. 明确承担主体的职责范围。

c. 劳动保护用品管理应涉及的内容：

(a) 建立重大危险源档案。

(b) 定期进行安全检测、评估、监控。

(c) 制定应急预案。

(d) 明确相关人员在紧急情况下应采取的措施。

(e) 对应急预案定期进行演练。

(f) 明确重大危险源上报的内容及要求。

㉔ 用电管理制度

a. 明确适用范围。

b. 明确承担主体的职责范围。

c. 用电管理应涉及的内容：

(a) 明确对用电设备环境的要求。

(b) 电气设备应有明显的警示标志。

(c) 明确用电设备操作中应注意的问题。

(d) 明确电气设备日常维护中应注意的问题。

(e) 明确对移动用电设备安装安全保护装置(如漏电保护器)的要求。

(f) 明确对特殊危险环境中的电气设备的特殊要求(如防爆型、增安型等)。

(g) 明确临时用电应有审批的要求。

㉕ 储油罐区管理制度

a. 明确适用范围。

b. 明确承担主体的职责范围及资格要求。

c. 储油罐区管理应涉及的内容：

(a) 明确对储油罐区环境的要求。

(b) 明确对储油罐区警示标志的要求。

(c) 明确对储油罐区消防灭火器材配置的要求。

(d) 明确储油罐日常维护应注意的问题。

(e) 明确在储油罐区及附近用电、用火或机械作业的安全要求。

㉖ 加油站进出车辆、人员管理制度

a. 明确适用范围（包括进出加油站的内外部所有车辆）。
b. 明确承担主体的职责范围（如一般汽车司机、油罐车司机、站内车辆管理等人员）。
c. 进出车辆、人员管理应涉及的内容：
（a）明确进出站时车辆的车速限制。
（b）明确对车内的人员的管理和限制。
（c）明确车辆进站、出站时的要求。
（d）明确对司机及外来人员的吸烟及用火的限制。
（e）明确站内车辆停放的具体位置要求。
（f）明确站内车辆维修应注意的问题。
（g）明确油罐车进站卸油的要求。
㉗ 装卸油安全管理制度
a. 明确适用范围。
b. 明确承担主体的职责范围。
c. 装卸油安全管理应涉及的内容：
（a）明确对装卸油前应做好的准备工作的要求。
（b）明确装卸油过程中应监控的内容。
（c）明确装卸油过程中对人员、车辆、加油站管理的要求。
（d）明确装卸油后应确认的内容和应完成的工作。
（e）明确装卸油过程相关记录的填写和管理要求。

8.5.3 岗位安全操作规程

（1）操作规程编制

企业应编制并实施书面的操作规程，规程应与工艺安全信息保持一致。企业应鼓励员工参与操作规程的编制，并组织进行相关培训。

（2）操作规程的使用和控制

企业应确保操作人员可以获得书面的操作规程，通过培训，帮助他们掌握如何正确使用操作规程，并且使他们意识到操作规程是强制性的。企业应明确操作规程编写、审查、批准、分发、修改以及废止的程序和职责，确保使用最新版本的操作规程。

（3）操作规程审查

企业应根据需要经常对操作规程进行审核，确保反映当前的操作状况，包括化学品、工艺技术设备和设施的变更。企业应每年确认操作规程的适应性和有效性。

（4）岗位安全操作规程编制

岗位安全操作规程应包括以下内容：
① 明确适用范围。
② 明确本岗位工作职责、权力和义务。
③ 岗位安全操作规程应涉及的内容：

a. 明确本岗位工作人员应当了解和掌握国家有关法律、法规、规范以及本岗位工作中所涉及的材料（含危险化学品）、设备、仪器等相关安全技术知识。

b. 明确本岗位必须具备的工作条件（包括人员资质、工作环境、工作场所、个体防护等）。

c. 开车、正常操作、临时操作、应急操作、正常停车和紧急停车的操作步骤与安全要求。

d. 工艺参数的正常控制范围，偏离正常工况的后果，防止和纠正偏离正常工况的方法及步骤；

e. 明确本岗位工作程序(包括可能出现的异常情况及应急处理程序)、操作过程的人身安全保障、职业健康注意事项等。

参 考 文 献

[1] 崔政斌，冯永发．危险化学品企业安全技术操作规程[M]．北京：化学工业出版社，2012.
[2] 张广华．危险化学品重特大事故案例精选[M]．北京：中国劳动社会保障出版社，2007.
[3] 任树奎．危险化学品常见事故与防范对策[M]．北京：中国劳动社会保障出版社，2004.
[4] 樊晶光．国内外危险化学品典型事故案例分析[M]．北京：中国劳动社会保障出版社，2009.
[5] 王宏伟．突发事件应对法案例解读[M]．北京：中国石化出版社，2010.
[6] 赵庆贤，邵辉，葛秀坤．危险化学品安全管理[M]．第2版．北京：中国石化出版社，2010.
[7] 方文林．危险化学品基础管理[M]．北京：中国石化出版社，2015.

中国石化出版社危险化学品图书目录

书　　名	作　　者	定价/元
危险化学品安全技术大典(第Ⅰ卷)	张海峰	298.00
危险化学品安全技术大典(第Ⅱ卷)	张海峰	298.00
危险化学品安全技术大典(第Ⅲ卷)	张海峰	298.00
危险化学品安全技术大典(第Ⅳ卷)	孙万付	358.00
危险化学品安全技术大典(第Ⅴ卷)	孙万付	388.00
危险化学品从业单位安全标准化工作指南(第三版)	张海峰	55.00
危险化学品从业单位安全生产标准化规范性文件汇编	曲福年	45.00
危险化学品从业单位安全生产标准化法律法规手册	国家安全生产监督管理总局化学品登记中心	150.00
常用危险化学品应急速查手册(第三版)	孙万付	48.00
危险化学品应急处置手册(第二版)	孙万付	88.00
危险化学品安全监管人员安全管理知识问答	中国化学品安全协会	69.00
化工(危险化学品)企业主要负责人安全管理知识问答(第二版)	中国化学品安全协会	55.00
化工(危险化学品)企业安全管理人员安全管理知识问答	中国化学品安全协会	96.00
危险废物的管理与处理处置技术	蒋克彬 张洪庄 谢其标	98.00
危险化学品安全	蔡凤英 王志荣 李丽霞	38.00
硫化氢防护培训教材(第三版)	刘钰	30.00
石化企业消防安全丛书		
危险化学品消防救援与处置	杨健	25.00
有毒有害气体防护系列丛书		
有毒有害气体安全防护必读	王清	8.00
有毒有害气体防护技术	王清	25.00
危险化学品从业人员安全培训系列教材		
危险化学品法规标准	方文林	45.00
危险化学品基础管理	方文林	48.00
危险化学品生产安全	方文林	55.00
危险化学品设备安全	方文林	59.00
危险化学品储运安全	方文林	45.00
危险化学品经营安全	方文林	35.00
危险化学品使用安全	方文林	38.00
危险化学品应急处置	方文林	55.00
危险化学品典型事故案例分析	方文林	45.00
石油石化有害因素防护系列口袋书		
管道储运企业硫化氢防护口袋书	中国石油化工集团公司安全监管局, 中国石化管道储运有限公司	20.00
油气田硫化氢防护口袋书	中国石油化工集团公司安全监管局, 中国石化集团公司职业病防治中心	20.00